戦時日中映画交渉史

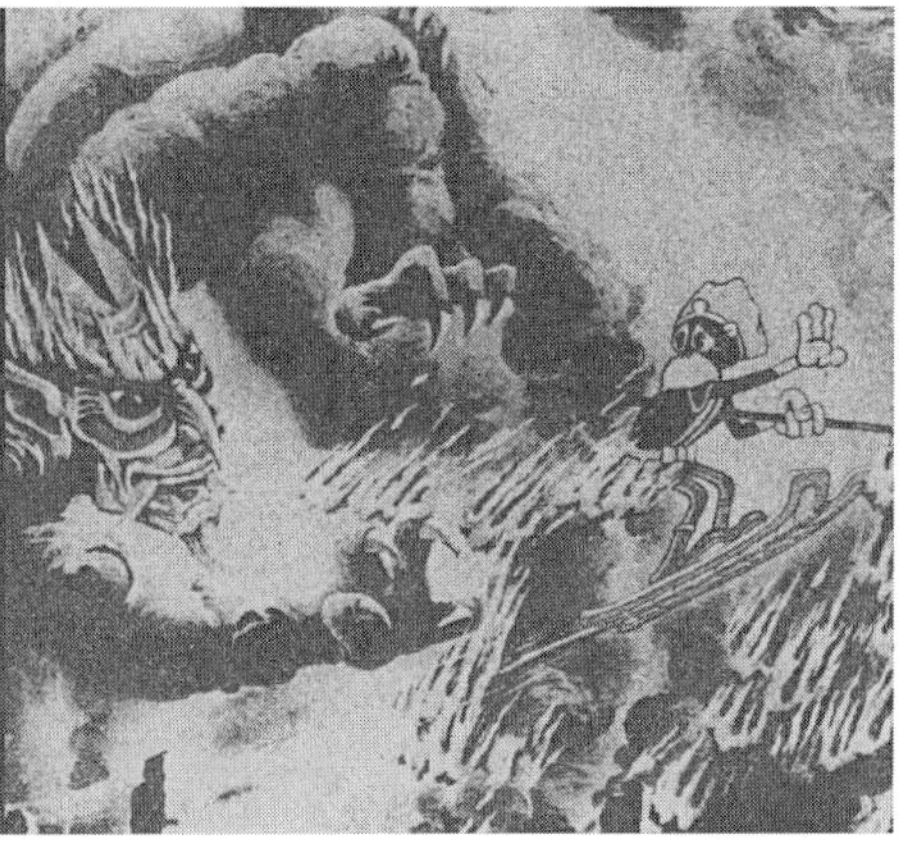

戦時日中映画交渉史

晏妮
Yan ni

岩波書店

目次

戦時日中映画交渉史

扉写真＝『鉄扇公主』

凡例

一　資料の引用については、仮名遣いは原文のまま、旧字体は常用漢字に改めた。
二　引用文中の筆者による注記・追加は［　］で示した。
三　作品名は一部旧字体を使用し、人名は常用漢字に改めた。
四　戦時中、日本で使用されていた地名、たとえば「満州」「奉天」などはそのまま引用、または使用した。
五　映画作品に関する表記は、題名の後に（製作会社、監督名、製作年度）とした。
六　出典は基本的に（著者名・筆者名、論文名・篇名、書名・雑誌名、出版年、頁数）の形で表記し、出版年度はすべて西暦に改めた。
七　本書で引用した中国語文献の邦訳は筆者によるものである。

序　章

1　ナショナルシネマと映画交渉史

映画は欧米からアジアに伝わってきたものである。科学の発明から生を受け、近代文明の産物として越境してきた映画は、二〇世紀という激動の時代を背景に、それぞれ異なる国々の思想と文化の土壌において培われ、やがて一国の映画として形作られていく。生まれながらにして国境を容易にこえる性質をもっていた映画は、近代国家が形成される過程で台頭しつつあったナショナルな思想が介入してくることで、次第に国民国家的イデオロギーに染まり、ナショナルシネマとしての性質を各地域ごとに担うようになった。日本映画と中国映画に限って言えば、ナショナルシネマが形成されるその過程は、ちょうど一九三〇年代初頭から一九四〇年代の半ばにいたるまでの日中戦争、それに続く太平洋戦争と軌を一にしていると言える。

かくして誕生してから二十数年の道しか歩んでいなかった日中両国の映画は、不幸にもその青春期に戦争と遭遇してしまったのである。しかし、逆説的だが、サブ・カルチャー的ポジションから文化とメディアの中心を占める存在にまで成長し、戦時イデオロギーを表象する視覚的装置として重宝がられたのもこの戦時期であった。前線であろうと、銃後であろうと、占領区であろうと、非占領区であろうと、映画は政治思想を伝達する文化的弾丸として期待され、また実際にその期待に応える役割を果たしたのである。戦争を挟んで対立する日本と中国では、映画のシステムがしばしば深く連関しあいながら、どちらも戦時期にナショナルシネマを形成させたのである。

　これまでの映画史研究は、国別の映画史という分類に則ったものが多かった。これはこれでよいのだが、戦時期、植民地時代の映画史に限って言えば、戦争と植民地支配という歴史的コンテクストにおいて、支配と被支配の複雑な関係を捉えなければならないのに、どちらか一方を省かざるを得ないという傾向があるように思われる。こうした国別の映画史叙述を構築的に打破しようとして、近年来、テーマ別の映画史、ジャンル別の映画史の研究成果が少なからず出されてきたとはいえ、分類の明瞭さと論述の便宜のゆえに、国別の叙述は依然として映画史研究の場に権威的に居座り未だに研究の主流を占め続けていることは指摘するまでもない。この現状に対して、戦時下深く関わり合っていた日中両国の映画史を越境的な視座で捉え直してみたいという気持ちを私は持ち続けてきたのである。

　とはいうものの、いったいどのようにすれば眼前に聳え立っている映画史の、この巨大な城壁を乗り越えて新しい世界を発見することができるのだろうか。まして勇気と根気、それに資料を再整理するテクニックだけでは成し遂げられる仕事ではなく、膨大な歴史資料の発掘、数多くの映画作品への検証、そして日中両国の映画史の流れをある程度把握しない限り、どこからどのように着手すればいいのかさえ分からないのである。切り口すら見つからないでいた長い年月のなかで、私はただひたすら資料の収集に没頭し大量の映画作品を検証する作業をし続けていた。そして発想が芽生えて十数年が経ったいま、ようやくテーマの設定にたどりつきそれを解剖できるような方法論を捜し当てることができたのである。言ってみればまことに愚直な方法だが、それは日中両国双方の歴史資料を調査、発掘する一方で、先行研究の論述から洩れたもの、遺棄されたもの、無意識的にあるいは意識的に無視され削除されてきた諸々の映画史断片を拾い上げつつ読み解くことであり、歴史資料に散在していた無数の点を時間軸に沿って繋ぎ合わせて交錯させ複数の線にした上で、それぞれの関連性を論理的に整理するという作業にほかならない。

　多くの資料を検証すれば明らかなように、わずかな事例を除き[(1)]、一九二〇年代において、日中両国の映画史は互いに接点がほとんどない、二本の平行線のように展開されていた。変化の兆しが表れ始めたのは、一九三〇年代初頭の満州事変、第一次上海事変が勃発してからであった。とりわけ一九三七年の盧溝橋事件と第二次上海事変以降になると、それまではなんらかの形で接触し、時折ニアミスが発生したりするに過ぎなかった両国の映画は、戦局の推移に伴って急接近し、そして次第に交錯するようになった。日本主導の国策映画会社である株式会社満洲映画協会、中華電影股份有限公司、華北電影股份有限公司[2]が相次いで中国に設立されてからは、製作、輸入、配給、言説、ありとあらゆる分野で映画の越境が発生し、日中映画は相互衝突をしつつも深く浸透しあうようになるのを余儀なくされるのである。

まるで戦局の進展を伴走していくかのように、日本と中国に跨って発生した多くの映画の越境の事例に、多くの研究者が着目してすぐれた先行研究を残してきたものの、それは史実の叙述に留まるものだったし、歴史の深層に解析のメスを入れたものは、残念ながら少なかったように思われる。しかし、幸か不幸か、まさにこうした映画の越境こそが、戦争イデオロギーに順応しつつも、国民国家に付着するはずのナショナルシネマの内部秩序を撹乱し、その製作に従事する映画人、映画を論説する専門家、映画を享受する観客、そして両国の言論界までをも巻き込みながら、単一の映画史記述に帰納できないような映画史の場面をたくさん作り出していたのであった。本書は、このように交戦する政治的空間を横切って生成した日中映画の相関する場面を、交渉という概念を用いて解析する試みをし、それによって、ナショナルシネマ研究にもう一つの方法論を提示することができればと考えている。

2　交渉史の多義性

そもそも、一九二〇年代後半から人的交流に始まった日中映画間の関わりあいが、とりわけ一九三七年以降になると、製作、配給、輸出入などの分野にまで拡大していき、より緊密に絡み合う関係に変わっていったことは、前述の通りである。しかし、戦争の拡大に伴い日中の映画が関連しあう場面が多く現れてくる一方で、個人対個人の交流が減少し、国家間の交渉が急増していった。その結果、交渉の場において、支配側と被支配側、侵略側と被侵略側という非対称的な関係が、より明瞭になっていったのである。戦間期の時空から半世紀以上も経過した現時点にいる私たちは、あの複雑な歴史的背景を背負いながら、対峙しつつも時折「連携」も生まれたりした、当時の交渉をどのように分析すればよいのか。素直に考えてみれば分かるのだが、対峙するだけでは接触は起こりえなかったし、いわんや相手と手を組んで合作映画を撮るなどは、なおさらあり得なかったことである。つまり、交流よりはるかに入り組んだ様相を示す交渉、そこから生れたある種の「連携」行為とそれが結実した作品を、ヒューマニスティックに肯定するか、さもなければ大義によって断罪するか、そのいずれもが、けっきょくのところ複雑極まる戦時下の映画史的場面を的確に描出しきれないばかりか、議論をまたもや単純な図式に還元することしか出来ないのである。

ほかでもなくまさに戦争の需要に駆り出されていきなり第一級文化へと格上げされたとはいえ、映画はあくまでも戦火の彼岸にあるものであり、それをめぐる交渉も戦事が暫定的な終息の合間に行われるものだった。侵略側(占領側)にしてみれば、映画は武力征服に代わって占領地(植民地)の民心掌握を平和的に進めるための文化工作であるとともに、占領地(植民地)の文化を理解するための最善の教材であったが、裏返せば、被侵略側(被占領側)にとっても、映画は文化戦線で戦う武器であるとともに、生存を維持していくには必要な産業でもあった。戦時中だからと言っても、一時の平穏な状況下でしか映画をめぐる交渉が成り立たないのも否めない事実であろう。

ただ、暫時の「平和」下とはいえ、日中双方の政治的な力関係はあくまでも非対称下におかれていたことはあらためて強調するまでもない。こうした関係下で、占領側の推し進めていた映画製作、配給とその上映は、戦争という暴力を隠蔽し娯楽による政治宣伝を目指そうとしたものだったが、しかし、作品の越境と人的接触によって映画はテクストの意図された内部を逸脱し、非対称関係にある両者に刺激を与えつつ相互影響を及ぼして、文化的に浸透しあう現象をもたらしてもいたのである。これを仮に戦時政治からの逸脱した文化現象だとするならば、この逸脱こそが政治統制の秩序を掻き乱して様々な葛藤、裂け目、ずれを生じさせただけではなく、映画の再生産までを左右してしまい、場合によっては映画をテクストから大きくはみ出させた挙句、相反する解読を生み出したりする例がしばしばあったのである。つまり、戦時下の映画交渉は、一方では、戦時イデオロギーから遊離したものではなく、むしろそれに付着し国家を前面に押し出すものではあったが、異なる政治的な力が衝突しあって張り合っていた緊張関係を調和しつつ、一種の曖昧で多義性を孕むものでもあったのだ。この多義性を生み出す政治的仕組みとそこから生まれる文化的融合性を解明するのが、本書の主な課題である。

3 多義性をいかに語るか

だとすれば、このような多義性をいかに語るべきかという問題がおのずと出てくる。私見だが、多義性イコール客観性ではない。その解明に必要とするのは、歴史的コンテクストをふまえて言説資料の断片と映画作品を複眼的に、しかも丁寧に読み解いた上で、種々の歴史的出来事を有機的に縫合することではないかと思う。このように歴史資料と映画テクストに寄り添いながら映画作品の内部と外部を行き来しつつ浮き彫りにしたものは、むしろ「主観的」というべき考察によって構築した映画史であろうことは言うまでもないだろう。いかに語るべきかという問いを明らかにすべく、執筆に際して、私は他分野の研究から多くの啓発を受けてきた。中でも、例えば『文化と帝国主義』の中で、抵抗文化の諸テーマに言及するエドワード・W・サイードの次の言葉は、ずっと私の脳裏で繰り返しこだましているものである。

抵抗を、帝国主義に対するたんなる反応ととらえるのではなく、人間の歴史を構想するオルターナティヴな方法とみなす考え方である。とりわけ留意すべきは、このオルターナティヴな再構想が、文化間の境界を越えることなくして、礎を築けないことだ。(3)

むろんサイードの提示した理論をそのまま踏襲するつもりはないが、方法論としては非常に示唆に富んでいると思う。戦時下、日中両国を挟んで行われていた映画交渉は侵略側によって文化的に統合された下で展開されるのを余儀なくされたものであったために、戦争が終らない限り、抵抗と対立というテーマは生き続け、政治間、文化間の境界を越えるなかで両者は複雑に絡み合っていたのである。その実像を的確に描出するには、時空間を自由に横断する発想がきわめて重要だと思い、したがって本書は、戦争という時間軸を、日中を横切る空間軸と交錯させながら論を進めていくという論述法をとったのである。

次に内容の展開と論理的な流れを簡単に説明しておこう。

本書は中国映画をめぐる言説の形成とその展開から論を起し、言説に促されて製作された一連の大陸映画、日本映画の中国への進出、中国映画の日本への輸入へと言及していき、歴史的時間に依拠しつつも日中映画を横断的に捉えてみた。すなわち、戦時下の日本と中国を連鎖的に反応し作用し合う空間として見なすことに留意し、なかんずく中国における日本映画の受容が日本国内の大陸映画製作にどのように影響を及ぼしていったのか、中国映画の日本への輸入がいかに戦時政治に支配されながらも文化的に相互影響をもたらしたのか、といった問題を複数の文脈に沿って解析するように心がけたつもりである。

議論の流れをおおざっぱに言えば、代表的な中国映画論者である岩崎昶、矢原礼三郎、内田岐三雄、飯島正、川喜多長政、筈見恒夫、辻久一、清水晶らの言論に対する追跡を中心に行った本書の第二章や第三章は、歴史的な出来事と映画作品を主な検討対象とする映画史叙述への新たな試みである。交渉史に深く関わる彼らの言論を通して、中国映画の言説の史的展開を明らかにしていき、同時にこれを戦時下の日本知識人の思想的な変遷を示す一例だと位置付けている。そして中国映画の言説と日本国内外における大陸映画製作との内在的な関連性、さらにそれがいかに日中両国の映画の輸出入を左右していたのかという問題へと引き続き議論を展開させた。より簡潔に言えば、映画に関する言説が映画製作を誘導し、その過程で輸出入が決まった映画の配給が映画市場の活況をもたらすと、映画の再製作が刺激され、それがまた新たな言説を再生産する、という循環的ダイナミズムによって展開された、日中映画交渉史の動的な実像を描き出したいと考えている。

中国映画に関しては、一九三七年以降の占領区で行われていた映画製作、配給、受容をめぐる様々な事例を中心に論述を展開する。非占領区(国統区、解放区)の映画も、この空間の一隅を占めるべきだという意味で、一章を設けて論述こそしなかったものの、占領区映画との関連部分を摘出して間接的に論及するように努めた。こうした論述法をとったのは、ことに中国における一部の先行研究のように、占領区と非占領区を別々に考証し、片方を称揚して片方をネガティブに捉えるというような空間二分法を解体するためである。管見だが、占領区と非占領区をしばしば政治的に対比するような空間二分法では、戦時イデオロギーが映画に投影した多種多様な形態をことごとく拾い上げることが出来ず、ナショナルシネマの概念を単純化させてしまう恐れがあると思われる。もしも占領期の映画に「漢奸電影」(対日協力の映画)のレッテルを貼り映画史の記述から乱暴に削除したりするような研究に異議を唱えようとするならば、こうした二項対立的空間論に対する清算から始めなければならないと考えている。

占領期に製作された数々の映画作品は非占領区と比べると、ジャンルの違い、表象の差異、手法の相違があり、時には復古に走って時代に逆行したかのように見える場合がある。しかし、基本的に非協力の精神は一貫しており、決して対日協力の作品を作らなかった。これを占領下におかれた映画人が辛うじて行っていた声無き抵抗だったと見なすのであれば、その行為を黙認した中華電影への解析も不可欠になるだろう。そうした意味で、本書は中華電影の二重構造やその政策に着眼し、声無き抵抗の映画テクスト群が次々と生まれていったその経緯を検証し、中華電影と華北電影、日本国内の映画会社との政策上の差異を解明しようとしたのである。

映画交渉の細部に照準を定め、言説を読みなおしつつその実態を明らかにしていく方法に基づき、多くの言説を繋ぎ合わせてみると、一刀両断式の結論にますます辿りつくことができないように感じるのだが、いずれにせよ、少なくともここで次の二点を明確に提示しておきたい。一つは、政治的非対称の関係下で、抵抗か協力かという究極の選択以外に、みずからの存続を維持して映画製作と配給を続けるために、または占領区の民衆に娯楽を提供するために、非協力、もしくは協力という名のもとでの抵抗が被占領側には確実に存在していたということであり、いま一つは、戦時イデオロギーに厳しく統御されていたとはいえ、日本の大陸映画の製作とその対中映画工作は決して一枚岩ではなかったということである。

以上述べてきたように、本書は言説、製作、配給、さらに輸出入などの諸分野の関係性に分析の焦点を絞っている。それゆえ、映画テクストに対しての分析が綿密さからは程遠いものになってしまったと自覚している。だから、これをみずからの今後の課題とする一方、本書をたたき台にしてより多くの優れた研究を引き出せればと願うばかりである。

本書の各章はそれぞれ独自に展開するものではあるが、同時に、互いに関連し重なり合うものとして書かれていることを、最後に蛇足ながら付け加えておく。この意図を汲み取って読んでいただければ幸いである。

(1) 菅原慶乃の研究によれば、一九二六年に映画商人高村正次は上海天一影片公司製作の『忠孝節義』を輸入し、日本で『紅情怨』という邦題で公開した。これは日本で公開された初めての中国映画だった。また同じ年に新華影業公司の『人面桃花』も『神州男児の意気』という邦題で日本において公開されたという。

(2) 後の二つの映画会社については、付録資料(映画会社)を参照されたい。

(3) エドワード・W・サイード著・大橋洋一訳『文化と帝国主義』2、みすず書房、二〇〇一年七月、四五頁。

第一章　越境の始まり

1　未知の領域へ

中国映画に関する報道はいったいいつから日本に現れたのだろうか。筆者の調査で分かる限りでは、一九一一年五月、日本初の映画専門誌である『活動写真界』(1)に掲載された「上海の活動写真」(2)が、最初だった。H生というペンネームで書かれたこの記事は、中国に伝来されてまもない映画が上海の映画館で上映される時の様子を伝えたものであり、「活動写真」と「映画」が用語として混合的に使用されていたことから、映画がまだ草創期にあった当時の状況が伺える。中国映画ではなく、「上海の活動写真」をタイトルにしたのは、おそらく映画の誕生期において、日本が文化的にも経済的にも上海に熱い視線を注いでいたことに起因すると思われる。

一九一〇年代の『キネマ・レコード』には、上海の常設映画館の情報を伝える「上海通信」(「FILM NEWS FROM SHANHAI」)という専門報道欄(3)がある。それによると、当時、日本人の経営による常設館に東和活動館があり、ここに通う観客層は「日本人七分、支那人二分、外国人一分の割合(4)」だったという。一九一〇年代の半ば頃といえば、まだ満州事変が勃発する十余年前だったが、この常設館の通信欄では、満州、上海、朝鮮(5)というふうに、日本以外のエリアにおける映画興行の様子が区域ごとに報道され、常設館のある上海における映画上映の状況は満州と並んで人々の関心の的であったことが分かる。

一九二〇年代に入ってから、後に映画分野における最大の専門誌となる『キネマ旬報』[6]において、中国映画に関する記事が現れる。大半が旅行見聞記風に書かれたこれらの記事は、一九一〇年代と同様、もっぱら上海映画館の様子を熱心に伝えるものだった[7]。

中国映画をめぐる記事に顕著に変化が起きたのは、一九二〇年代の後半からである。大正時代に始まった上海への関心がツーリズムを巻き起こし、上海を訪れる知識人、文学者が増えるのにつれて、彼らによる中国滞在記やエッセイが各種の雑誌に掲載され始める。その中で、映画館や観客の様子のみならず、作品名を挙げて映画を論述するものも少なくなかった。映画の専門家ではない彼らだったが、上海観光の合間を縫って街の中国映画専門館[8]に通い、作品を鑑賞しては感想を書き綴ったのである。

例えば、大正末期に上海を訪問し、「上海瞥見」や「上海漫歩」などの紀行文を書き遺した作家の中河与一が、その一人である。村松梢風からの紹介状を懐にして上海に赴いた、まだ二十代の中河は、上海滞在中、田漢《でんかん》[9]の率いる南国電影劇社を訪ね、田漢をはじめ、唐槐秋《とうかいしゅう》と顧《こ》頡剛《けつごう》ら中国文化人とも知り合った[10]。「あとで聞いたところによると、上海は支那のハリウッドだといふことである[11]」と、その後中河が語ったように、彼と田漢らとの交際は、中国映画への興味というより、元日本留学生の田漢と日本文学者との交友関係の延長線上にある出来事だったと言った方がよかろう。

しかし、映画創作に夢中になっていた田漢たちの姿に刺激されたのか、この訪問をきっかけに、中河は映画館で中国映画を鑑賞し、帰国後、この時の映画体験を語った「支那の映画」を映画誌に寄稿することになる。では、彼の目に映った中国映画はいったいどのようなものだったのか。それは「三十分と続けては見ていられないやうな支那の軍事映画や喜劇や、日本にもあったが、よく無頼漢の出て来る喜劇であった[12]」。とくに中河の目を引き付けたのは作品にある英語字幕であり、「タイトルには必ず英文と華文とのふた通りで出て来る。そして、時々写されるあの主人公の手紙までが必ず英語と支那語とのふた通りで、［中略］なるほど映画の何処から何処までが西洋尊重[13]」だと、彼は映画を見た際に覚えた違和感を告げ、そして「求められるままに書いたが、日本に対して格別何の暗示を持っているわけでもない支那の映画について語らねばならぬのは、決していい役目とは言へない[14]」と、西洋かぶれを発見した以外に、中国映画からは大した収穫を得なかったことを打ち明けている。

昭和初期、新興芸術家として一世を風靡した吉行エイスケも東京と上海の間を数回も行き来をした一人だった。おそらく上海漫遊の体験を基にしていただろう「上海エロチシズム抜書」や「新しき上海のプライヴェート」など、上海をタイトルに冠した詩を発表した彼は、中国映画に関する論評も書き残している。それによれば、スイス人の友人に連れられて吉行は「青ペンキを塗った汚い小屋」で映画『上海一婦人』(明星、張石川、一九二五)、『一個小工人』(明星、鄭正秋、一九二六)、『空房門鬼』[原題不明]、『呆中閑』[正式名『呆中福』](大中華百合、朱痩菊、一九二六)、『薔薇処処開』[正式名『四月里的薔薇処処開』](明星、洪深、一九二六)を鑑賞したようだ。その観賞体験を彼は次のように語っている。

> 何れにしろ古典劇は別にして、支那映画が現今迄ひどく郷土的であり時代の傾向から離れた伝統を多分に含んだ民族性があり過ぎるやうだ、この点田漢等によって新らしい進出を見せやうとする注目すべき一派もあるが概して民衆相手のものでは前述のやうなものが大部分を占めている[15]。

日本モダニズム文学の先端を担う吉行は、上海摩登こと上海モダニズムに惹かれ、いささかの好奇心を抱いて中国映画を見たと思われるが、作品の通俗性に失望したという点では、彼の感想は中河のそれとさほど変わらない。ただ「世界の経済政治の市場である上海の映画人の新人によって貴重な幾人かの女優達を主演としたモダンなもの、真剣な芸術家によって支那現代生活にふれた素晴らしいものが生まれることを期待したい[16]」という最後の言葉からは、中国映画の革新を切に願う、吉行の真摯な気持ちが見て取れる。

言うまでもなく、前述の田漢ら元留学生たちが橋渡しになったからこそ、中河と吉行は未知の上海映画と接触できたのだ。その実現に至る経緯をふりかえってみれば、映画初期の映画創作に関わり、日本映画史にその名前を刻ませた谷崎潤一郎の存在が大きかった。[17] 谷崎の映画観に心酔し、「映画は銀色の夢」を座右の銘とした田漢が、後に自らの主張を反省し重要な左翼映画作家になっていくことは、中国映画史においてあまりにも有名なエピソードである。

その谷崎は吉行に先立って上海を訪れていた。谷崎は上海滞在中での、中国文学界、映画界の同人たちとの温かい交友の様子を「上海見聞録」で詳述している。それによると、ある懇親会で映画監督の任玲萍《にんきんへい》と初対面を果したその翌日に、谷崎はすぐに映画館まで足を運び、任の監督作品『新人的家庭』(明星、一九二五)を見に行き、「支那の映画は日本に比べて遙かに幼稚だと聞かされていたが、自分の国の長所を捨てて西洋の真似ばかりしようとする点、低級な点、俗悪な点等は五十歩百歩で、今の日本は支那を笑へた義理でもなからう」と指摘する。決して中国映画を称賛するわけではなかったものの、「純映画劇運動」に賛同し、大活映画の製作部顧問を務めたこともあっただけに、谷崎の真意は中国映画を引き合いに出して日本映画を批判するところにあったと思われる。また、より注意を払うべきは、谷崎は『新人的家庭』を「アクティング、カッティング、ディレクティング等、必ずしも日本に劣っていない。劣っているのはキャメラ・ウォークと、人工光線の使ひ方だけである」[18]と評価し、退屈やら稚拙やらといった、感想レベルに留まる記事と違って、『新人的家庭』をきちんと一個の映画作品として捉えた上で、カメラワークや照明などの技巧問題にもふれつつ、その映画キャリアに相応しい分析を加えたところであろう。

詩人の金子光晴も中国映画に関する論述を残している。上海や東南アジアで放浪の旅を続けていくうちに、断続的ではあったが、金子は文化人と触れ合い、映画鑑賞もした。「南支の芸術界」と題する文章の中で、彼は日中両国文化人の接触、友情をめぐる逸話を書き綴り、わずかながらも中国映画にも言及している。例えば、『透明的上海』(大中華百合、陸潔、一九二六)を見た金子は、次のように当作品を評している。

役者の演出の自然さにおいても、撮影の技倆においても、かえってへんに固い日本の作品と比較して、すぐれてこそおれ決して劣ってはいません。［中略］ついでながら支那映画界が(アメリカの影響が大きいには相違ありませんが)なかなか馬鹿にならないことをご紹介して置きます。(19)

一旅行者にすぎない中河や吉行と比べれば明らかなように、田漢の映画製作に接した谷崎も、中国映画人と触れ合った金子も、自分の目に映った現状に、中国映画の将来を見出そうとする未来志向において中国映画を論じていたことがよく分かる。

いずれにせよ、以上の例証からも分かるように、一九二〇年代後半に現れた中国映画言説のほとんどが、文学者によるものだった。上海来遊の目的は各々異なってはいたものの、彼らは上海という巨大な国際都市からの誘惑に抗することが出来ずにいたという点では、似通っている。もとより、彼らは中国映画に興味をもって真剣に考察しようとした痕跡などなく、ただ広大な中国国土の一角にある、この特殊なエリアの文化的雰囲気に誘われるまま、はるばる海を渡って来、そして「魔都」の一隅で文化探険をしていくうちに、意外なことに中国映画と出会えたのだった。

述べてきた個々の出会いは偶然ではあったが、一九二〇年代の文化的状況や日中文化交流の文脈を踏まえて考えれば、人的交流の輪が広がったことでごく自然に発生した出来事だったとも考えられる。なぜかと言えば、当時の中国は、田漢に代表される日本への留学経験者が転換期の映画界に参入していく時期にあたっていたが、日本では、横光利一の『上海』を筆頭に上海趣味とでも言える傾向が文壇にあり、他方、旧劇の映画に対する支配を打破しようとして、谷崎潤一郎をはじめ、一部の文学者が惜しみなく映画に力を注ぐ経験が積み上げられていた。日本よりやや遅れたものの、田漢らは日本に学ぶ意欲に満ち溢れ文学界から映画界に挺身したが、彼らが倣う対象としての谷崎らは、逆に上海の魔力に取りつかれて次々と上海にやってくる。互いに接近しようとする両者の情熱は連帯関係を広げ、結果的にはそれまで交渉を持たなかった両国の映画を結び付けたのである。田漢の日本留学が大正時代だったことを念頭において考えるならば、大正末期から昭和初期にかけての日本文学者たちの上海滞在は、ある意味では、それに次ぐ形での、中国短期留学だったとも言える。上海を介して日本の文学者は中国文学と映画との関連性を発見したのだが、そのなかから両国の文学者が接触しあう文化的磁場において、中国映画ははからずも一つの媒介となったのだ。まさに文学から映画へと、ジャンルを横断し国境を越えた、輪の広い人的交流こそが、日本における中国映画をめぐる初期の言説を産出し、日本人に中国映画と出会わせたのだと言っても良かろう。

2　日本映画人の中国映画見聞

文人、小説家たちが一種の上海ドリームとも言えるブームに乗じて、中国映画の存在を伝え知らせていくなかで、映画人もいよいよ動き始める。一九二八年上海を訪れた監督鈴木重吉は映画撮影所の撮影現場を見学した。鈴木が後に東和商事合資会社（以下、東和と略）[20]製作の『東洋平和の道』（一九三八年）を監督し、その後、満映を経て華北電影で文化映画を撮るなど、日本の大陸映画製作に関わっていくことについては後述するが、周知のように、彼は一九二〇年代末期から一九三〇年代初頭にかけての日本映画を語るには、必ずと言ってもいいほど言及すべき人物である。そもそも鈴木の名を世間に知らしめた決定的な出来事は、藤森成吉の同名原作から脚色された『何が彼女をそうさせたか』（一九二九）の監督を務めたことだった。当作品は五週間連続上映[22]のヒットを生み、鈴木自身も傾向映画の代表格の監督として見なされていた。その『何が彼女をそうさせたか』を撮る前の年に、鈴木は世界映画の視察に出かけているのだが、この長い旅の最初の目的地を上海に定めたのである。

中国文学者と何の縁も持たない彼は、当地の映画鑑賞会の仲介によって復旦影片公司、大中華百合影片公司などの四つの撮影所を歩き回った。帰国後、鈴木は『映画時代』に「支那映画界見聞」を寄稿し、上述の文学者たちとは異なった、一映画監督の目線から中国映画を論じている。

一九二〇年代後半は、おりしも『火焼紅蓮寺』[24]の引き起こした時代劇ブームが起り、鈴木の行く所々で時代劇映画の撮影が行われていた。復旦では『海外英雄』〔原題不明〕、大中華百合では、『荒唐剣客』（王元龍、一九二八）、民新では『木蘭従軍』（侯曜、一九二八）が、それぞれ撮影中か製作中だったという。おそらくは左翼思想や革命気運が向上していくなか、自国映画の現状への閉塞感を抱いて世界映画の視察を決行したのだろうが、しかしこの上海で鈴木が目にしたのは、日本映画界と似たり寄ったりの現状に過ぎなかった。「旧劇と現代劇はやはり支那でも争っているが、やはり旧劇物全盛であって、それも立ち回りの多いものが喜ばれている点、日本と同じ様なものである」[25]と、彼は失望の意を隠そうとしない。ただ、自分の見た幾つかの作品に長所と短所をそれぞれ見出してもいた。長所とはテンポのよさと天然の背景のよさであり、セットや大道具作りの粗末さが短所だと鈴木は言う。そしてこの視察を通して彼は次の結論を導き出している。

支那映画が遅れている事は実際の話であるが、日本映画だって支那と比べて大して進歩しているわけではない。技術的の進歩くらいのもので随分下らない方が多い。むしろ取材とか規模から云ったら映画に現れているだけでも支那映画の方がすこし勝っているような点もあると思った。[26]

日本映画への閉塞感を訴えるような言い方だが、どこか前述の谷崎潤一郎の観点に通じる部分もあるように思われる。文壇の風雲児と傾向映画の旗手、二人の接点を考証できる資料がないにもかかわらず、二人とも通俗性を嫌悪し、革新を求めようとして上海に赴き、中国映画の利点に惹かれていたことは、歴史の偶然とは言え、当時の日本映画と中国映画との相関性、そして日本人の上海に抱く憧憬を鮮明に浮かび上がらせる事例にほかならない。中国映画をポジティブに語る二人のこうした姿勢は、後に岩崎昶と矢原礼三郎によって受け継がれ発展することになるが、それは後述する。

3　多種多様な上海ドリーム

冒頭で述べたように、初期の中国映画に関する言説のほとんどが上海に関わるものである。筆者が取り上げてきた事例の多くも、書き手が上海で獲得した、生の体験に基づく中国映画論ばかりだった。したがって、もはや上海をぬきにしては、日本における中国映画への言説の生成を語れないことは明白であろう。ここでさらに視野を広げて中国映画言説と上海との関係性を複数の歴史的文脈におきかえ考えてみることにする。

一九二〇年代後半から一九三〇年代初頭にかけての日本では、ツーリズムの興隆による上海ブームがあらゆる要素を混在させ、単純な憧憬によるものでは決してなかったのと同様、中国映画に注がれる日本人の熱い視線も一様ではなかった。摩天楼が聳え立つ租界と庶民の雑踏の町が奇妙にとけこんで一体になった上海においては、中国映画の草創期から諸外国資本による熾烈な競争が行われ、外国資本による映画会社はもちろん、製作、配給、あるいは上映権を争う映画館への投資熱が早くも起きていた(27)。西洋諸国が互いに争うなかで、日本人も参入する兆しが現れる。例えば、東和商事を設立したばかりの川喜多長政は、上海で外国映画輸入の業務を展開しようとして、早々と一九三〇年に上海に支社を開設している。川喜多は、日本のみならず、海外でヨーロッパ映画輸入の事業を展開し、自らの抱いた夢を上海へと拡大させていったのである(28)。また、映画製作の面では、日活のカメラマンだった川谷庄平が、会社を辞めて上海に渡り、徐卓呆《じょたくほう》と汪優遊《おうゆうゆう》の二人が創設した開心影片公司に入り、一九二七年まで中国映画の撮影を九本も担当した(29)。開心影片公司で活躍するかたわら、川谷は田漢の仕事にも関わっている。一九二六年、南国電影劇社を創設した田漢は、石川啄木の詩に啓発されみずから脚本を書いた(30)、同映画社の第一回作品『到民間去』〔『ヴ・ナロード』〕（南国電影劇社、一九二六）(31)を作る際に、撮影を川谷庄平に務めさせたのである(32)。谷崎潤一郎ら日本の文人と親密に触れ合った田漢が川谷庄平に撮影を依頼した経緯には不明な点が多いが、これは満州事変前の、日中映画交渉の忘れがたい一頁であり、日中文化人の相互接触の背後に、日中を行き来していた映画人や、映画製作関係者が密接に関わっていた一例である。

同じ頃、長年上海に居住していたもう一人の日本人、東喜代治は東方熹[33]と改名し、カメラマンとして中国映画『済公活仏』(開心、一九二六—一九二七)シリーズを数本撮っている。後に、川谷庄平と東方熹は、台湾出身の張漢樹《ちょうかんじゅ》の新設した文英影片公司に雇われ、それぞれ監督と撮影を務め、『情潮』という作品を撮ったとされるが、川谷は次第に活動の場を映画ビジネスの分野に移していき、一九三〇年に大陸映画商工社を創設し、日本向けに中国各地の風景映画を製作し始めた[34]。また新生の外国トーキー映画を中国に輸入させるつもりで、川谷は日本発声映画社と業務提携を結ぶなど、その他の映画ビジネス業を積極的に展開していったのである。

こうした投資熱、ビジネス熱をよそに、日本映画界でプロレタリア映画運動を推し進める人々は、半植民地の状態におかれた上海の労働者や、若き共産党勢力に熱い声援を送っていた。一九三〇年一〇月号の『プロレタリア映画』誌に「上海通信」と題した記事がある。作者の竹中大次郎は、上海で上映される映画の九〇%がアメリカ映画で、四%がドイツ映画という現状に関心を寄せ、これらの映画を「何れも中国の労働者階級にはあまり馴染はない」と指摘する。彼はまた「これらの映画を見に行く者は、中産階級と称する小ブルが大部分で、階級闘争から逃避しようとしている連中が、ブルジョアジーと、その××である××権力とに抗争する気力はないが、さりと楽でもない生活の苦を忘れようと、完全に奴隷根性を曝け出して見に行くのだ」と分析し、「上海映画のことをいへば、アメリカ映画のことだ。肝心の中国ブルジョア自身の映画事業といへば上記のやうに貧弱なものしかない[35]」と、アメリカ映画に侵食されかねない中国の映画産業を真剣に憂慮したのであった。

このほかに、プロレタリア連帯の意識をもって上海映画にエールを送るような写真記事「上海」も一例として挙げられる。日本プロレタリア映画同盟(略称、プロキノ)[36]の機関誌『新興映画』[37]に掲載された、数枚の連続写真によるこの記事は、列強に分割された上で、蔣介石《しょうかいせき》政府に支配される上海の実態を視覚的に伝え、日本映画界の左翼運動が上海映画界と国際的な連帯を打ち立てようとした意欲を現している[38]。

プロキノに直接参与したわけではなかったが、それを外郭的に支持する組織――プロキノ友の会――の発起人として名を連ねた鈴木重吉[39]が上海映画界の視察に出かけた経緯を上述の二つの記事とあわせて吟味すれば、日本のプロレタリア映画運動は傾向映画との思想的な連帯性にとどまるものではなく、その運動をアジアの大都市でありながらも欧米勢力の浸透する上海へとさらに広げ、上海の無産階級や、映画人と連帯意識を共有しようとしたのではないかと思う。

以上の動向を確認すると、映画配給、映画館経営、映画製作、映画界の左翼運動など、日本映画の多岐にわたる領域がこの頃一斉に上海に目を向けるようになったと言える。こういう歴史的コンテクストをふまえて言えば、とりわけ文学者が中国映画に関する言説の産出に中心的な役割を果たしたとはいえ、その背景にあるのは、日本映画界の上海への、種々雑多の熱い視線であり、複数の分野をまたぐ様々な接触だったのではなかろうか。かくして諸々の動向が互いに作用しあいつつ言説を補完し、日本映画が中国映画に介入していく最初の一歩は、まさにこうした激動の国際的背景下に踏み出されたのだ。日中映画交渉の発端期に現出したこのような多元性が、満州事変以降、どのように展開し、どのように戦争イデオロギーに吸収されていきつつ確立していったのかを次章で検証する。

(1) 『活動写真界』は一九〇九年六月に創刊された。
(2) H生「上海の活動写真」『活動写真界』二〇号、一九一一年五月一日、二九頁。
(3) 「上海通信」『キネマ・レコード』Ⅱ期三冊、一九一七年五月一五日、二三七頁。
(4) 同前。
(5) 『キネマ・レコード』Ⅱ期二冊、一九一六年一二月号、五六二頁。
(6) 『キネマ旬報』が創刊されたのは一九一九年だった。
(7) 例えば、松岡銀歌「上海活界夜話」『キネマ旬報』、一九二二年九月一日号、二〇頁を参照。

(8) 当時上海では、洋画館と国産映画館が分けられており、設備がよく、入場料金の高い一流の映画館はほとんど洋画しか上映されていなかった。
(9) 田漢は映画監督兼脚本家であり、作詞家でもある。一九一六年に日本に留学。帰国後、南国電影劇社を創立した。
(10) 中河与一は帰国後「南国電影訪問記」を書き残している。『中河与一全集』第一一巻、一六二―一七〇頁を参照。
(11) 中河与一「支那の映画」『映画時代』一九二六年一二月号、三四頁。
(12) 同前。
(13) 同前。
(14) 中河与一「支那の映画」『中河与一全集』第一一巻、一七三頁。
(15) 吉行エイスケ「支那映画界に就いて」『映画往来』一九二九年一二月号、五六頁。
(16) 同前。
(17) 谷崎潤一郎の映画論説と映画活動は一九一〇年代後半から始められた。最初のエッセイ「活動写真の現在と将来」が発表されたのは一九一七年であり、その後、谷崎は、旧劇映画に対する改革を訴える純映画運動を推進する一員として映画界で数年間に渡って活躍していた。彼が脚本を担当した代表作には『アマチュア倶楽部』(一九二〇)、『葛飾砂子』(一九二〇)、『蛇性の淫』(一九二一)などがある。
(18) 谷崎潤一郎「上海見聞録」『文藝春秋』第四巻第五期、一九二六年五月号。伊藤虎丸監修、小谷一郎・劉平編『田漢在日本』人民文学出版社、一九九七年一二月、一六九頁。
(19) 金子光晴「南支の芸術界」『週刊朝日』一九二六年一一月二八日。前掲『田漢在日本』、二〇七―二〇八頁。
(20) 東和商事合資会社は一九二八年に川喜多長政によって設立された。主に輸入、輸出を営んでいた。
(21) 鈴木重吉は満映初期のオムニバス映画『富貴春夢』(一九三九)の監督を務めた。
(22) 『世界の映画作家31　日本映画史』夏の号、キネマ旬報社、一九七六年、五三頁を参照。
(23) 傾向映画とは、一九二〇年代後半から一九三〇年代にかけて起きたプロレタリア芸術運動の影響下で、商業撮影所の内部に、一部の映画作家たちが個人的で自然発生的な形で製作した左翼的傾向のある作品を指す。小市民映画より社会意識や階級意識が尖鋭であったが、検閲によってズタズタにカットされる場合が多く、左翼思想の厳しい取り締まりの中で、急速に衰退した。代表作には、『何が彼女をそうさせたか』をはじめ、時代劇の『斬人斬馬剣』(伊藤大輔、一九二九)や現代劇の『生ける人形』(内田吐夢、一九二九)などがある。岩本憲児・高村倉太郎監修『世界映画大事典』日本図書センター、二〇〇八年六月、三一四頁を参照。

(24) 平江不肖生の原作『江湖奇俠伝』の一部を脚色した『火焼紅蓮寺』第一作(明星、張石川)は一九二八年に作られた。当作品が大ヒットした後に、次々と続編が作られ、全部で一八作に達し、中国映画史上最長のシリーズ映画となった。ちなみに、平江不肖生は一九〇七年から一九一三年まで日本に留学し、『留東外史』という小説を書き残した人物である。

(25) 鈴木重吉「支那映画界見聞」『映画時代』一九二八年三月号、四九頁。

(26) 同前。

(27) この映画館投資のブームに関しては、上海在住の加藤四郎の記事「上海に於ける映画館投資熱」に詳しい。『キネマ旬報』一九三一年一月一一日号、五二—五三頁を参照。

(28) 東和商事合資会社は日本で欧州映画を配給する業務しか手がけていなかったが、一九三〇年のドイツ映画『アスファルト』のヒットによって会社の規模を拡大した。

(29) 川谷庄平が撮影を担当した作品には、『愛情之肥料』(一九二五)、『臨時公館』(一九二五)、『断腸花』(一九二六)、『活動銀箱』(一九二六)などがある。

(30) 田漢『影事追懐録』中国電影出版社、一九八一年、四頁を参照。

(31) 『到民間去』は未完成のまま終った。程季華主編『中国電影発展史』(1)、中国電影出版社、一九八〇年、一一六頁を参照。

(32) 顧夢鶴「憶田漢同志在『南国社』的電影創作」、『電影芸術』一九八〇年四期、五六頁を参照。

(33) 『日本映画事業総覧』には、加藤四郎の執筆した「支那」という一節がある。彼はこの中で、東方熹について、次のように言及している。「カメラマン東喜代治氏はもう上海には古い馴染みだ。東氏は東方喜[熹]といふ支那名まで付けて盛んに支那映画界を縦横している」(国際映画通信社、一九三〇年、三三〇頁)。

(34) 武田雅朗「中華民国映画界概観」『国際映画年鑑』国際映画通信社、一九三四年、二〇〇頁の記述を参照。

(35) 竹中大次郎「上海通信」『プロレタリア映画』一九三〇年一〇月号、三一頁。

(36) 佐々木元十が野田醤油で起きたストライキを小型カメラで撮影したのをきっかけに、「日本無産者芸術聯盟」(略称、ナップ)が改組され、一九二九年二月に「日本プロレタリア映画同盟」(略称、プロキノ)が設立された。
(37) 『新興映画』が一九三〇年に廃刊になると、『プロレタリア映画』が創刊され、「プロキノ」の機関誌になった。
(38) 「上海」『新興映画』一九三〇年三月号、一二二―一二三頁を参照。
(39) 「プロキノ友の会」の発起人には、後に中国映画について発言した人、例えば、大宅壮一、牛原虚彦、北川冬彦らもいた。岩崎昶『日本映画私史』朝日新聞社、一九七七年一一月、四九頁を参照。

第二章　交錯するまなざし

1　情報としての中国映画論

一九三〇年代に入ると、前述の様々な記事のみならず、長く上海に駐在し上海事情に明るい人物によって書かれた専門書までが刊行されはじめる。例えば、『日本映画事業総覧』に寄せた加藤四郎の記事は、日本人の中国初期映画との関わりを概観し、上海の各映画会社の概況、人気俳優と映画常設館を細かに記述している[1]。また毎日新聞の記者として上海駐在の村田孜郎の書いた「支那映画の過去と現在」は、同年に刊行された『大支那大系』の一二巻に載っているものだ。数十頁にも及ぶこの長文は、映画小史、製作傾向、映画雑誌、常設館、映画会社、作品批評、代表作の粗筋とタイトル、監督と俳優、映画取締規則、外国映画の中国語名など、全部で一四節に分けて中国映画全般の情況を逐一詳説している[2]。隣国の映画を初めて文学や戯曲と同列において鮮明に描き出したこの二本は、それまで断片的な記述しかなかった中国映画を初めてくっきりとその輪郭を明らかにしたものである。谷崎潤一郎の「上海見聞録」にも登場し谷崎の上海滞在中に世話役になったと思われる村田、もう一方は、上海長期駐在の加藤。いずれも中国通だけに、その記事は、殊に常設館に関するデータを網羅し、映画製作と配給の連鎖性を強く意識したものであった。こうした情報性に富んだ記事は、その後日本占領下の映画館接収、管理、経営などにも非常に役立つ情報源を担ったとも思われる。

一九三二年には、最も有力な映画誌である『キネマ旬報』において、中華民国というフレーズが俄かに多く見られるようになる。振り返れば、松岡銀歌の「上海活界夜話」からすでに一〇年の時が経っていた。「中華民国に於ける映画運動の現状」(3)と「中華民国映画界誕生話」(4)の二つを例にして見れば、一方がプロレタリア映画運動に言及し、もう一方が鄭正秋《ていせいしゅう》の映画活動を記述している。「上海」が「中華民国」に変わったとはいえ、一九二〇年代の中国映画論に顕著だった書き手の錯綜した視線を相変わらず感じさせるものであった。しかし、上海駐在の武田雅朗の、「中華民国映画概観」(5)と「隣邦映画界通信　上海を中心として」(6)が代表するように、書き手が駐在員だったために、情報のみを伝える程度の記事もある。

ただ一読する印象としては、データや情報が盛り込まれたこれらの記事には、かつて文学者と映画人たちが親しい感情に包まれた交友関係、それにプロレタリア映画や左翼映画の連帯を訴えるような熱意が減り、その代わり、満州事変の日中関係を背景にした暗い叙述が増えたように見える。例えば、武田は長い文章の序言で次のように書いている。

> ［ここ］の抗日の執念深さは内地人の想像以上で満洲事変以後上海事変直前までに現れた排日手段の重なるものは抗日ハンカチーフ、抗日指輪、抗日暦、抗日年賀葉書、抗日の歌等々、有りとあらゆるものに抗日大流行を見せ在留日本人の嫌悪の種だった。(7)

比較的良好な関係を経ていよいよ日本に端緒を開こうとした中国映画の言説が、これから先、暗雲漂う戦時体制に巻き込まれていくのを余儀なくされるだろう予感をありありと伝えてくれる文章であった。

しかし、まさに日中関係が暗黒の時代に突入していく最中に、中国映画を本格的に論じる人物が現れたのである。本節は中国映画研究の基盤を築きあげ、戦時下の中国映画言説のパイオニアとも言える岩崎昶をとりあげることにする。

2　国際連帯の一頁——岩崎昶

映画製作者であり、評論家でもある岩崎昶は、かつてプロキノの委員長を務め、プロレタリア映画運動をリーダーとして引っ張っていった人物である。また岩崎は左翼映画評論家としても活躍し、戦時中、映画法の制定に異議を唱えたことが原因で投獄され、出所後、満映の仕事を引き受けたという複雑な経歴を持っていた。(8)

岩崎は一九三五年から中国映画を論じ始めたが、まもなく逮捕によってその仕事は中断させられてしまう。出所後は、わずかに満映に関する随筆を映画誌に発表した以外は、評論の場から離れていた時期が続いた。彼がふたたび中国映画論を再開させたのは一九五〇年代初頭であり、中国の文化大革命が始まるまで断続的ではあったが、岩崎は中国映画評を書き続けた。おおざっぱに言えば、岩崎の中国映画に関する執筆活動は、およそ三つの段階に分けられる。第一の段階は一九三五年から一九三九年までであり、中国映画に接して興味をもつようになった時期である。そして逮捕、入獄を体験した後、満映の東京駐在所の次長に就任した岩崎が満映作品をプロデュースしつつ、満映に関する記事を執筆するのを第二の段階と見てよい。戦後、岩崎が大手映画会社に対抗して独立プロダクションを起こし、民主主義を唱える左翼映画の製作に没頭していた時に、新中国の一連の人民電影(人民映画)(9)に共鳴し、引き続き中国映画を論じ続ける時期を第三の段階と見なすべきだろう。

次に主に第一の段階における岩崎を考察の対象にする。

そもそも岩崎と中国映画との出会いは、やはり文学者との繋がりに由来するものだった。一九三五年、岩崎は自分の論文「宣伝煽動手段としての映画」[10]が魯迅によって翻訳された[11]ことを、文通のやりとりをしていた沈西苓《しんせいれい》[12]からの手紙で知り、感激のあまり、魯迅に会うために上海への旅に出かけたのである。しかし、上海に着いてみると、魯迅はすでに地下に潜り、公の場に出られなくなっていたため、岩崎はとうとう魯迅との対面を果たせなかった。洋画でも見て帰国するつもりだったが、友人の斡旋によって撮影所を見学することができ、岩崎は予期せずして中国映画と出会ったのである。

撮影所を見学した際に、岩崎は許幸之《きょこうし》、応雲衛《おううんえい》、史東山《しとうざん》をはじめ、数人の中国映画監督と親しく語り合うことができ、『空谷蘭』(明星、張石川、一九二六)、『漁光曲』(聯華、蔡楚生、一九三四)、『新女性』(聯華、蔡楚生、一九三五)を試写室で見たのだった。初めて接した中国映画人と初めて見た三本の作品から大きな衝撃を受けたという岩崎は、帰国後、『キネマ旬報』に「中国電影印象記」と題する、連載記事を寄稿することになる。

当時の中国映画製作の全貌を概説したとは言いがたいが、「中国電影印象記」は映画の思想性、芸術性に論及したばかりでなく、作品の技巧をも鋭く解剖して見せるものになっている。執筆の時点で、岩崎が前述の見聞記や感想文を読んだかどうかは知るすべもないが、三本の作品の主題をそれぞれ論じつつ、作品のテクニックまでを詳細に分析した点に限って言えば、この連載記事を日本における最初の本格的な中国映画論と位置付けてもいいだろう。

これがそれまでの見聞記の類と異なるのは、映画製作と評論の体験を持ち合わせた岩崎が、専門家ならではの眼力と筆力を活かして、日本映画と比較しながら論を進めたことにある。例えば、次のくだりを見てみよう。

> 日本映画が中国映画に対して、断然優位を保ち得るのは単に数量の問題に過ぎない。その質の良否に於いてはむしろ中国電影に軍配を挙げなければならないのではないか。[中略]全般的な平均水準とでも言ふ可きものを考へて見て、中国電影は最早日本映画に対して、何等のハンディキャップなしに、芸術的優位を争ふことが出来るのである。[13]

冒頭部分で、岩崎はいきなり中国映画に最大級の賛辞を送り、谷崎潤一郎や鈴木重吉よりも日本映画に批判的な態度を示し、中国映画は質が低劣だという通説を覆してみせたのである。しかし、彼は中国映画をただ手放しで称賛したのではない。読んでいくうちに明らかになるが、岩崎の評価する中国映画とは、あくまでも『漁光曲』や『新女性』に代表される左翼系の映画に限られていた。それに対して文中に何回も言及された『空谷蘭』を、彼は賞賛どころか、「物語は純然たる「新派」型の旧臭く不自然な母性愛劇なのである」[14]と酷評し、好意的な一瞥をも投げなかったほどである。岩崎は、左翼映画への愛惜と新派悲劇風の作品への嫌悪を隠さずに、次のように付け加えた。

むろん中国映画全体がこのような賞賛に値するのではない。いづくの国にもあると見える「お涙頂戴」の新派悲劇もあるし、チャチなスラプスティック・コメディもある。さういう種類の作品は、これはまた技術的に下手糞なだけに、一寸手のつけられないものが大部分である。[15]

一方では、左翼系の作品を褒め称え、もう一方では、新派風のメロドラマを切り捨てるように痛烈に皮肉ってみせる。しかし「中国電影印象記」がこうした二元論的な論調に終始しているかというと、そうでもなかった。実は、岩崎の肯定したのは、『漁光曲』や『新女性』の主題とそれに向き合う作者の真面目な姿勢だけであって、「彼等は度々極めて傑れた思想を極めて愚かしい表現に依ってムザムザと殺して了っている」[16]と、むしろ進歩的な主題を料理できるような手腕が監督にないことを指摘するのである。

例えば、『漁光曲』に対して岩崎は、突風のように日本映画界を席巻し、数年しか持続できずに一九三〇年代初頭にはあっさりと姿を消してしまった傾向映画との共通性を指摘しながら、当作品の主題性を擁護する一方で、それを活かせない未熟さとテクニックの欠点を容赦なく批判している。やや長いが、それを引用しよう。

この映画〔『漁光曲』〕はなかなか立派な作品であり、むろん、あらを探せばごまんとあるに違いないが、併し外交的ご馳走政策などという成心なしに見て、充分に評価に堪えるものなのである。〔中略〕厳密な批判の前に持ち出せば、実に欠点だらけの作品で、撮影とか、録音とかの技術的な点は敢えて言ふまでもないとして、全体のコンストラクションが極めてルーズで、不自然で誇張されている。これは支那のプロレタリアの生活を主題として、その階級的宿命の悲惨を描き出しているもので、その意図に於いては非常に真面目で、良心的であるのだが、これを扱った監督蔡楚生にはその課題に充分に答へるだけの映画的手腕が欠けているのである。〔中略〕一頃の日本の傾向映画、例へば『東京行進曲』とか、『何が彼女をそうさせたか』など同じ程度の作品だと思へば宜しい。(17)

同じ蔡楚生(18)による『新女性』についても、岩崎は作品に使用される対照モンタージュの手法を辛辣に風刺している。

ダンスホールで踊っている紳士淑女
夜更の街上で労働している労働者
踊っている人々の足
労働する人々の足
踊っている人々の足
労働する人々の足
踊っている足
労働している足

大体かういった調子である。これが映画の物語とは無論、映画の雰囲気とも全くそぐわないつけたりなのである。僕はこれを見ながら、またもや溝口健二を思い出した。ソヴエート風の対照モンタージュの鵜呑みと履き違へ、そして、このような例が唯一や二つならば、僕はこれ程念入りにこんなことを指摘しゃしないのである。(19)

ソ連のモンタージュ理論が翻訳、紹介され、映画理論の世界で盛んに研究され始めたのは日本も中国もほぼ同じ時期だったが、日本の場合、ソ連映画の上映や、理論面の検討がなされる前に、傾向映画がすでに台頭していたことに注意したい。貧富の生活ぶりを対照的に映し出すショット——たとえば、資本家のクローズ・アップの次に豚の映像を繋ぐ——に基づいた対照モンタージュの手法はすでに傾向映画に使用されており、それはソ連映画のものとほぼ関係なく日本独自に開発されたものだった。モンタージュ理論が上陸する暁には、比喩を駆使した対照モンタージュは、日本映画にとってはもはや過去のものとなっていたのである。他方、中国においては、新派風映画や陳腐な時代劇が流行っていた最中に輸入されたこともあって、それはソ連映画の公開と相まって斬新な映画手法として広められ、映画創作者たちに新鮮な刺激を与えることになった。さらにそれは一九三〇年代初頭、国産映画の革新を求める運動が展開され、文学分野から夏衍《かえん》(20)をはじめ、左翼文化人が大勢映画界に介入していく時期とも重なる。このようなモンタージュ理論受容史の文脈からみれば、上述の岩崎の指摘はあくまでも日本映画史をふまえたものであり、中国映画史に関する知識が不足していたと言えなくもない。

すでに述べたように、プロキノのリーダーを務めた体験があったからこそ、岩崎は映画を美学的な対象として見ると同時に、映画が資本主義と帝国主義に拮抗する、有力な武器だという信念、映画観を持っていた。映画の持つプロパガンダ性を自覚し、プロレタリアの立場に立ってその宣伝効果を最大限発揮できるように映画運動に身を投じた岩崎は、一九三〇年代に入ってから、傾向映画が消滅し、プロキノも官憲の弾圧によって組織の解体を余儀なくされた残酷な現実を前にして、精神的に落ち込んでいたと推測できる。そうした精神的苦悶を抱え込んでいた岩崎が、海を隔てた中国で文学の大家である魯迅が自分の論文を翻訳したということを知った時の興奮は並々ならぬものだったことは想像に難くない。おそらくはただ魯迅に認められたと知った時の満足感のみならず、国境を越えて連帯できそうな同志が中国に存在したということを知らされた際に生まれた、一種の高揚感がそこにはなかっただろうか。前述の中国映画の言説の流れに即して言えば、その言葉の端々に出たものには、かつてプロレタリア映画誌がみせた上海の無産階級への希求と似通ったようなものがあり、自国のプロレタリア映画運動の挫折と日本映画の現状に対する焦りが、中国映画への期待と一体になって、ともにこの「中国電影印象記」の行間に盛り込まれたように思えてならない。

だからと言って、連帯感を求めたいその気持ちがそれほど単純なものではなかったことは看過できない。岩崎の上海行きは、おりしもプロキノが解散させられた[21]翌年であり、日本軍部の統制下で、中国の東北地方に「満洲国」が設立された後であった。こうした時代の気運は「中国電影印象記」には多く言及されなかったものの、上海で抗日、排日気運が日増しに高まりつつある現状を目の当たりにした岩崎の心情は複雑だった。次の一節からはその内心の葛藤を察知できる。

僕はこの機会に言っておくが、日本の勤労階級やインテリゲンツィアの全部は中国に対する××主義的××や植民地的搾取には反対なのである。坊主が憎けりゃケサまで憎いといふ心理は支配階級がいつもそれを利用して二つの国民の間の反感と対立とをかもし出す手段なのである。映画界にまでそのやうな誤まった抗日的感情を導入することは、とりもなおさず支配階級の策に乗ることに過ぎない。僕等は映画を通じて、むしろその全く反対の方向に努力しなければならないのだ。日本の芸術家と中国の芸術家とは、霞ヶ関や南京あたりの[オ]エラ方の知らないところの、本当の意味での下からの国際的連帯性を作り上げる可きなのだ[22]。

プロレタリアの国際的連帯によって日本帝国主義の侵略を撃退することを望み、それゆえ中国の同志が抗日思想を映画に持ち込んだなら、支配者の策略に嵌ってしまうだろうことを警戒する岩崎。中国映画人を味方に引き寄せてともに帝国主義に抵抗しようと強く思うだけに、国家か階級かというアポリアに悩まされ、岩崎は中国映画人のレジスタンス精神をやや否定的に捉えたのだろうか。ただ、戦火がまだ上海には遠かったこの時点では、岩崎の主張は中国映画界の友人(たとえば彼と文通する沈西苓)に理解してもらえるだろうという手応えがあったと考えられる。それはともかくとして、日本帝国主義への抵抗ともいえる文章を、伏字があるものの、まだ書けるということは、一九三五年前後の日本においては、表現の自由がまだある程度守られていたといえる。しかしその後は、戦局の推移に伴い、岩崎の抱いた連帯の夢は粉々に砕かれ、いわんや彼の身の安全までが脅かされるようになるまでは、それほど時間を要しなかった。

しかし、「中国電影印象記」が連載されている間に、中国の同志から寄せられてきたのは、岩崎の祈願に反して、抗日のメッセージを盛り込んだ数々の映画製作の情報ばかりだったのである。

> ただ、注意可べきことはこの帝国主義反対が、その本質に於いては、中国の民族ブルジョワジー擁護の役割を果して居り、その限りで南京政府の容認乃至庇護を受けていることで「反帝映画の反動性」といふことが新たな進歩的な映画批評家の間で問題になりつつある。[23]

このように語って岩崎は「中国電影印象記」の最終篇に当たる「中国映画補遺」を結んだのだが、この書き方からは、当記事が連載されたわずか二カ月あまりの間に、中国映画を発見した時の興奮がやや冷め、中国映画製作の動向を憂慮する姿勢へと微妙に変り始めた岩崎の心理の機微が伺えよう。

戦争が予想もできないスピードで拡大していき、岩崎の憂慮がついに現実になる。彼の中国映画に対する読解にも変化が生じる。一九三七年八月、岩崎が第二次上海事変直後に書いた「支那の映画」では、言及する作品は「中国電影印象記」とほぼ重なるが、作品のテーマに言い及んだ際、岩崎は以前と異なり、民族解放の意識を指摘するのである。

支那映画の特色ともいふ可きは、その社会的関心の熾烈さである。これは四六時中諸外国の帝国主義の脅威の下に民族の運命を否応なしに凝視させられているこの国の青年にとっては当然の要求なので、前に名を挙げた諸作品の殆どすべてが「民族解放」をテーマとして持っているのである。(24)

蔡楚生をはじめ、上海で会った応雲衛、史東山や、自分と文通を続ける沈西苓の活躍にふれつつも、岩崎は「「抗日」の精神を民衆に注ぎ込むには、学校の教科書やポスターなど以上に、映画が巧妙に利用されている(25)」と語り、この頃の中国映画の際立ったプロパガンダ性に注意を払っている。二年前の記事と比べて、伏字がさらに多くならざるを得なくなった文章だったが、プロレタリアの連帯感を訴えるような、かつての激情はすでになくなり、それに取って代わったのは「支那といふ厖大な不可解な隣邦の複雑な謎を解くには実に色々な鍵が必要であらう。併し、その鍵の中の一つに僕はどうしても映画を数へなければならない」という、やや冷静な姿勢であり、「支那人が何を思想し、何を心理するかを知るには、彼等がどのように生活し勉学し恋愛し街頭を行進し「抗日」を絶叫しているかの外形的な「姿」をありのままに知る事が不可欠である(26)」という、功利的な視線を感じさせる言い方であった。

岩崎は言論統制が厳しかった戦時中にあっても、日本映画に対する統制的な体制に敢えて異議を唱えた、少数の知識人の一人であった。しかし、その岩崎も入獄を経た後には、軍国主義に屈せざるを得なくなり、他の多くの抵抗者がそうであったように、その勇敢なる反抗は最終的には挫折せざるを得なかったのである。一部の左翼映画人が満映に逃げ込んだのと同様、岩崎もこの時国策映画会社の職務を引き受けることになった。もちろんその「転向」は軍国主義の暴力によるものではあったが、ただ中国映画に向き合う姿勢の変化の兆候は一九三七年以降すでに現れており、少なくとも逮捕される以前から中国映画への視線が微妙に変化し始めていたことは否めない。しかし、これは岩崎個人の問題ではなく、戦時思想史の文脈におきかえて解析する必要があるので、敢えて詳細に分析するのを省く。

3　知られざる中国映画通——矢原礼三郎

岩崎の「中国電影印象記」が連載されていた頃、岩崎以上に多くの作品を鑑賞し、中国映画を体系的に研究しようと意欲を示していた人がいた。矢原礼三郎という、あまり知られていない人物である。筆者の知る限りでは、矢原の中国映画論に関しては、拙論を除いて先行研究は存在しない。言い換えれば、戦時中の、矢原の一連の中国映画論評は長年未整理のまま、厖大な史料の山に埋まってきたのである。

矢原礼三郎

では、矢原は一体どんな経歴を持つ人物だったのか。また彼が中国映画と関わるようになった契機はなんだったのだろうか。簡単ながら概説しておこう。

旅順に生まれた矢原は、家族とともに中国の東北地方で幼年期を過ごした。青年期には北京に留学したこともあって、その語学力が買われ、後に満映の脚本部に移った矢原は、助監督を経て、満映の第二回作品、『七巧図』（一九三八）の監督を務める機会を得る。映画監督をこなす矢原は、詩人としての顔ももち、北川冬彦と親交があって、満州滞在中には、大連の詩誌や日本の詩誌にちょくちょく寄稿してもいた。[28]

中国映画への開眼は、矢原自身によると、ちょうど北京に留学していた時からだったという。ある日、友人に薦められるまま何気なく映画館に入って『漁光曲』を見たのだが、これは矢原が中国映画に接した最初の瞬間だった。まさしくこの『漁光曲』に魅せられ、それ以来、矢原はほとんど「毎日のやうに、支那映画館に通ひ、支那映画らにタンノウした」という。そして、「いろいろと支那映画の行末に思ひをめぐらし、民族的な芸術様式の相違に驚きの胸をはずませた」[29]彼は、ペンをとり中国映画評を書いては、日本の雑誌と新聞に投稿するようになった。

筆者の把握する資料にしたがえば、矢原が一九三〇年代の半ば頃から一九四〇年代初頭にかけて、執筆した中国映画論は全部で十数本もある。上海での短い滞在中、『漁光曲』他の三作品の鑑賞と中国映画作家との交流の体験をもとに「中国電影印象記」を綴った岩崎と比べると、矢原の最初の記事が半年ほど遅れたとはいえ、鑑賞作品、言及した監督と作品の数は、いずれも岩崎よりはるかに多かった。それに、一九三八年以降、書く権利さえも奪われ、沈黙を強いられた岩崎と違って、終戦まで中国に居続ける矢原は、中国映画論を発表し続け、太平洋戦争勃発後も中断しなかったのである。

詩人である故か、その文章のどれを読んでも、映画を文学、演劇、その他の芸術と横断的に論じたものであり、簡潔な表現によって豊富な情報を伝え、かつ詩情に溢れたものばかりだった。

偶然の一致だったのだろうか、岩崎と同様、『漁光曲』に惹かれて中国映画批評を書き始めたのだが、一旅人にすぎない岩崎に対して、矢原は幼年時代から中国で暮らしてきた条件を活かし、頻繁に映画館に足を運び、特にサイレント映画を集中的に見たという。この利点によって、外来の訪問者が持ち得ない視点——中国民衆の心情を察し、生の体験に基づく——を矢原は最初から持っていたのである。例えば、初めての中国映画論と思われる文章「最近支那映画の動向」において、彼は「支那の芸術運動は映画を主軸として、文学、演劇、音楽と大きな回転をしやうとしている」[30]と、当時の中国芸術界における映画の位置付けを的確に指摘した上で、五大映画会社の明星、芸華、聯華、天一、電通の製作の実態を周到に論じつつ、数多くの監督、俳優の名前とその作品を順序よく網羅している。この記事はそれまで見られない手法によって中国映画の全体像を描き出そうとしたものだったのである。
矢原は続けて言う。

かつて、支那映画が日本に輸入され惨めな支那映画に観客総立ちとなって騒いだと言ったのは一昔前の話。〔中略〕映画は芸術を通じてのプロレタリア的構成に向きつつあるし監督、俳優諸君も著しく真剣になって正に支那革命映画万歳の感がある。しかもその万歳の背後には常に、支那としては尤もらしい民族復興の四つ文字に色彩づけられていることを忘れてはならない。(31)

ここで『漁光曲』と『新女性』に階級対立のテーマを見出す岩崎の言葉と比較してみよう。プロレタリア映画の思想性への強調は岩崎のそれに通じるものがあるが、左翼映画を日本の傾向映画と例え、階級意識をしか見抜かなかった岩崎より、プロレタリア革命という主題に潜んでいる民族復興の精神を指摘する矢原の眼力は、より先見の明があり、よりいっそう地に足の着いたものだった。

では、なぜ矢原はかくも敏感に民族意識を察知できたのか。それはやはり見た作品数の多さと留学によって培われた教養、そして語学のセンスによるものに違いない。矢原が言うには、彼が幾度となく北京の映画館で映画を見ていた頃が、ちょうど「排日気勢の最も熾烈であった時」であった。そこで映画館の観客たちが興奮して、「あわや暴動行為に出でん迄に、立ち騒いでいた」光景を目の当たりにした彼は、「何か身に迫って来る様なものを感じたので、こっそり席を立ったあの晩の冷え冷えとした空気は今でも忘れ得ぬくすぐったい戦慄(32)」を感じる体験だったという。この戦慄こそが観客である中国民衆の本物の感情を味わい、中国映画への理解を深めさせる貴重な体験と成り得たのだ。要するに、矢原の中国映画批評は、作品のみならず、映画の再生産を支える観客をも視野に入れたものであり、その結果、無意識ではあろうが、映画表象と観客との情動関係を鋭く抉り出したところが、ひときわ目立つ特徴になっている。たとえば、第二次上海事変が勃発する前に、彼はすでに「民族映画から文化映画へ」と中国映画の未来を予言し、このような視座こそが「今後支那映画を語る者の大切な鍵になるであらうことは確かである(33)」と言い切っていたのである。

矢原の論調は、はからずも一九三七年以降、上海に生き残り、かろうじて再生できた孤島期映画(34)によって裏付けられることとなった。事変直後、矢原は持論を繰返すように、中国映画のことを、「その排日的色彩に於いて、以前程露骨でない」のだが、「諷刺映画形態への手法的躍進は、昨今いよいよ目覚しいものがあり、映画人の潜在民族意識は、すべて対比的効果としての素晴らしい観客の民族意識を生むに至るであらう(35)」と指摘している。「支那映画の精神」と題する文章の中では、彼は中国映画のあり方を次の言葉で要約していた。

A：高揚する民族意識
B：休憩の姿としてのリリシズム
C：底流するニヒリズム
D：ユーモアのわびしさ
E：誇張の精神(36)

見て分かるように、「高揚する民族意識」を首位に置いた彼は、「支那映画の精神はそこから出発する(37)」と断言もしている。

だが、満映への入社は、矢原を単なる一中国映画ファンから映画工作を実行する組織内部の一員に変身させてしまう。この移動は中国映画通としての素養を持つ彼に研究体系を整えさせる契機を与える一方で、北京滞在中に培われた、中国の民衆に寄り添うような考察の視座を失わせてしまったのである。例えば、一九四二年に書かれた「支那映画の観点」を読むと、事例として取り上げられる作品も、言及した映画人も、一九三七年前後の一連の記事とさほど変らないものの、如何に中国映画を論じるべきか、という点では、言葉の彩に顕著に変化が生じている。かつて彼があれほど強調した「高揚する民族意識」はどこかに消えてしまい、それにとって代わったのは「民族の背景」という言い方だった。

支那映画を特徴づける基底として民族の背景が考へられる。この背景とは言ってみれば昔日の文化の光栄を思ひ、近世あへなくも半封建的植民地と化した政治的桎梏からたちあがらうとする憔悴した民族の表情に外ならない。(38)

数年前に、作品と観客が一体化した「排日」のメッセージをあれほど鋭く読み取った彼は、ここで中国映画の民族性指向を「半封建的植民地」に向かわせることによって、民族の含意をすり替えようとしたかのように見えなくもない。とりわけ、彼のそうした方向転換を示唆するのは、次に引用する『木蘭従軍』(卜万蒼、一九三九)に対する解釈だった。矢原が言うには、自分が感心したのは「『木蘭従軍』の芸術性と商業性のたくみなアレンジ」であるが、その一方で「歴史をもてあそんでいる感じがする」と言うのである。さらに、彼は友人である北川冬彦の『木蘭従軍』評に書いた「抗日性はない」という説にも同意し、「芸術鑑賞の眼とはこうしたものではないのか。支那映画の観点もここから出発するとすべては行手がひらけた感じだ(39)」と、主張するのだった。(40)つまり、ここで矢原は『木蘭従軍』の芸術性や商業性を全面に打ち出してみせ、作品の含み持つ強烈な抗日メッセージを置き去りにしようとしたのである。前述の主張を想起すれば、これはプロレタリア革命映画の主題を激賞した時とは打って変わった姿勢ではなかろうか。

文体の一貫性、言及するテクストの類似性に限って言えば、矢原は確かに、ずっと前から追求しようとした、中国映画批評の体系的な確立という目的に一歩ずつ近づいていたかのように見える。しかし、語学に堪能で、中国映画を誰よりも熟知し、「支那映画の精神」を「高揚する民族意識」と解釈した矢原だけに、作品にこめられた民族性の含意と『木蘭従軍』にある抗日の寓意が読み取れなかったとは到底考えられない。かつて日中戦争の最中にあっても、中国映画の民族意識を大胆に解説しえた彼も、一九四一年以降は、「大東亜共栄圏」思想に吸収されてしまったのではないか。少なくとも、岩崎昶と同じく、中国映画に注目し日本に積極的に紹介する先駆的役割を果した矢原は、戦争の拡大によって台頭してきた中国文化ブームの中で一役買ったはいいが、日増しに増幅する「大東亜共栄圏」の波に呑み込まれていき、映画工作の一環を担う国策映画会社のために、その知識と教養を奉仕するのを余儀なくされたと言えよう。当然、これもひとり矢原の問題だけではなく、太平洋戦争への突入によって生じた日本の知識人の思想転向問題とも関連することであるが、本節の論考範囲を越えているのでここでは詳述しない。

以上から確認できることは、矢原の数々の記事は岩崎昶の「中国電影印象記」と並んで、中国映画を紀行文風に書き綴る一九二〇年代の諸記事と同レベルで論じるべきではないということである。両者は中国映画論の草分けであり、欧米映画に一辺倒だった日本映画界で初めてアジア映画研究の分野を開拓したものとして位置付けてもいいだろう。しかし二人の中国映画を論じる姿勢は変化を余儀なくされるのであり、それは泥沼化していく戦時体制のコンテクストと切っても切れない関係にあった。満映の設立に続いて、中華電影と華北電影が相次いで創設されると、単に中国映画に惹かれて好意的に論評し続ける矢原も、魯迅を介して中国映画に接近しその作品を鋭く解析する岩崎も、国策映画会社に吸収されるに至ったのである。彼らによって樹立された中国映画研究は、中国映画の理解をより広くより深く進めていくとともに、その市場に日本映画を進出させるべく文化工作に組み込まれていくのであった。

4　欧米映画通から中国映画へ——内田岐三雄と飯島正

一九三七年以降、中国映画に関心を持つ人がにわかに増え始める。盧溝橋事件、第二次上海事変が勃発するまで中国映画にほとんど見向きもしなかった映画関係者は競って書物や雑誌で中国映画を論じるようになるのである。本節では、もともとフランス映画を中心に映画批評を行い、事変後、突然中国映画に目を向け、発言するようになった代表的な二人、映画評論家の内田岐三雄と飯島正をとりあげる。

内田岐三雄が北京をはじめ、満州の奉天(瀋陽)を旅したのは、ちょうど第二次上海事変の直後だった。事変によって大きく変化を遂げた国内情勢下における内田の初めての大陸への旅は、岩崎の個人旅行や矢原の長期にわたる滞在とも違って、東和商事製作の『東洋平和の道』の撮影に同行するというものであった。

では、フランス映画専門家としての内田はなぜ大陸映画のロケに同行することになったのだろうか。この疑問を抱いて私は当時の雑誌と新聞を調べてみた。少なくとも現在把握できた資料によれば、中国映画を語る記事を内田が書き始めたのは一九三七年からだという事実を摑んだ。映画誌のみならず一般文芸誌にも頻繁に中国映画論を発表するようになるのは、内田が新しい研究分野を開拓するために中国映画に参入したというより、むしろ「支那事変」の勃発が引き起こした日本映画界全体の方向転換が彼に作用した結果だったとほぼ断定できる。たとえば、『新潮』に掲載された「支那事変と映画界の動向」と題した文章の中で、内田は事変前に日本で盛んに製作された戦争ニュース映画や劇映画の粗製濫造ぶりに憂慮する気持ちを打ち明けながら、「今までにわが国で作られた戦争映画の中で、これが日本の戦争映画だと世界に立派に云ひ切れる映画が一つだってあったか。〔中略〕今までに出来た日本の戦争映画というのが全く低級な意識と感情との下に作られたものばかりで、しかも小額な費用と貧弱な仕掛けとにより、欧州大戦当時に外国で製作された戦争映画にすら遙かに及ばないのである」と嘆いてみせる。その上で「然し、この事変は、一方では日本映画によい方向を与へるかもしれないと僕は思ふ。現在、邦画に彌漫している逃避的で有閑的な小市民性が叩き潰されて、人々はより強い逞しい意力ある作品を要望して行くんではないかと想像する」[41]と切望するのだ。

ここから明らかなように、内田は日本映画が如何に事変のために役立つのか、という意識に突き動かされて中国映画という領域に分け入ったといえるだろう。

内田にしてみれば、事変前の「拙速濫作の事変映画[42]」を改変させるには、まだ根強く生き残っている小市民映画を潰し、事変を反映できるような、本格的な戦争映画を作るべきだということになる。そして優れた映画製作にあたって欠くことのできない重要な要素の一つは、中国を知り、中国映画を知り、中国を的確に表象する映画を知らなければならないということだった。当時の内田の考えを端的に示すのは、一カ月後の『新潮』に掲載された「支那を背景にした映画」である。この文章は欧米映画における中国の表象を問題提起とする形で、個別の作品を逐一取り上げつつ、欧米映画に登場する、信憑性のない中国人のイメージを厳しく非難し、「隣邦たる日本、最もよく支那を理解すべき日本は、これまでにどんな支那の映画を作ったのか。記憶するに足る支那を扱った映画は一つもないのである[43]」と、欧米映画から日本映画の現状へと移動しつつ、中国を的確に表象できていない日本映画の現状を憂えるのである。

この頃、中国を題材にとった映画が日本国内にかなり増えていたとはいえ、作り手たちが日本に居ながらにして勝手な想像によって作った中国と中国人の表象が氾濫し、評論家から顰蹙を買うような作品が多かった。上述の文章を読めば、内田も映画のこうした現実に対して積極的に発言した一人だったということができる。つまり、日本映画における中国の表象に見られる無責任かつ粗末な現状に不満を覚え、欧米に勝るような日本映画の出現に自ら尽力するために、内田は欧米映画の関心からごく自然に中国へと視点を移していったのである。しかし、中国映画そのものに対しては、彼は、微塵の興味も好奇心もないのであり、ただ如何に戦局に合わせて欧米を凌ぐほどの大陸映画を作るかということだけを考えていたと推測できる。

とはいうものの、中国に行けば、映画を見ないわけにはいかなかった。奉天と北京を中心に歩き回り、中国映画を見た内田は、帰国後すぐに旅行の報告を書き上げている。行く前まではおそらく中国映画と無縁だった内田は、岩崎や矢原がよく言及する名作ではなく、ごく普通の通俗映画『乱点鴛鴦』〔原題不明〕と『三姉妹』(明星、李萍倩、一九三四)の二本を見たのだった。

この時、内田は映画の思想性や主題性よりも、撮影と演出の手法に着眼している。例えば、『乱点鴛鴦』について、彼は映像めいた文体で次のように評したのである。

この映画、全体の演出といふのは全く幼稚で、退屈な舞台劇映画そのままなのであるが、この場面に至って、演出は思ひがけなく全く人の意外に出づる突如さを以て、一転するのである。画面は忽ち短いカットの性急な連続である。杯につがれる酒。奏される楽器の大写、人々の笑ひ顔。主人公の暗鬱な顔、杯から満ち溢れる酒、etc。といったフラッシュ的効果である。ソヴエトのモンタージュの生硬で、機械的な使用なのだ。(44)

もう一本、北京で見たというサイレント映画『三姉妹』に対し、内田はその演出手法に不満を持ちながらも、映画に表象されるアメリカ的な生活様式と、その作者のアメリカニズム的手法に興味を持ったと言う。

映画演出手法などからいっても、盛んにワイプアウトを使用し、移動撮影を行っているのが注目される位のもので、先づ渋滞なく、然し微温な描き方は、わが国のそれに比べて言へば、二流の下といった程度である。だが、僕にはなかなか興味が深かった。といふ理由の第一は、支那の新しい生活を描いていることと、第二は、映画の手法がアメリカ映画的であるばかりでなく、登場人物の生活がアメリカ的であること。(45)

いずれにせよ、一九三七年の年末からの旅が内田にとって中国という国と中国映画という存在をこの眼で確認する体験となり、どのような方向に大陸映画は目指すべきかと目覚めさせるきっかけとなったというのは間違いないだろう。そこで彼がとりわけ注目したのは技法であった。例えばソ連映画のモンタージュの影響やら、アメリカニズム的手法やらというショット分析のくだりは、一見岩崎昶のそれとかなり類似しているようにも見える。では、果たして内田が岩崎の観点を継承したと言っていいのだろうか。映画手法、とりわけモンタージュに対する揶揄の言葉からは確かに類似性が見受けられる。だが、映画手法の弱点を論じた時の、二人の視座はまるで異なっていると言わなければならない。

ここに二点だけを指摘しておきたい。第一に、映画の思想性と技法を別々に論じる岩崎に対して、内田は作品の内容と手法がともにアメリカ化されたことを看取している。取り上げられた作品が異なることもあろうが、中国映画のテクニックを捉える両者のまなざしは異なっていたといっていい。そして、第二に、わずか二、三年の間隔だけだったが、二人の中国映画評を支える時代の雰囲気が急変したことと関連して、中国映画に向き合う両人の目的もまた異なっていたのである。日本映画への絶望感を抱きながら魯迅を介して中国映画を興味深く探究するケースと、日本の大陸映画の進化を図るために撮影に同行するケース。文化政策に密着した内田の行動とその中国映画への関心との密接な関係性がここにおいておのずと浮かびあがるだろう。内田自身の言葉を借りて言えば、その目的は「新しい文化を利用させ、彼等[中国人]を引き上げるものでなくてはならぬ。映画とて、この目的によってのみ、大陸進出の意義があるのである。そして、進出する日本映画は、これと同時に彼等に真の日本の姿と意志とを伝へ、日本の最もよき紹介者でなくてはならぬ[46]」ということになる。そして旅をするうちに、内田は中国映画の低俗性を自分の目で確認し、「低い生活に馴れ、不潔、不便、不衛生などは意にも介せぬ様になっている支那の一般民衆」を先進的な日本文化(映画)によって引き上げるべきだと悟るに至ったのである。

内田の旅行には、同じフランス映画の専門家の飯島正が同行していた。内田と同様、飯島もこの旅の前後から中国映画に関する文章を書き始めたのだった。たとえば出発前に書いた記事で、日本の軍事映画、戦争を描く映画の低劣さを歎く飯島は一見内田とそれほど違わないように見える。旅行から帰国後、飯島は一冊の著書、『東洋の旗』を上梓する。しかし、この本を読んだ限りでは、「彼等を引き上げる」という言葉で示されるような、強烈な優越的視線をあまり感じさせない。飯島自身によれば、彼は中国で『乱点鴛鴦』と『我們的天堂』を、さらに東京で『慈母曲』(聯華、朱石麟、一九三七)と『斬経堂』(華安、周翼華、一九三七)を鑑賞し、中国映画を全部で四本見たという。ただし、

『乱点鴛鴦』の演出法に内田のそれに似たような論評をしたのを除き、飯島はほかの三本の粗筋を紹介したのみで、なぜか論説を避けている。そして作品論の代わりに、彼は北京で『東洋平和の道』の主演俳優たちと会った時の様子を例に、中国人の心は奥深くて察しにくいと言い、「中国人を理解することが、僕たちの急務であると同時に、日本人の意図をはっきりと具体的に伝へることも目下焦眉の問題である(47)」とひたすら強調するのだった。

『乱点鴛鴦』のカメラワークに対する意見は内田と一致してはいたが、中国映画へのそのまなざしに、内田とは異質なものが確かにあるように思われる。その異質性は何かと考えるにあたって、ひとまず飯島の家系と個人の経歴に言及しなければならない。飯島の父親は陸軍軍人であり、日露戦争期に奉天に出征したことがあり、退役後も満州に渡って、羊毛のビジネスを開拓しようとしたという。そんな父親を持つ飯島は、大学在学中、たまたまハンガリー文学に夢中になった。言語的にはハンガリー人は東洋の一派であり、それにモンゴル語なども日本語や朝鮮語に近い文法の言葉であるのに対して、中国語だけが違う種類の言語だと、飯島は勉強を通して知らされたことを告白している。『東洋の旗』の「言語的東洋と支那」という一節の中で、飯島は語学の見地から見た日本と中国の文化的相違性を強調し、文法的に日本語と正反対になる「「支那人」は、ハンガリー人よりも日本に遠いといふことになるが、それは言語的方面からのみ考へた場合なのであって、隣り合わせに住んでいる支那人と日本人の複雑な関係を度外視することは許されない(48)」と、独自の議論を展開してみせた。戦時中は、ややもすれば過度なほど喧伝される同文同種説に反して、飯島はなぜか中国の異質性を摘出し、中国や中国人に対する性急な優越感とはほど遠い、自信に欠けた心情を打ち明けている。誰よりも的確に中国との異質性を把握した飯島は、自分自身の内面的葛藤を一日も早く解決させたいためか、中国滞在中、芝居を見、書店を巡り、そして魯迅、胡適《こてき》、周作人《しゅうさくじん》、田漢、巴金《ばきん》、茅盾《ほうじゅん》らの著作を買いあさったのである。

内田と比べてみれば、飯島は父親の体験と大学で学んだ知識に依拠することで、中国固有の奥深い文化と中国人の心理をある程度見透かしえたのであり、だからこそ映画の国策化の呼びかけに性急に応えようとすることもなく、むしろ自分なりに勉強を重ね、事変後の時局を思考しつつ、懸命に時勢を理解しようとしたのではなかろうか。飯島が同書の前書で「昭和十二年の夏に起こった支那事変は、思ひかけなくも、僕たちの心にある東洋の観念を振ひ立たせた」「この与えられた機会は、僕たち東洋の再認識を強制しないでは置かない」[49]と語ったように、彼は、東洋という概念を問いつつ、それに対する再認識の一環として中国映画に関心を寄せ始めたと思われる。映画のみならず、中国の演劇や文学に対しても、異文化の視座に基づく研究を続ける姿勢を示した飯島は、しかし少なくともこの時点においては、まだ林語《りんご》堂《どう》や胡適ら中国文人の説を根拠に、自分のなかで完全に消化しきっていない戦時文化政策のあり方を思考し続ける段階に留まっていたと言えよう。

盧溝橋事件と第二次上海事変が勃発後、日本の映画言説が次第に戦時イデオロギーに巻き込まれていくなか、いまだ嬰児期にあった中国映画の言説は、短期間に一気に急成長を遂げていった。この成長を支えたのは、それまでアジアに興味さえも示さなかった欧米映画専門の研究者たちであり、このようなアジア回帰を目指す陣営に内田と飯島も含まれていたのである。とはいえ、いずれも一様に論じられるものではなく、語り手の各々の思想的差異が言説の細部に散りばめられていることは、見てきた通りである。したがって、個人的な経歴も、中国映画と関わった時期も類似する内田岐三雄と飯島正を取り上げた意図は、彼らを一括して論じるためではなく、むしろその差異を浮かびあがらせることにあったのだ。それだけではない。さらに二人の前に位置する岩崎昶と矢原礼三郎を合わせて考えるならば、太平洋戦争の開戦が近付くにしたがって、中国映画の言説が日本映画の言説の主流に回収され、徐々に戦争の国策化に傾いていく傾向が強くなりつつあったとはいえ、まだ完全に統制されずにいるなかにおいて、岩崎昶、矢原礼三郎、内田岐三雄、飯島正のように、異なった着眼点を持つ人々がそれぞれ書く対象への違った思いを抱いて中国映画を語っていた有様が浮き彫りになるだろう。今やもはや故人となった彼らが書き遺した文字は、中国映画言説の形成を物語る、重要なテクストであると同時に、各々の思想的経緯を如実に記録した歴史の証言でもあるといえる。

では、内田と飯島の差異をさらに一歩進んで考えてみよう。

ここにその差異を端的に表わす、一つの言説資料——内田と飯島がそれぞれ書いた手記——がある。旅行から戻った二人は、『新潮』から与えられた題目「映画的角度から見た北支」に応じて手記を寄せていた。「北支点描記」と題する記事のなかで、飯島は「北寧鉄路」、「洋車曳き」、「北海公園」、「東安市場」との小見出しをつけて、列車から北京に入った時の感触を述べ、郁達夫《いくたっぷ》の文学にふれつつ、行く先々で見た景色を生き生きと記述し、「字が読めない位のうすぐらい店先で、田漢や魯迅や、殊に周作人を沢山見つけ出したのは、この上もない楽しみであった[50]」と、ちょっぴりスリリングな中国文学探検の体験を披露する。上記の『東洋の旗』とあわせてこの手記を読めば、急変する政治情勢に追いつかない心中の縺れを何とか整理しようと、懸命に勉強に努める飯島の姿が浮かんでくるようだ。

この時、飯島の手記と同じ紙面を埋めた内田は何を記述していたのだろうか。内田も汽車に乗って北京に入った時の様子から「北支那風景」と題する記事を書き進めていく。しかし、「北京の町の埃っぽさと不潔さとを、如何にしたら如実にキャメラを通じて描くことが出来るか[51]」ということばかりを考える内田は、映画的発想を馳せつつ、まるでカメラの視線を感じさせるかのように筆を走らせている。

その目線は、まず北京の街から万里の長城付近のある場所へ移動していき、徐々に焦点を定めていく。それは「××の頂上には、××屯所がある。そして日章旗が竿頭に翻っている」という場面だ。内田は彼の目に映ったこの場面を次のように視覚化するのである。やや長いが、飯島のそれと比較するために引用する。

映画でこの光景を述するには、先づ二つの方法が考えられる。一つは最初附近の萬里の長城をうつし、この景観の大きさの中に、やがて日章旗を描き出だすもの。一つは、先づ最初に日章旗の翻へる大写を示してから、次いで視野をおもむろに周囲にひろげて行くもの。前者を、もし帰納法といへば、後者をば、演繹法といひ得るだらう。〔中略〕僕はこれに、映画がその昔盛んに使用した丸絞りを以て当りたい。最初から大遠写で画面を一杯に大きく撮りながら、それを始めは丸くうんと小さく絞って日章旗だけを示す。そして、次第にこの絞りの円形を拡げて、××の全観にまで及ぶ法である。前に述べた二つの方法がカットバックやパンであるのに対して、これは最初から最後までキャメラの位置を動かさないのである。或ひは、人はこの丸絞りを以て旧式であり幼稚であるとするかもしれないが、僕としては、日章旗に関する限りは、敢へてこの方法を選びたいと思ふ。(52)

日章旗の支配下にある華北の風景を誇らかに言葉によって表象するところは、書店で中国文学を渉猟する楽しみを記した飯島と明らかに相違する描写である。それだけではなく、より意味深いのは、内田が万里の長城と日章旗という、まさに国家というものをシンボリックに表す二つのイメージを敢えて叙述の対象に選び、彼自身の指摘した、中国映画に多用されるモンタージュと移動撮影を退けたうえで、カメラを固定して凝視するような撮り方を推奨したことだった。形式的なカットバックやパンよりも、内田の選んだカメラワークの方が、より強力なメッセージを帯び得るというわけだろう。つまり、ここで内田の言葉によって描出されるのは、単なる風景ショットのようなものではない。それは広大な領土に対する野望を内包する風景論であり、まさにタイトルに示されるような、映画的角度から見た中国であることは明らかである。戦時地政学に基づく風景論と大陸映画製作との相呼応する関係については、第四章で検証するが、そうした風景論を見事なまでに文字によって表象したのは、内田のこの手記にほかならなかったのである。

行動をともにした人間の、それぞれの内面は必ずしも同じとは限らない。同じ映画撮影に同行し、同じ文芸誌の要請を受けて寄稿した内田と飯島。しかし各々の記事の行間からは、中国と中国映画に向き合う二人の思想の違いがはっきりと読み取れる。いずれも中国映画に疎かったが、一方は、積極的に日本映画を上位に位置付け、中国映画を指導しようとしたのに対して、もう一方は、一歩引いたところから中国と中国人を知ろうとしたのである。このようにまるで異なった対応法をとった二人は、ある意味では、日中戦争期における知識人の二つの類型を示していたとは言えないだろうか。

言うまでもなく、私は二人の責任を追及しようとして彼らの言説を分析したのではない。彼らを取り上げたのは、あくまでも戦時体制下における中国映画論の形成を明らかにし、一九三九年以降の展開を検証するための伏線を敷きたいためである。これまでほとんど映画史研究の視野にとり入れられてこなかった日本の論者における視線の変化に着目したのも、元来は映画史研究の周縁に位置するだろう中国映画言説が戦時文化政策に吸収されていく実態を、当事者の内面に沿って解明したかったからである。

5 言説ブームの隆起——上海から広がって

一九三七年以降、映画事情の視察や撮影を行うために、中国を訪れる映画人が急増し、日本の占領下におかれたエリアが拡大されていくなか、それまでもっぱら上海に集中していた映画的視線は、さらに北へ、あるいは南へと広がっていった。文化人の手記、それにロケ撮影から戻った監督と俳優たちの経験談や従軍兵士の映画鑑賞記など、論者たちの顔ぶれは変わり、形式的にも様々なものが出揃っていた。思えば岩崎と矢原の記事が世に問われた時からわずか一、二年しか経っていないのに、中国映画を語ることは、もはや少数の中国映画通の特権的言説ではなくなっていたのである。誰もが中国映画を語る時代が到来し、近くて遠い存在だった隣国とその映画作品は、急に身近なものになったかのようである。

だが、これらの言説をすべて中国映画論として包括するにはもちろん疑問がある。ほとんどが戦争に付随して現れたこれらの記事は、作品を中心に論じる岩崎や矢原のそれとは当然視点が相異しているのである。その特徴とはいったいどういうものだったのか、幾つかの例証を通して見てみよう。

盧溝橋事件直前に書かれた菊池勇の「支那映画界鳥瞰」[53]をまず取り上げる。映画評論家ではない菊池は、中国映画会社および主要都市にある映画館の概況、映画雑誌の発行、映画統制機関の現状解説に重点をおき、代表作品については終わりの方で簡単に言及しているにすぎない。一九三〇年代初頭の映画情報談を踏襲したと思われる部分もあるが、中国映画界の動向を直に伝える意図がより明瞭になった一例だと言える。

重慶の製作による抗日映画の実相を報道する記事も少なくなかった。例えば、南京攻略を現地に取材した大宅壮一《おおやそういち》の「抗日支那の文化映画」が、その一つである。大宅はこのなかで国民党政府の文化政策にふれつつ、蔣介石政府直轄下の重慶の撮影所が撮ったドキュメンタリーを「実写的部分はそのお芝居やトリックに現実性を付与するために挿入されているに過ぎない[54]」と酷評している。そのドキュメンタリーを実際に見た上で書いたと思われる一篇だが、すでに関心を占領地から「国統区」と呼ばれる蔣介石政府の所在地に移した大宅の、戦時下での行動を記録した文章として興味深い。

つまり、中国映画への関心度が高ければ高いほど、戦局の推移と占領政策により密接に関わることになるのが、この時期の言説の一つの特徴である。したがって「映画工作」という用語が中国と結び付けられて頻繁に使用され始めたのも、明らかに一九三七年以降だった。たとえば、肥後博は「大陸と映画工作」と題する文章のなかで、「支那大陸における文化の発展は、概ね、その伝統的なるものが、北支那・北京に流れを発し、その近代的なるものが、中支那・上海を中心に広がる」と、北京、上海に見られる文化の地政学的な差異を的確に指摘した上で、「蔣政権治世幾年に亘る間、支那国策映画が、民衆に培養した抗日、排日の精神的影響は、豫想以上に大きなものがある」と警告している。そして「支那国策映画」に対抗するには、支那民衆を宣撫する文化映画を製作しなければならず、これこそが「支那映画への希望[55]」だと肥後は言うのだ。読んで分かるように、大宅と肥後の記事は、抗日映画への対応を念頭において書かれたものであり、興味本位の映画論とは明らかに性質の違うものだった。

日本国内の観客を想定して製作された数々の大陸映画をいよいよ占領区の民衆に見せようという課題に直面する兆候はこの頃からすでに現れていた。先に述べたように、大陸映画の製作のために中国を訪れる映画監督、俳優、その他の撮影スタッフが急増し、大陸行きはマスコミの重大な話題の一つになりつつあった。例えば、満州を背景にした大陸映画『沃土萬里』(日活、倉田文人、一九四〇)のロケで満州に数カ月も滞在した監督倉田文人、俳優大日方伝《おびなたでん》らは、『映画朝日』掲載の「大陸と映画を語る」[56]座談会において、撮影の苦労話をする傍ら、中国人があまり日本映画を見ようとしないこと、上海映画のことなどについて雑談交じりに語り合っている。また倉田たちが満州から戻った一年後、監督の内田吐夢は台湾滞在を経て、広東、マカオ、上海、南京、武漢を縦断し、最後に長沙に辿りつく、八〇日間にも及ぶ大旅行を遂行したという。「記録映画の編集にあたり、自らの目で肉体で戦場の現実を詳さに視るがためであった」[57]のだが、そこから帰国後、『土と兵隊』(日活、田坂具隆、一九三九)の撮影で大陸を訪れた清水宏と内田は対談している。じかに体験した文化や風俗のことを興味津々に語りあう二人だったが、いざいかに大陸映画を撮るかという話題に及ぶと、内田は言葉少なに次のように述べたのである。「ある程度まで撮れるが、それから先に詰まちゃふのぢゃないか」[58]と。一部の評論家と文化人の抱く遠大な抱負と比べれば、どのように大陸映画に立ち向かうべきかと戸惑っていた内田の様子が伺える発言である。

内田と同様、事変後、急速に盛り上がってきた大陸言説ブームに突き動かされ、大陸映画を作る情熱を胸に中国に渡った映画監督はほかにもいた。監督島津保次郎がその一人である。「これから私達が大陸に発展すべく運命づけられているのは、幸ひにして—敢て幸ひにしてと云はう—日本が持たぬ国だからである」と思う島津は、内田よりも少なからず意気込んでいたのだろう。彼は「今に大陸文学、大陸映画の時代がやって来る」と予言し、「大陸への憧れは少年の如し」[59]と、心を躍らせていたのである。その念願は太平洋戦争勃発の直前にやっと叶うことになる。島津は山東省の青島や膠県に二週間もの旅に出、帰国後、自分の見聞きしてきたことを『映画評論』に書いたのだった。しかし中国に行く前の意気込みと比較すれば、予想外の問題に出会い、まごついたようである。島津は言う。

日本人の生活を描いた日本映画を見ても[彼らは]興味が湧かない。[中略]特に日本の剣戟映画は如何にしても中国人の良識より判断して理解に苦しむ[60]。

つまり、中国の観客が日本映画を見ようとしない現実を島津はこの目で確かめてきたのである。

映画監督が中国と中国映画に言及するケースとしては、おそらくは鈴木重吉以来のことだった。しかし、未知のエリアへの好奇心に胸を躍らせて中国の土を踏んでみると、多くの人にとっては予期せぬ現実にうまく対応できない焦燥感が生じてくる。というのも、実際映画製作に携わる彼らは、広大な大陸を前に、何をどのようにカメラのレンズに収めるのか、その作品をどのようにすれば中国人に見てもらえるのか、などといった山積する難題が自分の眼前に横たわっていることに気付かされるからだ。それゆえ、上述の監督たちによる中国映画論は、評論家や文化人たちと比較すれば、いささか覇気がなく、場合によって弱音とも取られかねないものなのだが、しかし、だからこそ、大陸映画の製作現場における矛盾を暴き出す、貴重な証言ともなっている。

一方、日本映画の進出は占領地に対する映画工作の一環としてますます大きな課題となっていった。上述のように、中国の民衆に日本映画を見てもらうためには、中国映画の実状をより確実に把握する必要があったが、ただ単にその実状を把握するだけでは、事態の打開は難しいと悟り、自分たちの姿が占領地の人々の目にはどのように映っているのかという視点から、日本映画の現地での受容状況を詳細に調査する傾向が出てくる。ここに至って、中国映画は日本の映画言説の中に深く介入することになり、日本映画を中国映画と抱き合わせて論じることに対して、論者たちはもはや違和感すら覚えなくなっていった。

他方、日本映画界の関心が次第に上海から離れていき、相対的に中国各地に広がりつつあったとはいえ、上海への注目度はあいかわらず高かった。いや、むしろほかの地域と大きな政治的、文化的差異を持っていた上海は、それまで以上に語られる対象になったと言うべきである。太平洋戦争の開戦直前、『新映画』誌は上海に出向いて、中華電影の石川俊重はじめ、文化映画製作部長、営業部長、巡回映画課長、配給課長ら日中職員を招集し、筈見《はずみ》恒夫《つねお》の司会による「上海映画界の現状を語る」と題した座談会[61]を開いた。この座談会の論題は、上海映画の歴史、外国映画上映の現状、検閲制度、事変前の中国映画政策、中国映画の変遷など、幅広い分野に及ぶものだった。後半では、巡回映画に始まった話題は、次第に日本映画の受容、大陸映画への注文、そして日中合作映画の期待へと収斂されていく。各々の議題からも分かるように、中国映画の言説はすでに作品論から逸脱し、検閲、製作、配給、受容を網羅する、映画工作という大きな文脈におかれるようになったのだ。しかもそこでは、製作、配給、受容に関する考察が作品の検討を上回り、中国映画の状況を全般的に把握することが映画工作の効果を左右する大きなポイントに、つまり文化的な占領を獲得する生命線になっていたと言っても過言ではないだろう。

いずれにせよ、以上の事例が示すように、一九三七年から一九四一年にかけては、中国映画を語る顔ぶれが多彩になり、言説そのものも確実に深化しつつある様相を示していた。かくして、岩崎昶と矢原礼三郎らによって切り開かれた中国映画の言説は、戦局を追うかのように日本映画の言説に介入し、周縁から中心の位置へ移動しつつ、次第に「大東亜共栄圏」映画論の枠組みに組み込まれていくのである。

(1) 前掲、加藤四郎「支那」『日本映画事業総覧』。
(2) 村田孜郎「支那映画の過去と現在」久保天随ほか『大支那大系　第十二巻』万里閣、一九三〇年、五七三―六四七頁。
(3) 松尾要治「中華民国に於ける映画運動の現状」『キネマ旬報』一九三二年三月一日号、六二頁。
(4) 水野正虹「中華民国映画界誕生話」『キネマ旬報』一九三二年一〇月二一日号、四八頁。
(5) 前掲、武田雅朗「中華民国映画概観」。
(6) 武田雅朗「上海を中心として」『キネマ旬報』一九三五年五月一日号。
(7) 同前。
(8) 映画法は戦前の日本における唯一の文化立法として一九三九年三月に帝国議会によって審議、可決され、四月五日に公布、一〇月一日から施行された。法案の骨子はナチス・ドイツの「帝国映画法」(一九三四年)を下敷きにしたとされる。一九四五年の敗戦とともにＧＨＱによってただちに廃止された。前掲『世界映画大事典』一四八頁を参照。

(9) 新中国が成立後、抗日戦争、国民党との戦い、階級闘争などをテーマに、労働者、農民、兵士を主人公にした映画は人民電影と呼ばれていた。人民電影の第一作は東北電影製片廠の製作による『橋』（一九四九）である。

(10) 「宣伝煽動手段としての映画」は、岩崎昶が板垣鷹穂《いたがきたかほ》らとともに創刊した『新興芸術』に連載されていた。

(11) 魯迅は岩崎昶のこの論文を「現代電影与有産階級」という題に訳し、訳者付記を書き加えて発表した。劉思平・邢祖文選編『魯迅与電影（資料匯編）』中国電影出版社、一九八一年、一三三―一五五頁を参照。

(12) 沈西苓は本名沈学誠。東京美術専門学校に留学し、築地小劇場で美術スタッフの実習をしたことがある。帰国後、映画界に入り、『女性的吶喊』（一九三三）、『上海二十四小時』（一九三三）、『十字街頭』（一九三七）などを監督した後に重慶に行ったが、一九四〇年にチフスで死去した。

(13) 岩崎昶「中国電影印象記（一）」『キネマ旬報』一九三五年五月二一日号、五八頁。

(14) 岩崎昶「中国電影印象記（四）」『キネマ旬報』一九三五年七月一日号、七四頁。

(15) 岩崎昶「中国電影印象記（二）」『キネマ旬報』一九三五年六月一日号、九二頁。

(16) 前掲、岩崎昶「中国電影印象記（一）」五八頁。

(17) 前掲、岩崎昶「中国電影印象記（四）」七四頁。

(18) 蔡楚生は映画監督。一九三七年以後、上海から脱出し、香港に赴いた。代表作には『漁光曲』、『新女性』、『一江春水向東流』（『春の河、東へ流れる』）（崑崙、一九四七）などがある。

(19) 前掲、岩崎昶「中国電影印象記（四）」七五頁。

(20) 夏衍は劇作家、脚本家、映画評論家。一九二一年から七年間日本に留学した。一九三三年、『狂流』の脚本を書いたのをきっかけに、映画界に入り、数多くの映画脚本を執筆した。解放後、中国電影家協会の主席など、映画界の要職を歴任した。

(21) 「プロキノ」の解散は一九三四年だった。

(22) 岩崎昶「中国電影印象記（三）」『キネマ旬報』一九三五年六月二一日号、六五頁。

(23) 岩崎昶「中国映画補遺」『キネマ旬報』一九三五年八月一一日号。

(24) 岩崎昶「支那の映画」『新潮』一九三七年一一月号、一四六頁。

(25) 同前、一四七頁。
(26) 同前。
(27) 北川冬彦は本名田畔忠彦。詩人、映画評論家。東大卒業後、キネマ旬報社編集部に入り、映画批評を執筆するかたわら、春山行夫らと新散文詩運動を展開した。多数の詩集の他、映画評論には『現代映画論』などがある。
(28) 例えば、矢原礼三郎の詩「黄昏の訪問」と「露宿」は、『満洲浪漫』の第三巻と第一巻に掲載されている(呂元明・鈴木貞美・劉建輝監修、ゆまに書房、二〇〇二年)。また詩人としての矢原礼三郎に関する論考は「満州国詩人矢原礼三郎と『九州芸術』」(岩佐昌暲編著『中国現代文学と九州 異国・青春・戦争』九州大学出版会、二〇〇五年)を参照されたい。
(29) 矢原礼三郎「支那映画探求記」『映画評論』一九三九年一二月号、六四頁。
(30) 矢原礼三郎「最近支那映画の動向」『キネマ旬報』一九三六年二月一一日号、八〇頁。
(31) 同前。
(32) 矢原礼三郎「支那映画の精神」『映画評論』一九三七年九月一日。
(33) 前掲、矢原礼三郎「最近支那映画の動向」。
(34) 孤島期とは一九三七年一一月一二日、租界以外の上海が日本に占領された時から一九四一年一二月八日の太平洋戦争の勃発までの四年間、日本軍に占領されなかった上海のフランス租界、共同租界を指す。孤島という用語は戦時中、日中双方が使用していた。
(35) 前掲、矢原礼三郎「支那映画の精神」。
(36) 同前。
(37) 同前。
(38) 矢原礼三郎「支那映画の観点」『映画評論』一九四二年一〇月号、五〇頁。
(39) 同前、五四頁。
(40) 『木蘭従軍』にある抗日メッセージと日本における受容については、第七章で詳述する。
(41) 内田岐三雄「支那事変と映画界の動向」『新潮』一九三七年一一月号、一一二頁。
(42) 同前。

(43) 内田岐三雄「支那を背景にした映画」『新潮』一九三七年一二月号、四七頁。
(44) 内田岐三雄「北支の旅から(一)」『キネマ旬報』一九三八年二月一一日号、八頁。
(45) 内田岐三雄「北支の旅から(三)」『キネマ旬報』一九三八年三月一日号、八頁。
(46) 同前。
(47) 飯島正『東洋の旗』河出書房、一九三八年四月、一五七頁。
(48) 同前、八頁。
(49) 同前、一一頁。
(50) 飯島正「北支点描記」『新潮』一九三八年四月号、六一―六二頁。
(51) 内田岐三雄「北支那風景」『新潮』一九三八年四月号、六三頁。
(52) 同前、六四頁。
(53) 菊池勇「支那映画界鳥瞰」『キネマ旬報』一九三七年六月二一日号を参照。
(54) 大宅壮一「抗日支那の文化映画」『日本映画』一九三八年四月号。
(55) 肥後博「大陸と映画工作」『キネマ旬報』一九三九年一月一日号。
(56) 倉田文人・大日方伝・江川宇礼雄・吉村操等による座談会「大陸と映画を語る」『映画朝日』一九三九年一一月号を参照。
(57) 小倉武志「内田吐夢　大陸踏破記」『新映画』一九四〇年一二月号。
(58) 内田吐夢・清水宏・清水千代夫・飯田心美・滋野辰雄「映画放談」『キネマ旬報』一九三九年一月一日号。
(59) 島津保次郎「出まかせの記」『映画之友』一九三八年一〇月号、六七頁。
(60) 島津保次郎「大陸映画への第一歩」『映画評論』一九四一年九月号、五〇頁。
(61) 石川俊重・黄随初・小出孝・山口勲・辻久一等による座談会「上海映画界の現状を語る」『新映画』一九四一年一〇月号、六六―七一頁を参照。

第三章　戦時文化政策への傾斜

第二次上海事変の二年後、日本軍部の要請によって中華電影股份有限公司（以下、中華電影と略）が上海に設立された。本章はその設立者である川喜多長政をはじめ、中華電影に勤務した三人の映画評論家、筈見恒夫、辻久一《つじひさかず》、清水晶《しみずあきら》を取り上げる。中華電影に続く中華聯合製片股份有限公司（以下、中聯と略）の創設、中華電影聯合股份有限公司（以下、華影と略）の大合併については後述するが、その前に個人にしぼって議論を進めておきたい。

中国映画批評の系譜は前章で明らかになった通り、岩崎昶と矢原礼三郎によって開拓されたのだった。その系譜を受け継ぎつつも、それを方法的に転換させていったのが、ほかでもなく川喜多長政とその部下の筈見恒夫、辻久一、清水晶の三人であった。いずれも川喜多に見込まれて中華電影に入社した三人は、入社前からすでに日本国内で有望な映画評論家として筆を振っていた。ここで注目すべきは、彼らにとっては組織が重要な要素としてあったということである。つまり、内田岐三雄と飯島正が盧溝橋事件後の情勢に導かれて中国映画を語り始めたとするならば、筈見らが中国映画の論者になるその背景には、中華電影の存在が不可欠だったし、またそれを統括する川喜多の思想とも切っても切れない密接な関連性があったのである。川喜多の戦時思想と中国映画観への検証なしには、筈見、辻、清水らの思想的脈絡を把握しきれないという意味では、まずは川喜多の言論の解析からはじめる必要があるだろう。

1 見果てぬ同文同種の夢——川喜多長政

周知のごとく、川喜多長政は東和商事を創設し、長い間外国映画の輸入に力を注ぎ、日独合作映画『新しき土』(一九三七)(1)を製作した人物である。川喜多は若い頃、北京大学に留学したことがあるが、その父親も中国との縁が深く清朝政府に雇われて中国軍事教習を務め、後に日本の憲兵に暗殺された、元陸軍砲兵大尉の川喜多大治郎だった。(2)親子二代にわたって中国と縁のある彼は、手がけたばかりの欧州映画の輸入事業を中国に進出させようとして、一九三〇年に上海で東和支社を開設した。しかしわずか二年間で排日の気運に巻き込まれ、支社はやむを得ず撤退することになり、大陸雄飛という川喜多の最初の夢はあっさりと挫折してしまったのである。川喜多にとってこれが中国での最初の躓きとすれば、更なる大きな失敗は、『新しき土』が上海で上映された際に、多くの映画人を含む中国文化界が当作品の公開に抗議し、大規模な反対署名運動にまで広がったことだった。かくして二度にわたる挫折を味わうなかで、誰よりも中国映画と映画界の実状を熟知することになった川喜多は、盧溝橋事件の直後、日中間初の合作映画『東洋平和の道』(一九三八)を製作することによって再起を図ろうとしたのである。中国人を主人公にするのみならず、主要人物すべてを中国人に割り当てた当作品の製作形態を見れば、中国での映画製作を最初から楽観視していた多くの映画関係者と違って、川喜多がいかにみずからの経験から教訓を導き出し、国策を自分の事業と結び付けるべきかを心得ていたか、そのうえで慎重に行動していたかがうかがえるだろう。

父親の非業の最期に対する執着に加え、中国語を自由に操れる自信があったからだろうか、川喜多は前述の飯島正と異なる主張を固持し、中国と日本との同文同種的性質を執拗に訴えていた。まさにこの同文同種の思想こそが、川喜多の信念を支える根源的なものであり、そこにはかつて岩崎昶が訴えたような、プロレタリアの同志とは異なるニュアンスを持つ連帯感とも言えるものがあった。

川喜多は言う。「支那で外国人のことをワイ・クォ・レン、と云ふ。併し、その中には日本人は含まれていない」。だから「日支両国人は本能的にお互い同士を外国人とは思っていないのである」[3]。その上で彼は、長い間日本と中国の間に蔓延《はびこ》っていた相互軽蔑の風潮が戦争の拡大を助長したと考え、「さうした感情が長い間に蓄積して爆発したのが今度の事変の一つの原因」で、「本能的には親類の様な気でい乍ら他人を味方と頼んで争ふ様な破目におち入った」[4]と、彼なりに戦争の起因を分析し、戦争そのものを「東洋の不幸な戦ひ」[5]と称して、日中間の戦争を悲しむ胸中を吐露していた。

そんな川喜多は、上海に赴任する前に、「映画の持つあらゆる機能を発揮して両国民の互ひの認識を深める事に努力したい」と抱負を述べている。川喜多いわく「自分が映画に由って両国民に訴へたいのは東洋人の東洋といふ思想。有色人種の代表である黄色人種としての日支人の団結の必要と、その責任である。両国民を結びつける最も素朴で力強い思想は人種問題である」と、再三にわたって同文同種を軸に仕事を進めていく決意を表し、公人らしい面目を見せる一方で、映画でもって「家を焼かれ家族を失ひ、戦火に怯へた哀れな支那の民衆に娯楽を与へ慰安を与へ、再び生活を建て直す勇気を与えたい」[6]と語り、被害者である中国人に同情するような発言もしたのである。

世界を活動の場にしながら、長い間、中国にヨーロッパ映画を輸入したい夢をずっと持ち続けた川喜多の、中国に対する親近感、そして戦争への悲しみが以上の言葉から伝わるのではないか。おそらく中華電影の設立という大任を引き受けたのも、自分の夢を国家に託して実現させたいという思いと、不幸な戦争によってもたらされた両国のしこりを少しでも軽減させたいという考えを、彼が持ち合わせていたからだろう。

ただ、川喜多が中国映画をどれほど論じたのかと言えば、中国映画界の実状に一番明るいはずの彼が直接中国映画に言及したことは極めて少なく、作品のよしあしに対してもほとんど興味を示さなかったことは、彼の書き残した一連の文字から伺えるのである。彼が意図したのが合作だったといえども、『新しき土』と『東洋平和の道』がともに東和が出資して製作されたことからも分かるように、川喜多は合作による日本映画の製作に拘っており、国際映画市場を打開できるような、日本映画の新しい形式を模索していたのだった。上述のように、映画でもって「哀れな支那民衆に娯楽を与へ、慰安を与へ再び生活を建て直す勇気を与へたい」と川喜多の言った映画とは、当時の中国映画ではなく、日本映画を指しているように思われるのである。というのも、彼にとって日本映画の使命とは「最初は支那の智識階級が、やがては支那の大衆が日本映画を愛する迄に進まねばならぬのである[7]」というものだからである。その使命感こそ上海でのビジネスの挫折から再起する夢を再燃させ、川喜多の心を奮い立たせていたのに違いあるまい。

このような解釈が、根拠のない推測ではないことを次に証明したい。映画界における日本国内の情勢からみれば、ドイツの映画政策に倣う映画法が実施される一九三九年に、中華電影が始動したという決して偶然とはいえない映画史的事実に私たちは注意を払うべきだ。歴史が大きく動き始めるその間際に、軍部からの要請とはいえ、川喜多はけっきょく中華電影設立の重任を引き受けたのである。このように、二つの映画史的瞬間に立ち会った川喜多は、果して国家による最初の映画立法をどのように受け止めていたのだろうか。この頃、マスコミの露出度が日々増えるようになった彼は、外国映画の輸出入の見地に立って映画法の詳細に少々けちをつけたものの、基本的にはその設定を擁護する姿勢を、早くも映画法実施の前に表明したのだった。

吾々映画業者は、映画を国民生活上今日の地位迄に築き上げ、国家をして之を積極的に善用せしむるに至らしめた事を誇ると同時に、新しき映画法がその立法精神の制定に齟齬があり、その運行に無理を来たし、徒に映画業を萎縮せしめその立法の根本精神に反する結果を齎す事の無い様、当局と協力善処すべきである[8]。

さらに、川喜多は映画の輸出入の問題に言及した際、「文化工作並びに国策上最も重要と思われるのは東洋諸国に対する日本映画の進出である[9]」と述べ、国家の映画政策にみずから進んで進言までもし、その姿勢が前述の岩崎昶といかにも対照的である。

では、なぜ川喜多はかくも早い段階で、アジアないし中国への日本映画輸出の重要性を訴えていたのだろうか。その答えも彼の書いた文章や対談から見出せる。中国映画を知るがゆえに、その存在を無視できないと認める一方、川喜多の中には中国映画に対する日本映画のリーダー・シップがゆるぎないものだという考えが最初からあったのである。その考えを支える支柱がまさに「日本は固有の文化を持った世界の大国である。而して今や名実共に、東洋の盟主である(10)」という思想にほかならなかった。この時、川喜多が常に憂慮していた現象とは「如何にして東洋から映画に由るアメリカニズムの浸透を防ぐ事ができやう(11)」というものだった。上海での二度の挫折体験から育まれたこの発想は、中国の映画市場を独占し続けるアメリカ映画に勝つという自信につながり、まもなく到来する英米打倒という時代の風潮に先駆けるようなものだった。一個人や一会社の微々たる力で映画の業務を展開できない苦渋を味わった上海体験に、ついにこの時リベンジを果した川喜多の、今度こそ汚名を返上しようという思いは、うまい具合に国策に合致できたという背景があったと言うべきだろう。

この歴史的文脈をふまえて言えば、川喜多が明瞭な映画工作の未来図を描き始めたのは、中華電影が設立される前からだったといえる。しかし、あれほど日本映画による文化工作を心得ていた彼は、就任後、意外にも方針転換と思われるような行動をとることになる。それは中国映画人の劇映画製作への不干渉政策である。彼の推し進めた、満映や華北電影とは異なるこの映画政策――日本人に中国の劇映画を撮らせないし、中国映画人による映画製作にも干渉しない――は、日本国内の一部の人から非難されたにもかかわらず、川喜多は断固としてそれを太平洋戦争の開戦まで継続させたのである。一見、この大胆不敵ともいえる行動は、川喜多が赴任する前に語った抱負にそぐわないものであるかのように見えるが、実際のところ、この方針転換は彼自身の描いた青写真に対する修正に過ぎなかった。みずからのこうした行動を「放任」と称しながらも、川喜多は次のように説明している。

［私は］敢へて彼等の製作する愛国時代劇に干渉しなかった。私の態度には非難も起ったが、その為多くの有能

な支那映画業者を日本側に獲得する事が出来た。勿論会社設立の本来の目的から見て、単に中国人に由って製作される支那映画を配給するのみが吾社の方針では無かった。(12)

一九三九年頃の中国映画の動向に少しでも予備知識のある人なら、川喜多に「放任」された中国映画とは、『木蘭従軍』が代表するような、抗日意識を盛り込んだ、いわゆる借古諷今（昔のことに託して現代を風刺する）の手法によって製作された一連の時代劇映画を意味するものと分かる。いわば迂回策によって日本の占領に対抗しようとしたこれらの作品に目をつぶって傍観する国策映画会社は、川喜多の率いる中華電影だけだった。戦争の被害者としての中国人の自尊心を一個人として彼なりに大切にしたかったという思いもあろうが、しかし川喜多は公人である自分の責務をも忘れてはいなかったはずだ。つまり、この傍観的な姿勢は、映画工作をスムーズに進行させていくための策略としても捉えられるのである。

川喜多は言う。

会社設立後、我々の直面した最も大きな問題は此等抗日映画会社に対する工作であった。我々の取りうる道は二つしか無かった。一つは徹底的に此等抗日的映画機構を粉砕して我々と共鳴する同志の中国人と新しい映画事業を建設する方法。もう一つは抗日映画人を説得して我々の陣営に彼等を加へる事であった。(13)

川喜多が採用したのはまさに第二の方法であり、これを採用した理由は、この「方法は、地味であり、相当長い時日を要し、しかも尚、不徹底な感じを与へるが、実際問題としては、有能な映画人を確保して優秀な映画を製作し得る可能性があった」(14)からにほかならない。ここから分かるように、中華電影が抗日映画の製作に干渉しないと敢えて宣言したのは、上海租界の特別な事情を考慮し、中国映画に関わる人材を流失させずに日本側の映画工作へと誘導するためでもあっただろう。それゆえ、方々からの攻撃を受けたとはいえ、川喜多の政策は基本的に映画工作のルートから外れたものではなく、好戦的な空気がますます濃厚になっていくなかで、それなりに効果を上げたのではないだろうか。つまるところ、「放任」政策は、単なる放任というより、むしろ現地の実情に見合った、川喜多ならではの決断によるものだったと言った方が適切だろう。

強硬路線ではうまくいかないことをふまえ、人心を獲得することの重要性を川喜多は認識していたのだ。満映作品の不評を耳にして、日本映画を見ようとしない中国人の心理が手に取るように分かっていた川喜多。ただ、彼にとっては、日本映画と中国映画は決して同等的な位置にあるものではなく、日本映画がいかに中国映画を指導するのかということが常に念頭におかれていた。次の言葉がその左証になるだろう。

「東亜新秩序の建設は物心両方面からなされなければならぬ。〔中略〕心的新秩序の建設とは東亜共栄圏内に生存する諸民族相互間の心的結合である正しき相互の理解と、同情の上に建設せられたる友誼的団結」が重要だと述べた上で、川喜多は「ここに東亜共栄圏の指導的立場に置かれた日本映画の重大な使命が発生する」[15]と強調する。

要するに、太平洋戦争の開戦前まで、川喜多は租界のある上海において、ある程度の柔軟性を持ちながらも、戦局に見合うような文化政策からは大きく遊離することはなかったと言ってよかろう。この点に限って言えば、作品を中心に語る論者たちと違って、川喜多の中国映画をめぐる一連の議論は、映画工作の枠組みにしっかりと組み込まれており、戦時映画の製作を左右するほどの力を持つものであった。それはいわゆる東亜新秩序に要請される民族政策にも合致したものだったのである。

2　第二の岩崎昶を目指して——筈見恒夫

筈見恒夫は一九三九年一〇月、満鉄映画班（南満洲鉄道株式会社映画班）の招待により、飯田心美、北川冬彦、大黒東洋士、今村太平と満州視察の旅に出かけた。帰国後、彼は中国映画に言及する三本目の記事「満洲及び朝鮮の映画界」を発表している。(16)当時、満映が製作した娯民映画(17)の不入りを伝える記事が各映画誌に多く掲載された時期であり、中国人の生活を描いた満映作品といえばいうまでもなく中国人の観客を対象に想定して作られたはずだったが、結果的には、満州で悪評を買い、冷遇されていたのである。こうした現実に悩まされていたのは満映だけではない。その余波は当然のように日本国内にも押し寄せてきたのだった。筈見の文章からもそうした苦悩が感じられる。

現在の満映の方向について、喰足りないものを感じているのは事実なのだ。或る信念は持ち乍らもう一押し押し切れない日本映画界及び映画製作界の弱さが、ここにも反映しているのではないかと思はれるのだ。(18)

このように満映製作の方向性を批判する一方で、筈見は上海映画が満州で歓迎される事実に着眼し、「『漁光曲』或いは名作の称ある『馬路天使』『冷月詩魂』、最近では『木蘭従軍』等の作品は満映作品と対照的なものとして、大衆の心に刻み込まれているであらう(19)」と指摘するのである。岩崎昶と矢原礼三郎が絶賛した『漁光曲』や、隠喩的に抗日意識を訴える『木蘭従軍』を引き合いに出し、ここで筈見は第二次上海事変前と孤島期映画のよさを素直に受け止めたかのように見える。

しかし、筈見は続けて言う。

映画的優位といふ武器を棄てて、どうして、この戦ひに勝利を占め得るだらうか。むしろ、卑俗な大衆作品を上海の中国側作品にまかして置いて、満映側に於いては日本映画的水準による傑れた作品を製作し以って満人インテリ階級を獲得し、次第に大衆の信用を博するのが賢明な一方法ではないかとさへ思へる。(20)

読んで分かるように、これはただむやみに『漁光曲』と『木蘭従軍』を褒めるための批評ではない。映画製作と受容サイドとの関係を分析した結果、中国の観客層をインテリと大衆という二つに分類した上で、段階的に観客の心を摑んで行くべきだと主張した、きわめて計算高いものである。中国映画の視察の旅をきっかけに、中国映画の動向に関心を持ち始めた筈見は、作品の良否を判断するに際して、岩崎と矢原の切り開いた系譜をしっかりと受け継いではいたものの、その指向性は異なっていたと言っていい。すなわち、彼にとっては作品の出来栄えを云々するよりも、良質の中国映画がどのように中国の観客を獲得したのか、そうした状況に直面する自分たちはどう動くべきなのかといった問題がより重要なのだった。それはほかでもなく、筈見の中では、中国映画研究が急務の作業であり、またそれを国策の遂行と結び付けて考えなければならないことを自覚していたからではないか。

それゆえ、筈見は上海製作の中国映画を「欧米の風習、その技巧と同時に模倣した支那映画[21]」と定義した上で、その中の欧米的なものを取り除き、日本映画をこそ介入させていくべきだと言わんばかりに、欧米映画への対抗意識を露にしている。アメリカニズム批判の川喜多の主張を思い出せば、これもまさに同じような視点による発言だったと分かるだろう。このような主張の背後には共通する思想的風潮があり、欧米映画に対抗する多くの大陸映画言説とも関連していたといえる。

いずれにせよ、上述の記事から明らかなように、中華電影に赴任する前に、川喜多と同様、筈見もまた映画の国策化を遂行しようとする意志を強く持っていたと思われる。しかし、もう一方では、映画評論家であるがゆえに、彼は作品に即して語る姿勢を崩そうともしなかった。少なくとも『漁光曲』と『馬路天使』(明星、袁牧之、一九三七)を肯定的に論じた点から見れば、筈見がそれまでの中国映画論を参考に論じていたことは明白であろう。

筈見の一連の文章のなかで最も代表的なのは、一九四一年八月、『映画評論』に寄せた一編、岩崎の「中国電影印象記」以来の中国映画論ともいえる「支那映画印象記」だろう。後に筈見自身の著書『映画の伝統』にも収められたこの論文を岩崎のそれと比べてみると、実に興味深いことに気付かされる。たとえば『女権』(明星、張石川、一九三六)が『何が彼女をそうさせたか』のリメイクだという指摘などが、岩崎の仕事を想起させずにいられない。一九四一年六月から一カ月ほど中国に滞在し、多くの作品を見たこともあって、筈見の作品に対する解析は丹念で説得力を持ち、岩崎昶の「中国電影印象記」よりもむしろその周到さが際立っている。

例えば、彼はかつて「卑俗な大衆作品」と形容して評価しなかった孤島期の時代劇映画を見直し、『木蘭従軍』、『明末遺恨』〔別名『葛嫩娘』〕(新華、陳翼青、一九三九)、『岳飛精忠報国』〔別名『尽忠報国』〕(新華、呉永剛、一九四〇)、『西施』(新華、卜万蒼、一九四〇)、『碧羅公主』(国聯、朱石麟、一九四一)などの時代劇を、「漢民族としての民族意識を持ち、愛国思想を振り廻す」作品と見なす。そこで「支那の大衆の願望を知らずに、支那映画を語ることが出来ないのはたしかである」、「われわれは映画を通じて、支那大衆の心の動きを知り、それをやがては、良き建設の意志に導くことに協力して行きたい」(22)と、決意を新たにするのである。上海に行く前に書かれた前記の文章と比較すれば、長期滞在を通して筈見は孤島期映画の精髄をより正確に把握し、これらの作品と大衆との関係も的確に捉えうるようになったのだ。そしてそこからいかに議論を映画工作という主題へと導いていくのかを真剣に考える姿勢が浮かび上がってくるだろう。

にもかかわらず、筈見は孤島期前の左翼系映画を高く評価していた。例えば、彼は蔡楚生の『迷える子羊』〔『迷途的羔羊』〕(一九三六)を「これは私の見た支那映画では最も傑れたもの」として、「その演出手法には、チャップリン的なパントマイムの影響がはっきり感じられる」と言い、岩崎よろしく賛辞を送ったりもしたのである。おそらく「中国電影印象記」に触発されたがために、自分の文章を「支那映画印象記」と名づけ、その岩崎の蔡楚生論をふまえて『迷える子羊』を評価したのだろうと思われるが、これはむろん筆者の推測の域を出ない。

仮にそうでなくとも、すでに南下して抗日映画を撮り続けている蔡楚生を評価することは、ある意味で、国策に反するほどの、危険な発言と捉えられる恐れがあったはずだ。なぜ彼はそのような発言をしたのだろうか。筈見の映画評論家としての眼力と、映画の国策化を実行しようとするその政治的な自覚とに軋みでも生じていたのだろうか。しかし読み進めるうちに、蔡楚生を褒めるその真意が次第に見えてくる。

事変の起る前の上海の家なき少年たちには誰が救ひの手を差し伸べられるであらう。そこには階級的な宿命といふよりも、民族的な宿命が横たわっている。支那民族は欧米民族の弱肉強食のために下積みになって行く。(23)

「支那映画印象記」が発表されたのは一九四一年八月。時はもはや太平洋戦争が開戦する前夜だったことを念頭において考えれば、筈見はここで階級対立を描く『迷える子羊』を間近にひかえた「聖戦」の主旨にうまく当てはめて論じていることに気付かされるだろう。彼は続けて言う。

かつて支那映画人自身に如何なる拝米、容ソの思想があったとしても、斯かる上海的現実を反映しないわけはなかった。彼等はこのような現実を眺めた。そして『迷途的羔羊』のやうな作品も生まれる。だが、この傑れた作品も皮相的だと云ふ点で非難を脱れることは出来まい。(24)

また別の記事において、筈見は『漁光曲』『迷える子羊』などを「この民族のみが生み出し得るといふ点に於いて、異色ある秀作」として認める一方で「しかし乍ら、それらの作品の殆どは、神経のとげとげしさのみが目立つ。時に左翼的であり、時に抗日的であり、時に呪詛的であった。総じて協調的であるよりは、挑戦的である。平和的であるよりは、排他的である。内にあっては、階級闘争の形をかり、外に対しては民族闘争の姿に転化した(25)」と明晰な分析を行ってもいる。

「支那映画印象記」の一年後に発表されたこの文章は、後述の中聯製作の大作『博愛』（張善琨・馬徐維邦・張石川等一一人、一九四二）と比較して書かれたものであった。筈見は『漁光曲』と『迷える子羊』を『博愛』の対極に位置づけつつ、後者が「協調的」「平和的」なのに対して、前者は「挑戦的」「排他的」だと評したのである。

このように、二度、三度の中国視察を経て中国映画の見識を深めた筈見は、一九四二年四月に川喜多に呼ばれて中華電影に入ることになる。その後、彼は上海に移り住み、いっそう腰をすえて中国映画を考察する体勢を深めたのだった。

赴任する前に筈見の最も評価した監督は蔡楚生だったが、中華電影の一員になって以来、彼は新たに「傑れた監督」の一人を発見した。その監督とは、『深夜の歌声』[『夜半歌声』](新華、一九三七)の成功により恐怖大師の名をほしいままにした馬徐維邦《ばじょいほう》である。開戦後の映画誌に馬徐の名前が度々現われ、その作品も論じられるようになるなかで、筈見は「馬徐維邦論」という長編作家論を上梓している。これは馬徐の作品とその作風を中国文化の文脈において詳細に考察した、日本における最初の、本格的な中国映画作家論だった。

さて、筈見はいったいどのように馬徐を捉えていたのだろうか。馬徐の主題を中国人の民族性と結び付けて考え、奇妙な個性を持つ作家としての馬徐を生み出す土壌は中国伝統の哲学と文学だと、筈見は冒頭で述べた上で論を進めていく。

> 怪談作家としての彼は南北などが代表する日本流のそれではなく、又、徒らにグロテスクを追うアメリカ流のものでもない。強いて類似を挙げれば、古い独逸映画などが持つ伝奇的な譚を思わせるが、根はもっと深い。(26)

敵国のアメリカではなく、同盟国であるドイツ映画との類似性を指摘する、筈見の鋭敏な手腕が披露されたこの部分は、馬徐のある作品のファースト・シーンの分析に当てられたところである。

> 彼[馬徐]は中国の監督に珍しい画面の幅と大きさと、そして演出技巧上の派手さをもっている。例えば『秋海

棠』〔中聯、一九四三〕の巻頭には、長い移動で京劇学校の内部を紹介し、その因襲的な雰囲気と新時代の相克に悩む主人公の姿までを一カットで紹介している。『刁劉氏』〔華新、一九四〇〕で感心したことは襄水を遡って、襄陽の町へ入って行く全く第三者を最初に紹介し、闘鶏その他の風物詩を取り入れて、知らず知らずの中に本筋に導いて行くのである。この手法は中国映画の特殊性である随筆手法の絶頂だと私は思っている。〔中略〕陰惨な内容だが、華やかな技巧がそれを包んでいる。その常套とするのは物語様式である。つまり、画中の人物が物語を始め、それが二重、三重の物語の枠に入って行くことも珍しくないが、そういう場合の混乱のないのは彼のカットに対する明快な知識と編輯の適確さである。(27)

中国映画の演出を見下すような議論は、中国映画の言説が発生した当初からあり、以来中国映画論を長く支配してきたものだったと考えられる。『漁光曲』と『新女性』を日本映画より優れているという位置づけをした岩崎でさえも、前述のように、カメラワークや編集のテクニックを手厳しく批判していたのであった。そのような状況において、カメラワークに「感心」という用語を使って褒め称えるような肯定的評価は、この筈見以外、あまり例を見なかったと言ってもよかろう。

ただ、この賛美を単純に技術論に帰納させるには、なお疑問が残る。蔡楚生が南下し香港、武漢を転々と渡り歩き、映画を武器に抗日メッセージを発信し続けていたのに対して、孤島に残り、その後、中聯、華影に参入した馬徐のスタンス(このスタンスが表面的なものだったとしても)を、筈見の政治的な評価と切り離して考えられるだろうか。歴史的コンテクストをふまえて言えば、馬徐に対するその評価には、「盟邦日本と堅く手を握らうとして、国民政府の指導下にある中国映画人がその手を差し伸べた真意を感じなければならない(28)」と、筈見がしきりに繰返していた日中連携という意味合いが当然含まれていたはずだ。言い換えれば、馬徐は川喜多の言う、獲得すべき中国映画の人材の筆頭に挙げられていたのである。つまり、『博愛』や『萬世流芳』(中聯、張善琨・卜万蒼・楊小仲・馬徐維邦・朱石麟、一九四三）の監督群にも名を連ねた彼こそが、中華電影企画部次長を務める筈見にとっても、日中合作による「大東亜映画」の製作にとっても、欠くことのできない監督だったのではないか。

一九四一年から一九四二年にかけて、「上海映画界の現状を語る」、「大陸映画座談会」、「中日合作映画の将来」など、上海駐在の映画人を中心に行なわれた映画誌上の座談会が、上海と東京で相次いで開催された。戦時中、頻繁に開かれた誌上座談会の名人[29]とも名指されたことがある筈見は、上記の三つの会合いずれにも参加している。上海の映画情勢と日本の映画工作の進展ぶりがこれらの座談会の中心的な話題だった。この時点ですでに中国映画に関する知識が岩崎昶を凌いで矢原礼三郎にも追いつかんとする筈見だったが、専門家として中国映画の現状を説明しつつも、出席者の中国映画を見くびるような言い方を制して、幾度となく中国映画の肩を持つような発言をしたのである。

例えば、日中合作映画を論じる時に、かつて上海滞在を経て東宝撮影所に戻った松崎啓次が中国映画を大都映画[30]撮影所の作品に喩え、「一本として満足するものがない」と腐したのに対し、筈見は「支那映画の中には日本映画よりも優れた要素もあると思ふ。これだけ僕の態度と気持を述べて置かないと、日本なんかで支那映画の全部が最低の日本映画よりも落ちて第三流作品だといふやうに誤解するふしがあると思ふ[31]」と退け、『鉄扇公主』[32]『西遊記』（国聯、万籟鳴・万古蟾、一九四一）と『家』（国聯、卜万蒼、一九四一）を例にあげて、大都映画はこれほどの作品を作れないと言い張るのである。

中国映画を無関係な他者としてではなく、中華電影の関係者という意識から発言する筈見と、まだ日本からしか論じようとはしない映画人との齟齬がここに見られるだろう。どうせレベルが低いだろうという既成観念に囚われ、作品を見ようともしない大半の人物と違って、一部ではあれその作品と監督を評価したのは、映画評論家として丁寧に作品を見、丁寧に批評を行った筈見の、プロフェッショナルとしての自覚によるものだっただろう。この点に限って言えば、戦時中、岩崎昶が沈黙を強いられた時に、彼の作風を継承し、その仕事を広げていった唯一の人物は筈見だったと言える。

ただ、映画工作をやり遂げるために必要とされるのもまた、ほかでもなく、筈見のような中国映画に精通する専門家であった。そうした意味では、筈見本人も終始、その大任を意識して積極的に自らの役割を果たす努力をしていたと言っていい。ここに一例をあげよう。一九四三年、筈見は『改造』に「中日映画の交流(上海租界の映画工作)」を寄稿している。タイトルからも分かる通り、彼にとって中日映画の交流はイコール映画工作だったのである。主に日本映画の租界への進出を論じるこの短文は、次のように、中国映画を自陣の内側に引き寄せるような書き方をしている。

筈見は「〔上海は〕アメリカ映画一色によって塗り固められている。〔中略〕日本映画が進出したことは、上海映画史始まって以来一度もないのである。肝心な中国映画さへ片隅に押しのけられる」と、ひとまず日中映画対アメリカ映画の対立図式を打ち出してみせる。その上で、彼は映画工作の進め方を「武力でアメリカ映画を追放するのではない、作品と作品との一騎打だ」として、結局は「アメリカと中国、日本映画に於ける戦ひだ[33]」と強調するのであった。

ただ、一旦書き示されたアメリカ映画対日中映画というこの対抗図は、日本映画進出の問題にふれる際に、跡形もなく消えてしまう。「たしかに、日本映画は、中国映画から貰ふべき何物もないのである。先づ、与えなければならないのだ。背後に四億の民を持つ中国映画のために、日本映画はすべて貸し与へなければなるまい[34]」と語り、一変して中国映画を下位に落としたのである。中国映画を一度は内側に引き寄せながら最終的には日本映画の指導下におくべきだという筈見。彼にとっては、その順位関係は明瞭につけられていたのであり、川喜多の方針ともぴったりと合致するものだった。

上海製作の「卑俗な支那映画」を一般民衆に見せるという、上海赴任前に語った、いささか傲慢さが混じったような筈見のまなざしは、ここに至って、中国映画を認める姿勢を明らかにしながら、中国映画の指導者として君臨する意思をより強めたのだ。筈見の変化を支えたのは、むろん「大東亜共栄圏」という「神聖」なる目標だった。「必要なことは、映画による大東亜建設と、アメリカニズム追放を如何に成し遂げるかと云ふことだ[35]」と、就任当初に決意した筈見は、「大東亜映画建設」の夢の実現を上海に託して次第に中国映画と映画作家に情を移しつつも、東洋文化の指導者の一員としての自覚をもって中国映画に接したのであり、その立場は離任まで長く変わらなかったのである。

3　軍隊と民間の間で――辻久一

辻久一は映画評論家としての実績が買われ、上海軍部報道部で映画報道を担当していたが、除隊後、華影に入社し、国際合作処の職員となった。一九三九年に入隊してから通算して六年間、彼は、最初は軍人、そして華影の社員として上海から中国映画報道を日本国内に頻繁に寄稿したのである。

そもそも中国映画との関わりは、筈見と違って、辻の場合は召集による入隊という事実とともに発生したものだった。それまでは映画評論家として日本国内の様々なメディアで発言してきた辻は、多くの映画人と同様、戦場に駆り出されたのだが、すぐさま上海軍部報道部への転任を命じられることになる。そのためか、初期の中国映画に関する彼の記事は、もっぱら孤島期映画の動向を伝える、仕事がらみと思われるものばかりだった。

たとえば、一九四一年の一年間に、辻は孤島後期の中国映画の製作状況や、上海映画市場の現状を紹介する長い記事を、少なくとも次の五本執筆している。

「支那撮影所見学記」(『映画評論』一月)
「上海映画通信」(『映画評論』三月)
「上海映画通信」(『映画評論』六月)
「支那映画製作情報」(『映画旬報』九月一一日)
「支那映画製作情報」(『映画旬報』一二月一日)

辻によれば、時々軍人の身分を隠し、撮影現場に通っていたという。太平洋戦争が開戦する前に、日本人が租界を渡り歩くのは、ひょっとすると命を落とす恐れのある行為だった。それにもかかわらず、なぜ辻は身の危険を冒してまで、孤島の映画製作の実態を摑みたかったのだろうか。以下の彼自身の言葉がその左証になるだろう。

日支の映画合作といふやうなことが極めて簡単に言はれるけれど、日本映画を支那人が一人も見ず、支那映画も又日本人が一人も見ないでいる現状では有名無実である。これを性急に見ろ見ろと云っても始まらない。一番大切なことは、両方ともが相手国の映画を、全然見もせずにつまらないときめこんでをり、しかも、その「カン」が見事にあたっていたといふことにある。(36)

日本人に中国映画に目を向けさせるには、「今」を伝えるのが重要だと辻は考えたのである。そこで彼は孤島映画製作の中心的存在であり、しかも目覚しい発展の勢いを呈していた新華と芸華両会社の製作現場とその試写会に度々足を運び、製作の動態と作品の傾向などまさに生の情報を迅速に日本国内に伝えることに努めたのであった。すなわち、作品論を云々する前に、辻にとってより重要なのは中国映画への情報調査だったのである。その目的は、日中による映画合作を唱える以前にある難題、日中両国の間に横たわっていた深い溝――互いに相手国の映画を見ない現状――を改善することにあるだろう。中国人に日本映画を見てもらいたいならば、彼らの心情を把握すべく、日本人が先に進んで中国映画を見るべきだと、辻は主張する。つまり、彼にあって中国映画を見ることは二重の意味があるのである。一つは映画製作の実態と動向を見ること、そしていま一つが個々の作品を見ることであり、この二つは辻のなかで一体化されたものであったのである。

ただ、かりに管見の中国映画論と対照してみると、辻の初期に書いたものは、中国映画の系譜すら言及しなかったことで、中国映画論としては捉えにくい感がなくもない。しかし映画政策としての提言が際立っていた点では、日本側の映画工作の経緯を考察するには恰好の資料になるといえる。

たとえば、撮影現場の中国人との接触を通じて、辻が「支那映画が生産の方がどんどん発達して、封切映画館が少ないといふこと、最近イーストマンやアグフアのネガがストックがなくなって来て、困っているといふこと、どちらにしても、さしあたって、日本へ頼らなければならなくなっていること[37]」と指摘したことに代表されるように、彼の現場主義に徹した情報は、太平洋戦争の開戦前から開戦後にかけての、中華電影の政策決定に一役買っていたと推測できる。後に中国映画人の映画製作に生フイルムを提供したり、開戦後、中華電影に回収された一流の洋画上映館で中国映画を公開させたりするような政策が比較的スムーズに実行できたことから見ると、中国映画の情報通として、辻の存在の重要さは計り知れないものだったろう。

一九三九年からすでに中国映画に関わり始めていたにもかかわらず、除隊して中華電影に辻が転任したのは、一九四三年五月中旬だった[38]。当初から中華電影の一員であるような記事を執筆し続けたその仕事の経緯から考えれば、この入社時期は意外と遅かったと言ってもいい。いや、むしろこの事実からは、軍人でありながらも、中華電影とは一貫して密接につながっていたことが浮かび上がるのであり、中華電影と軍部との関連性を連想させずにいられない。実際、連想させるどころか、辻自身の書いたものを逐一検証すれば、民間会社としての中華電影が、太平洋戦争開戦後、一層緊密に軍部の管轄下におかれるようになったことがよく分かる。辻の言葉がそれを立証しているのである。

今、中華映画会社は、陸軍、海軍、興亜院、国民政府等、日支双方の指導機関の全面的支持の下に、映画配給の一元的機関となり、映画製作の指導本部となり、真の国策的使命を遂行する重大な立場に立った[39]。

ところが、このような辻の姿勢にも微妙に変化が生じ始める。それは中華電影の一員になる前後だった。筈見たちに影響されたのか、現場報道から一転して映画作品を批評する記事が増えたのである。ただ筈見と同様、彼の作品批評も映画の国策化という枠組みの中で展開されており、彼自身が言ったように、映画とはあくまでも「日本の理想を、支那に於いて、支那人と手をにぎって、実現してゆくための、文化手段[40]」だと考えられていたのである。

ここで辻の映画批評の特徴をあげておくと、それはつまり、代表作を例に挙げつつも、より社会的な関心から中国映画人の抗日心理や作品をめぐる政治的な背景を手際よく解析することだと指摘できる。例えば、「支那映画の季節」と題する記事は、一九三五年当時の上海映画界の製作状況や代表的な監督の作風とそれぞれの作品の出来栄えから論を起こし、孤島期の中国映画界の改組及び映画製作における時代劇の流行にふれつつ、重慶や香港に行った映画作家の動向にも言及する、という幅広い視点によって中国映画の現状を分析するものだったのである。辻は、それまでの代表作品の流れを「作者達が、支那映画の写実主義の完成に努力し、その努力がやうやくにして実を結ばうとしつつあった」と語る一方で、「抗日といふ指導的原理に、これらの作者達をして、彼等の属する社会の病理に、熱心な観察の目を向けさしたのは興味のあることだ」と述べ、その要因を解析する。陳腐な映画話法を放棄し、社会に目を向けるようになったリアリズム映画の誕生と日中戦争との関連性を的確に言い当てた彼の手腕がここに際立っているといえよう。彼はまたこのようなリアリズムを「絶望を基調にした写実主義」と呼び、「抗戦映画がつくられても、それは積極的に抗戦へかりたてるプロパガンダとしての映画ではなく、いはゆる「国恥」を強調し、自分達の「悲惨」な状況をみせて、消極的に抗戦の意志をさそひ出さうとするアジテーションとしての映画であった[41]」と指摘したのである。

ここから明らかなように、後に辻の同僚になった筈見が左翼映画をある程度肯定的に論じたのと同様の観点から、辻もまた左翼系の映画作家たちによって築かれた映画の作風を「写実主義」と呼んだ。戦時日本においては、文化映画[42]や文化映画風な劇映画が称揚され、実写に基づいた精神、写実主義を過大に評価する風潮があった。その文脈で実写精神と絡ませる形で提起された映画の宣伝性を、辻はそのまま中国映画の解析に持ち込んだとも考えられる。ただし、いま一度前述の岩崎昶の批判的姿勢を想起すれば、一個人としての芸術的嗜好による論述に偏重しているように思われる岩崎のそれと比べ、辻の分析は、はるかに客観的かつ周到であることが分かるだろう。

なぜ、辻はこれほど主観を介さない分析を行えたのだろうか。前述した撮影現場への直接の体験、軍部の文化担当者としての頭脳のよさはもちろん、最初から中国映画に対してある程度の距離をおきながら観察し続けた姿勢によるところが大きかったように思われる。私たちが「支那映画の季節」から辻本人の心情的変化をなんとか読み取れるところがあるとすれば、それは作品解釈の部分ではなく、それを報道し続ける自分と中国映画との関わりを、三つの時期に分けて解説した件だろう。その時期区分によれば、辻の中国映画との出会いは盧溝橋事件直前に当たり、これが第一の時期である。事変から太平洋戦争の開戦までが第二の時期であり、開戦以後からは第三の時期であったと辻は言う。その中で中国映画に対して、次第に無関心から「中聯の作品は、日本映画だといってもいい[43]」と呼びかけるようになったと、彼は三つの時期に置かれた心境の変化をまるで第三者のことを語るように淡々と説明していくのである。

第一の時期には残念ながら、居合わせなかった。のみならず、支那映画に対しては、関心も興味も、何も持っていなかった頃である。[中略]第二の時期に於いては、私は、熱心な観察者であり、調査者であり、批判者であった。敢えて、熱心なぞと自賛的な言葉をつかふのはおかしいやうであるが、かくあることが、私に与えられた軍務であった。[中略]この時期は私が外部にあって、支那映画の作品とその付随現象を眺めていた時期である。[中略]第三時期に於いては、私の立場は一変して、支那映画機構再編成のまっただなかに、立たざるを得ないことになった。[中略]私は、前期とはうってかはって、支那映画の内部へ入り込んでしまった[44]。

いずれにせよ、自分自身の好みによって作品のよしあしを判断する岩崎昶の中国映画批評と対極にあるのが、この客観的かつ周到に中国映画にアプローチする辻の論評だったことはここで強調しておきたい。しかし彼は単なる傍観者ではなかった。むしろ時代の流れに乗って内側からの分析に関与したのである。個人的には中国映画に無関心だった彼において、軍務を実行するために中国映画を分析対象として見る際の外部の視点が、いかに「支那映画機構の真っ只中に立たざるを得ないことになった」という内部の視点へと変わっていったのかを雄弁に物語っているのは、ほかでもなくまさに彼自身によるこの時期分析ではなかろうか。これこそが、国家意思が個人にのしかかった際に、嫌でも引き受けざるを得なくなったものが、いつのまにか自分の強い意志として膨脹していく有り様をつぶさに語る資料なのではないか。他者への無関心があるきっかけから関心を持つようになり、やがてその他者を同化しようと踏み込んでいき「大東亜共栄圏」の文化工作に利用する意志に結実すること。戦時中の日本映画と中国映画、アジア諸国の映画との関係変化の経緯は、ある意味でそのまま辻の中国映画論の移行に反映されている。言い換えれば、辻の仕事の一つ一つは、いずれも戦時映画政策に緊密に組み込まれていたようにさえ思えるのだ。

4　文化論を語り得るのか──清水晶

『映画評論』の編集長を務めた清水晶は、太平洋戦争開戦の翌年に、「日本映画雑誌協会中支駐在員兼中華電影嘱託」[45]として中華電影に赴任した。学生時代に満州へ一人旅に出た時、清水は中国初のシリーズ映画『火焼紅蓮寺』の中の一本を見たことがあり、その後、日本初公開の中国映画『椿姫』〔『茶花女』〕(光明、李萍倩、一九三七)について、望月由雄というペンネームで批評を書いたこともある[46]。中華電影への赴任は前述の二人より遅かったものの、盧溝橋事件の前後からすでに中国と中国映画に興味を示しており、映画雑誌編集者兼評論家、それに中華電影職員という三重の肩書きを持つその経歴を見れば、清水の中国映画に関わる動機には、おそらく一九二〇年代の文人たちが抱いた大陸への憧憬に近いようなものがあり、その出発点は、筈見や辻のそれとやや相異するところがあるのは明らかである。

ただし、太平洋戦争勃発後、日本映画の上海への進出が実現し、上海における映画会社がすべて中聯に編成された後に中華電影に赴任したこともあって、清水の中国映画論は「大東亜共栄圏」的な言説の中で展開せざるを得なかった事情があり、そうである以上、筈見や辻との共通点が大いに見受けられるのは無理もないところだろう。赴任後の清水による記事を、以下に書き並べてみよう。

「上海の映画界から」『映画評論』一九四二年八月一日

「支那映画批評」『映画旬報』一九四二年八月二一日

「中国映画界の新出発―中聯の誕生」『映画旬報』一九四三年三月二一日

「中国映画界の現状」(野口久光との対談)『映画旬報』一九四三年五月二一日

「上海から言ひたいこと」『映画評論』一九四三年七月一日

「支那映画時[批]評(一)」一九四三年九月一一日

「支那映画批評(二)」一九四三年九月二一日

「支那映画批評」と題する文章を三度も書いているが、清水が批評の対象として論じたのは蔡楚生たちの作品でも、孤島期の映画でもなく、中華電影の管轄下におかれた中聯製作の数々の作品と統制後の華影の映画ばかりであった。例えば、最初の記事の中で言及した『蝴蝶夫人』(李萍倩、一九四二)、『燕帰来』(張石川、一九四二)、『香衾春暖』(岳楓、一九四二)などは、いずれも中聯初期の作品として中華電影の配給網に統括された一流の洋画館で公開されたものである。日本映画進出に絡む中国映画公開の実態については、第六章で詳述するので、ここでは簡単にその背景を説明しておきたい。

一九四二年七月九日、中聯作品第一号の『蝴蝶夫人』は一流洋画館の大光明戯院(グランド・シアター)で公開された。その直前には、ドキュメンタリー『帝国海軍勝利の記録』[『撃滅英米大海戦』](日本映画社、一九四二)が、一般興行による最初の日本映画として同映画館で上映されていた。製作と配給がすべて統制された体制のもとで日中映画の提携を目指す中華電影は、欧米映画の配給権を奪取することに成功した後に、中国映画の配給を保障する一方で、日本映画の公開にも踏み切ったのである。それまでの経緯を加味して言えば、これは中国映画人の意思と心情に配慮し、中国側の劇映画製作を保障するという、中華電影の従来の政策を継承するものであり、なおかつ日本映画の進出を順調に行わせる重要な一大決定だったことは、言うまでもない。だとすれば、清水はちょうど日本映画が租界進出に無事に踏み出したその矢先に、最初の記事を書いたことになる。そうした状況下にあって、清水が中聯作品を中心に批評を行ったのも、やはり仕事上の必要に応じたものだったのだろう。では、彼はどのように中聯作品を批評したのだろうか。そしてその批評文は中華電影の仕事においてどう位置付けるべきだろうか。次にその批評文を読み解きつつ、中華電影の政策との関連性とあわせて検証してみる。

ふたたび清水が最初の批評の対象に選んだ『蝴蝶夫人』に戻ろう。当作品は一流洋画館に進出、一週間もの上映が続いたわけだが、この盛況ぶりに対して、清水は次のように晴々した気持ちをあらわにしていたのである。

この映画が支那の若い世代の最大の関心事である自由恋愛の謳歌、封建的なものの打破といふことをテーマに、終始「的」をはづすことなく、そこに或る程度の幅を持ち、夢を盛り、雰囲気をたたへて、間違ひなく支那の所謂外国映画ファン、即ち高級ファンに迎へられたといふことは、中聯の第一歩として認めなければ成らない成果である。(47)

かくして『蝴蝶夫人』を中聯の成果として認め、インテリ招致の成功を喜んだ彼は、しかし、「租界の一流劇場のロード・ショウに値するとも思われず、何か首をかしげたい気持ちであった(48)」と、すぐにその作品にクレームをつけてもいる。

文脈的には矛盾に満ちているともいえるこの発言から、何が読み取れるだろうか。『蝴蝶夫人』を中聯の成果として褒め称える清水は、作品を評価したのではなく、また商業効果を重視したのでもない。ただ「米国映画は浴びるほど好きでも、自国の映画を観ることにあまり熱心ではない(49)」とかねてから懸念を示していた上海インテリ層の心を、この作品がうまく摑んだことを喜んでいただけであって、洋画館に足を運んだ観客たちに今後公開されることになるだろう日本映画を見てほしいという期待を込めていたことが、ここから見て取れるのである。

いずれにせよ、このようにひとまず『蝴蝶夫人』の公開を喜んだのだが、しかしその後しばらく『蝴蝶夫人』と似たり寄ったりの恋愛ものばかりを送り出す中聯に対して、さすがの清水も焦り始める。

中国唯一の映画製作機関としての国策会社たる看板を掲げた手前、その第一回作品といふことの中に一般には何か著しい国策的変貌を期待した向きもあった。〔中略〕その実、この映画は、さうしたことの露さへない、『蝴蝶夫人』と『椿姫』を一緒にしたやうな大甘な悲劇物であった。その次も、その次も、中聯作品は、依然として、かうした急激な国策的変貌への要求には無関心な、旧套をいささかも脱しないものばかりであった。(50)

けっきょく、清水は一九四二年四月からの一年間、中聯製作の二四本の作品を「所謂国策的、東亜的な脱皮のあとを見るまでには至らなかった(51)」として批判し、またそうなった要因を次のように解釈するのだった。

中聯以前―大東亜戦争以前の傾向として、比較的大規模な会社の作品に氾濫した、古装片〔時代劇〕の形による一種の愛国意識の昂揚、乃至はまた、多く小プロダクションの作品の中に小児病な形で飛び出した抗日映画―、かうしたもののすべてを、中聯の設立と共に廃棄した昨年の中国映画界が、目立って関心を寄せたものは、新旧時代の対立、封建思想からの解放、自由恋愛の擁護といった態のものであった。〔中略〕殊に上海に住む若い中国の男女は、頑迷をきはめる封建的ものへの反発に、明け暮れ頭を一杯にしていて、それがそのまま映画にも反映して来るのである。(52)

自らの中国映画の原体験ともいえる『椿姫』を想起しつつ、ここで清水は、戦時国策を無視したかのようにひたすらわが道を行く中聯への不信を打ち明け、「国策的、東亜的な脱皮のあとを見るまでには至らなかった」その原因の所在をまだ封建的なものへの反発から脱出できないでいる上海の若い男女、つまり観客にあると指摘するのである。

上海に赴任した直後、「四畳半」[53]趣味の類の日本映画は進出に不向きだと主張しながらも、「内地で最近の日本映画に氾濫する所謂実写精神にはいささか食傷気味であったけれども、ここへ来て、支那映画を見ると、これはまた、あまりに実写的なものへの関心がなさすぎるのに呆れた」[54]と、清水は感想を述べたことがある。しかし、開戦から一年以上経ったにもかかわらず、上海映画は実写的なものへの関心どころか、孤島期の借古諷今からさらに後退し、政治的に安全な家庭劇や恋愛劇のメロドラマなどに逃げ込んでいったのである。しかし、中聯に実写精神への関心がないのではなく、また相変わらず反封建というテーマに囚われていたのでもなかったこと、さらにそれを喜んで見に行く観客たちでさえ必ずしも「頑迷をきはめる封建的ものへの反発に明け暮れ頭を一杯に」していたとは限らないことを、清水は見抜けなかったのか、それとも内心では分かりながらも認めようとはしなかったのだろうか。

ただ、清水の発言を辻の行った抗日映画の心理分析などと比べてみれば、辻の老練さにはとうてい及ばない、清水の未熟さが際立つのであり、二人の論調は実に好対照であるともいえる。情報収集に努める辻に対して、清水は両国映画の比較を立脚点にしながら、メロドラマとか実写精神とかいうトピックのもとに、あくまでも日本映画界の状況に即して中国映画を捉えていたのである。それはさておき、華影に統制される前の作品を通して中聯の製作動向を如実に語ったその記事からは、国策映画製作の要請に無関心な中国映画の現状に苛立つ清水の心情を汲み取れるほか、中聯がいかに協力という名のもとに映画製作を堅持しつつも非協力的姿勢を貫いていたのか、という史実も浮かび上がってくる。これについてはまた後述するつもりだ。

いずれにせよ、ちょうどこの記事が発表された二カ月後、上海映画界は体制的により大きな変動を余儀なくされる。一九四三年五月、華影は、上海の製作、配給、興行の三部門を傘下に収める映画会社としてスタートすることになる。華影の指導部に汪精衛《おうせいえい》政府の要人たちが名前を連ね、川喜多長政が副董事長に就任、体制面における日中提携がついに実現されたわけだ。かくして張善琨《ちょうぜんこん》をはじめ多くの中国映画関係者が華影の各部門の指導者に任命され、中国人による劇映画の製作方針が表面上、堅持されていく。

だが、「日中提携」を組織的に実現したものの、華影の日中関係があくまでも非対称の関係上に築かれていたことは、以下の清水の文章と対談記録を読めば明らかになるだろう。例えば、「中国映画の現状」と題する野口久光[55]との対談でのことだが、華影の統合合併によって「日本は指導者か協力者か」という問いを前に、日本は協力者ではなく、指導者であると清水は明快に答えている。その上でどのような指導者になるべきかについては、「相手の犠牲のもとに君臨する指導者でなく、相手をふとらせる指導者である[56]」と強調するのだが、華影の一員として相手を教育し導くという勝者意識を強烈に露呈させる回答だったと言わざるを得ない。

中国映画には「大衆の間に、根強い人気を持つ監督や俳優が厳として多数いる」「これは東亜共栄圏での一大特色として、充分尊重しなければならないことだ[57]」と語りながらも、相手を指導する立場に自分たちがいると強調するのだ。中国映画の自主性を尊重することと、中国映画を指導することの同時遂行に、少しも矛盾を感じないまま、むしろ堂々と宣言する清水がここにいる。

尊重と指導という、いかにも辻褄が合わないような発言が意味するところは何だったのだろうか。清水の言葉に即して解釈すれば、そこには中国映画を見下すまなざしが間違いなく働いているのであり、ここで言う尊重とは、あくまでも指導を推進するための方便でしかなかったと思われる。そもそも清水ならではの映画と文化比較論は、まさに相手を指導する立場に立って展開しているのである。やや長いが、次の引用を見てみよう。

> 私が一般の人に対してもっと支那映画を見なければならないといふ第一の理由は、支那映画は先づ何よりも、支那の人情や風俗を、外形的にもせよ、ある程度把握する捷径だからであるが、心ある人は、更に突っ込んで、支那映画の構成なり、表現なり、いわば支那映画のシネマトウルギーといったものに、支那そのものの特徴をは

っきり汲み取って行かうとするだけの努力を払わなければいけないのだと思ふ。これは何も現在の支那映画の低さと妥協することではない。ただ、これなくして、我々が欧米の所謂名画を見ることによって培われてきた批評の基準や、日本映画が現在既に到達し得た表現上の優位や、日本映画が現在総力を挙げて邁進している筈の「映画もまた弾丸である」といった方向―、さういったものを頭から誇示し、強制し、そして、結局、そのために支那映画を軽視しなければならなくなるといふことは、それがそのまま直接に支那映画を育て上げる上の薬にならないといふことである。(58)

読んで分かるように、映画を見て中国人と中国文化を理解し、そのドラマツルギーを把握することが、相手を教育し育て上げることにつながるというのだ。中国人による自主製作を看板として掲げる一方、強引に国策を押し付けるのではなく、相手の心を把握した上で指導していくべきだという発言からは自信と優越感がはっきりと感じられる。清水にあって、中国映画を見るという行為は、単なる映画鑑賞では決してなく、日本の映画政策を実行するために不可欠の仕事だったのである。つまり中国映画を知り尽くしてこそ、はじめて中国映画を育てることが出来るのであり、指導者としての役割を果せるのだと、清水は強調したかったのではなかろうか。

とはいえ、清水の批評には彼の得意とする比較文化論的な叙述が散見され、現在読んでも頷ける内容があるのは否めない。例えば、中国映画のドラマツルギーを日本映画と比較する次の一節が、その白眉であろう。

一口にいって、日本映画が、随筆的な、心境的なたゆたひを見せているならば、支那映画は、盛澤山で、説明的で、ギラギラ思ふのだが、この日本映画と支那映画の違ひは、例へていへば、丁度、日本の文章と支那の文章の違ひにも似ているのではあるまいか。(59)

この見解は、それまでの中国映画論には見られない特色を示しており、啓発的な分析で説得力を持っていると認めざるをえない。しかし、こういった比較映画的な分析は、やはり彼の言説全体の文脈と切り離すべきではなく、したがって比較という手法はけっきょく「支那映画の低さ」[60]の原因を突き止めるための文化的解説に過ぎなかったともいえよう。同じ文章の中で、清水は「まことに貧弱な現在の支那映画ではあるが、それはそれなりに、支那映画を観るポイントもここ、支那映画を育て上げるポイントもここである」[61]と簡潔に方向性を示し締めくくっている。「支那映画の低さ」を関係者に認識させ、その上で中国映画を指導することに余念がない姿勢がここから見て取れるはずだ。いずれにせよ、比較文化論を映画工作に取り入れる、評論家としての腕力を見せた点では、清水は一味違った作風を持つ専門家だったといえよう。

かつて矢原礼三郎が作品と観客の連動関係を指摘するのと同様、観客に対する清水の分析にも注目する必要がある。「レベルの低い支那映画」を支える中国映画の観客の心理的な解析も清水は忘れていなかったのである。

支那人の観る支那映画の傑作とは、今の時勢にもやはり、或るなんらかの観念的な問題性を追求した、且つ充分起伏のある劇性に包まれたものでなければならないかのように思はれる。[中略]彼等が夢み、彼等が至上とする観念なり、意図なりといったものは、いったいどんなものであらうか。それは、嘗[嘗]ては明らかに左翼的なものであり、抗日的なものであった。そして、もはやそれらの道が二つながらふさがれたあと、昨年あたり好んで求めたものは青春の自由を拒む封建的な陋習とか、社会悪とかへの抗議であった。[62]

では、左翼が途絶え、抗日の道がふさがれた後に、再び反封建のテーマに惹かれていく観客の目をいかに国策映画に向けさせるべきか。清水は次のように提案する。

支那の長い間の半植民地的性格のかげに巣食った、不思議に根強い一種の被害妄想と、伝統ともいふべき深刻な悲劇的精神を思ふとき、彼等は先づ、日支提携の旗印のもと、これといふ敵を念頭にすることなしに、大東亜共存共栄の理想を明るく謳い上げるといふことよりも前に、賞［嘗］ての抗日映画の如く、必ずや彼等は、目前に敵を求め、そこに迫害を設け、呪詛を盛った、悲劇的な国策映画を考へるに違ひない。
つまり、親日映画よりも先づ反英米映画である。(63)

なんと単純明快な発想だろう。上海滞在の日数が増えれば増えるほど、観察力が鋭くなり、お涙頂戴のメロドラマから中国の観客の心理状態を読み取れるようになった清水は、ここで中国人の反抗的な意志をただちに圧殺するのではなく、巧みに英米に転嫁させていくべきだと主張したのだった。ただ、当時の状況下にあって、このような発想はむろん清水一人の見解ではなかったことを付け加えておかなければならない。

以上、ここまで戦時下の代表的な中国映画論者の言論を追跡し、中国映画をめぐる言説の形成とその変貌を概観してきた。そこでは論者各々の語りを通して、戦時日本の文化人と知識人の思想的変遷が、いかに中国映画論に刻印されてきたのかという経路をも明らかにしてきたつもりだ。

総じて言えば、個人的趣味が出発点だった岩崎昶と矢原礼三郎の中国映画論に対し、一九三七年以降、日中戦争の全面展開下において、内田岐三雄や飯島正らが国策に要請されて中国映画に関心を寄せ始めるという流れが確認できた。とはいえ二人の差異に示されたように、この頃の中国映画に関する言説は、いぜんとして言論統制からはみ出した部分が多々あったのである。だがしかし、国策映画会社に所属する川喜多長政と筈見恒夫ら三人のケースにおいては、いわば文化工作の一分子として中国映画を考察することが常態になる。ここにおいて中国映画の言説は明確に変貌を遂げたと言っていいだろう。岩崎や飯島と異なる状況下におかれた彼らが「大東亜共栄圏」の理念を推進していく立役者としての責務を自覚し、また積極的にそれを果たそうと働いた事実を、彼ら自身の書き残した文字は語ってくれている。言論統制がいっそう厳しくなるなか、日中戦争から太平洋戦争に突入していく際の時代的暗影は、当然のように、彼らの言動に著しく投影したのであった。

しかし、逆説的には、まさに越境的性質を持つ中華電影に身を置いたからこそ、岩崎、矢原、内田、飯島らがフォローできなかった中国映画の製作実態や観客と映画との連鎖的関係、あるいは映画館に関する情報などを彼らは悉く網羅し、中国映画の存在を日本国内にいっそう大きくアピールできたわけである。

かくして、一九二〇年代後半、旅行の手記や随筆などから出発した中国映画の言説は、激動の一九三〇年代を経て一九四〇年代に入ってからは、すでに見聞記と印象談から完全に脱皮し、中国映画を一つの研究対象として扱う、体系的なカテゴリーにまで成長を遂げ、戦時体制における日本映画の言説の、重要な一部分に組み込まれたのである。それだけではない。それは次第に日本映画の内部に浸入し、政策制定と文化工作の展開を左右するほどの要素となり、中国映画の製作に日本人が参与し、両国の映画が関わり合う、理論的根拠となったのである。

（1）『新しき土』は二つのバージョンがある。一つはドイツ人の監督アーノルド・ファンクによる日独版であり、もう一つは、伊丹万作が監督を務めた日英版である。
（2）川喜多大治郎に関しては、内山正熊「川喜多大尉北京客死事件」『現代中国と世界―石川忠雄教授還暦記念論文集』慶應通信、一九八二年を参照。
（3）川喜多長政「北支の旅より帰りて」『日本映画』一九三八年三月号、二七頁。
（4）同前。
（5）川喜多長政「近時雑感」『キネマ旬報』一九三九年七月一日号、八二頁。
（6）同前。
（7）同前。

(8) 川喜多長政・佐生正三郎「映画法と外国映画」『日本映画』一九三八年五月号、二二頁。
(9) 川喜多長政「映画輸出の諸問題」『日本映画』一九三八年一二月号、二一頁。
(10) 前掲、川喜多長政「映画法と外国映画」二四頁。
(11) 前掲、川喜多長政「映画輸出の諸問題」二四頁。
(12) 川喜多長政「大陸映画論」『映画之友』一九四〇年一〇月号、一三一頁。
(13) 同前、一三〇頁。
(14) 同前。
(15) 川喜多長政「日本映画の将来性」『映画』一九四一年八月号、二三頁。
(16) 筈見恒夫は一九三八年から中国映画を論じ始めた。この年に彼は「北支の旅を終えて」と「中国的映画雑話」を発表している。「筈見恒夫」刊行会編『筈見恒夫』一九五九年六月、二七四―二八四頁の主要執筆目録を参照。
(17) 満映製作の作品は三種類に分けられていた。娯民映画(劇映画)、啓民映画(文化映画、記録映画)と時事映画(ニュース映画)である。
(18) 筈見恒夫「満洲及び朝鮮の映画界」『キネマ旬報』一九三九年一一月二一日号、二二頁。
(19) 同前。
(20) 同前。
(21) 同前。
(22) 筈見恒夫「支那映画印象記」『映画の伝統』青山書院、一九四二年、九七頁。
(23) 同前。
(24) 同前。
(25) 筈見恒夫「博愛紹介」『映画評論』一九四二年一二月号、六〇頁。
(26) 筈見恒夫「馬徐維邦論―中国映画とその民族性」一九四四年一〇月。辻久一『中華電影史話――一兵卒の日中映画回想記 1939―1945』凱風社、一九八七年八月、三八八―三九九頁。
(27) 同前。

(28) 前掲、筈見恒夫「博愛紹介」六〇頁。
(29) 前掲「筈見恒夫」刊行会編『筈見恒夫』には、座談会の名人という小見出しのもとで、座談会に出席している筈見恒夫の写真が何枚か掲載されている。
(30) 一九二八年に設立された河合映画が大都映画の前身であった。一九三三年に東亜キネマ系の勢力を吸収して大都映画株式会社へと発展させた。低予算の娯楽映画を量産し、他社や評論家からは粗製濫造と酷評された。一九四二年一月に日活、新興キネマとともに大映に統合された。前掲『世界映画大事典』二三六頁を参照。
(31) 筈見恒夫・辻久一・内田吐夢・野坂三郎・山崎真一郎・松崎啓次・小出孝「中日合作映画の将来」『映画評論』一九四二年四月号、三九頁。
(32) 国聯の正式名称は中国聯合影業公司。これは張善琨が新華、華成、華新を合併した名目上の会社であり、後述(第四章八九頁)の中聯とは違う会社である。
(33) 筈見恒夫「中日映画の交流(上海租界の映画工作)」『改造』二六〇三号、一九四三年新年号、一七九頁。
(34) 同前、一八〇頁。
(35) 筈見恒夫「大東亜映画建設の夢と現実」『新映画』一九四二年二月号、四九頁。
(36) 辻久一「上海映画通信」『映画評論』一九四一年三月号、五一頁。
(37) 辻久一「支那映画撮影所見学記」『映画評論』一九四一年一月号、八四頁。
(38) 前掲、辻久一『中華電影史話——一兵卒の日中映画回想記 1939—1945』二六三頁を参照。
(39) 辻久一「大東亜戦争と支那に於ける映画」『映画評論』一九四二年三月号、四七頁。
(40) 辻久一「支那映画の季節」『映画評論』一九四三年二月号、一七頁。
(41) 同前。
(42) 文化映画はドイツ語で「クルトゥーアフィルム」という。もともとドイツ映画のジャンルの一つで、学術的、教養的内容の教育映画を指す。ウーファ社のこれらの「クルトゥーアフィルム」は日本にも大きな影響を与え、邦画界でもこれを直訳した「文化映画」という言葉が一九三〇年代から各種の教育映画の総称として用いられ始め、定義を法文化した映画法施行規則の発令を機に、ニュース映画を除く啓発的な非劇映画全般を指す正式な語として普及、定着していく。前掲『世界映画大事典』七七三頁を参照。
(43) 前掲、辻久一「支那映画の季節」一二頁。
(44) 同前。
(45) 清水晶『上海租界映画私史』新潮社、一九九五年、三一頁を参照。
(46) 望月由雄「椿姫―茶花女」『映画評論』一九三九年一月号、一六六―一六七頁。
(47) 清水晶「支那映画批評『蝴蝶夫人』」『映画旬報』一九四二年八月二一日号、二八頁。
(48) 同前。
(49) 同前。
(50) 清水晶「中国映画界の新出発―中聯の誕生」『映画旬報』一九四三年三月二一日号、二七頁。
(51) 同前。
(52) 同前。
(53) 戦時中、日本人の和風の生活様式、特に狭い空間を捉えた小市民映画を「四畳半」映画と称する映画評論家がいた。清水晶の「日本映画の租界進出(六)」『キネマ旬報』一九四三年二月二一日号を参照。
(54) 同前。
(55) 野口久光は映画、ジャズ、ミュージカル評論家であり、画家でもある。
(56) 清水晶・野口久光「中国映画の現状」『映画旬報』一九四三年五月二一日号、二八頁。
(57) 同前、二四頁。
(58) 清水晶「上海から言ひたいこと」『映画評論』一九四三年七月号、二八頁。
(59) 同前、二九頁。
(60) 同前、三〇頁。
(61) 同前。
(62) 同前。
(63) 同前、三一頁。

第四章　大陸映画の史的展開

大陸映画とは何かを語る前に、ひとまず戦時下における大陸のイメージの変化を辿ろう。一九三一年の満州事変から始まった日本の対中侵略は、一九三七年の盧溝橋事件、第二次上海事変を機に、一気に中国全土にまで拡大していき、宣告もせずに実質上の全面戦争に突入していった。占領地が増えつつある過程において、大陸とはまず「内地」の日本と区別するための「外地」としての「支那」、そして一九三二年に「建国」された「満洲国」、さらには「五族協和」に包括されるモンゴルを内包する用語へと変わっていったのである。この意味合いをふまえて国策に見合うように製作された戦時の大陸関係の諸作品を考えるならば、通常言われている大陸映画の範疇を改めて確認する必要があるだろう。

当時の文字資料を調べると、様々なメディアで語られていた大陸映画の概念は必ずしも一致してはおらず、明瞭な定義などは存在していなかったことに気付かされるはずだ。一般的には、大陸を題材にしたり背景にとったりした、日本国内で製作された作品を指す場合が多いが、その一方で、時には中華電影股份有限公司（略称、中華電影）、株式会社満洲映画協会（略称、満映）、華北電影股份有限公司（略称、華北電影）製作のものも大陸映画として扱われ、ひいては太平洋戦争開戦後の上海映画（主に中華聯合製片股份有限公司（略称、中聯）の製作による）でさえも映画誌の大陸映画欄において紹介されたり、論評されたりする有様だった。

このように、時には中国映画をも包括するという、境界線の曖昧な呼称だったが、しかし誰もが疑問視することなく、それぞれのスタンスに立って大陸映画を製作したり論じたりしていたのである。かくして太平洋戦争以降、大東亜的な映画言説の出現によって、大陸映画は中国における映画製作、日本映画の大陸進出、日中合作映画などの文化的な課題と重なり、より広義の意味合いによって語られるようになる。上述の三つの大陸国策映画会社を統制するために、大陸映画聯盟(1)と大東亜映画人大会(2)が提案されるなど、映画界が激しくゆれ動く時代である。そうしたなかで、戦局に適応できるように、大陸映画製作はつねに方向を修正しつつ、ついには「大東亜映画の言説」と合流することとなる。このような歴史的文脈に即して言えば、大陸映画は戦争の推移によって常に変化を求められる、極めて流動的な概念であり、したがってそれを考察するには、日中の対戦空間に跨って製作された作品をことごとく検証の視野に入れるべきではないかと思われる。

従来の研究では、日本映画と中国映画をそれぞれ異なるカテゴリーに分類して考察するのが通例だった。しかし、本来国内の観客を想定して作られた一部の大陸映画が映画戦の武器として中国に進出し、中国人の観客との間に受容関係が発生したことで、大陸映画の製作方針に少なからぬ影響を与えることになったのである。他方、独自に映画製作を行う中華電影と華北電影が日本国内の映画製作と日本映画の進出を左右する一面もあり、戦線が拡大すればするほど、日本国内と国外は、戦時下の文化工作を実行する二つの側面として連鎖的に反応し影響しあう関係にあったのだった。こうした問題意識から出発して、本章は日本、上海、北京を中心に、戦時下の時空間におかれた大陸映画の歴史的展開を解明したい。

1　大陸をめぐる表象の隆盛――女性・戦場・領土

一九三七年以降、中国戦線を記録するニュース映画(3)に刺激され、各映画会社の企画による劇映画に大陸が姿を現したことに起因し、大陸映画は用語として使用されるようになる。なかでも、新興東京の『亜細亜の娘』(田中重雄、一九三八）と東宝の『五人の斥候兵』（田坂具隆、一九三八）は、劇映画分野における最初の大陸映画として注目された。『亜細亜の娘』は親日家の父を持つ素琴と、彼女と親しい関係にある日本人の新聞記者桂一郎を主人公にしたメロドラマであり、『五人の斥候兵』は中国北部の戦線で偵察を命じられる藤本軍曹をはじめ、兵士五人の行動を実写風にスケッチした戦争ものであった。異なるジャンルのこの二作品が提示した形式を発端として、戦争物のみならず日中男女の恋愛を描く作品が次々と製作されていくのである。

ニュース映画の刺激だけではない。大陸映画の出現は、一九三七年以降高まりつつある大陸文学ブームとも深く関わっていた。一九三七年、作家と新聞特派員からなる従軍チームが中国戦線に送り込まれたのを端緒に、事変ルポルタージュと従軍文学がたちまち流行となる。一兵士として戦争を体験した文学者たちは、戦場としての大陸を文字によって表現し、これまで日本人の想像によって築かれていた大陸のイメージを覆すような過酷な自然を曝け出したのである。それとは別に、おそらくは横光利一の『上海』の系譜に沿った、もう一つの傾向も現れていた。『中国少女』（川口松太郎）、『包頭の少女』（坪田譲治）、『珠江の中の女』（長谷川伸）に示されるように、麗しい「姑娘」を売物にした小説は、ヒロインの身体を通してロマンティックな大陸を描出し、従軍文学と互角にわたり合うこともあったのである。[4]

こうしたなかで、「文芸映画の隆盛」[5]と言われる一九三八年になって、まるで上述の大陸文学[6]と連動するかのように、映画界においても、大陸の表象に飛び付く作品の製作情報や、それをめぐる言説が雑誌と新聞に頻出し、それに伴う大陸視察や大陸ロケのブームが起こる。フレーズとしての大陸があたかもファッションのように、あっという間に流行り始め、各映画会社は大陸と関連のあるキャラクターを映画に出したり、作品のタイトルに大陸を貼り付けたりするだけの作品を競って製作することになるのである。『大陸行進曲』（日活、田口哲、一九三九）、『大陸の花嫁』（大都、吉村操、一九三九）、『大陸の花嫁』（松竹、蛭川伊勢夫、一九三九）、『大陸は微笑む』（大都、彌刀研二、一九四〇）などはともかく、『エノケンの大陸突進』（東宝、渡辺邦男、一九三八）、『弥次喜多大陸道中』（松竹、古野栄作、一九三九）といったシ

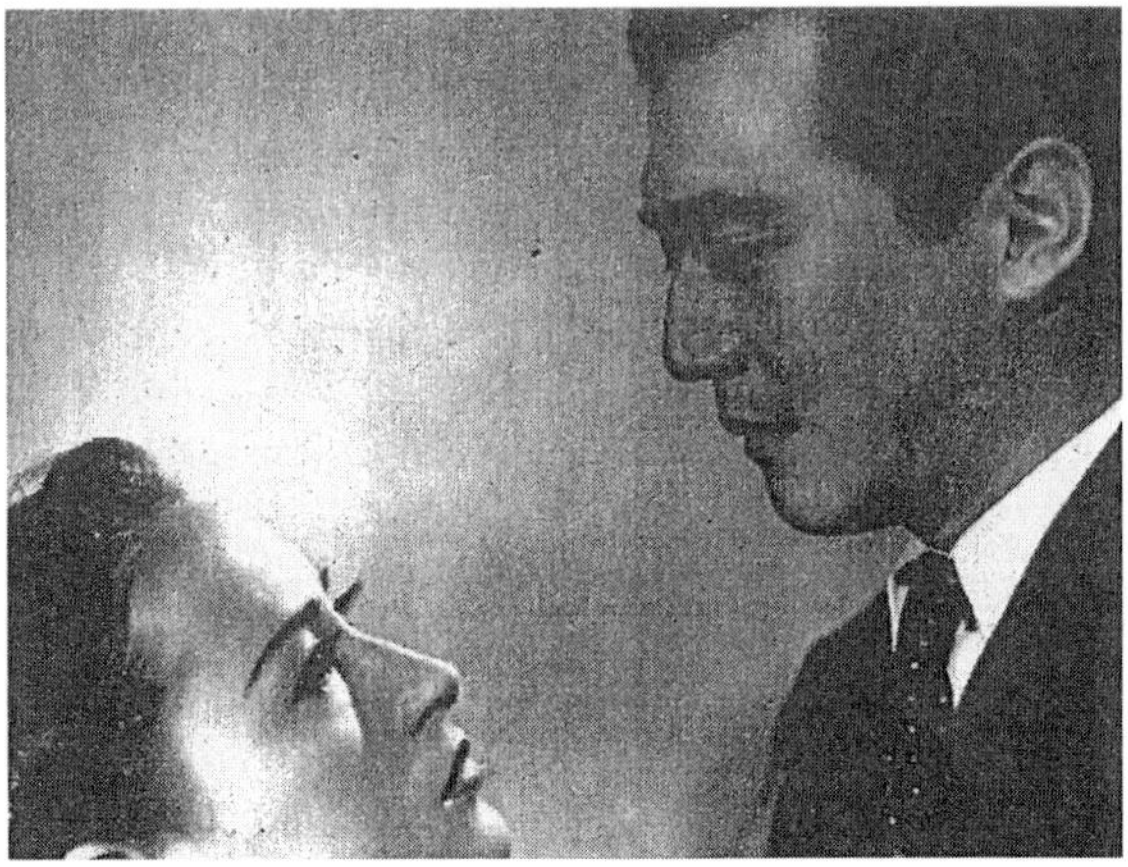

『汪桃蘭の嘆き』(『新映画』1940年12月号より)

リーズ映画までもが、大陸を衣裳のように題名に纏う有様である。だが、林房雄の原作から脚色された『大陸の花嫁』が、たとえば「大陸に取材した点、時局的な風貌を持つ映画であるが、大陸はほんの色どりに過ぎず、内容はメロドラマである」[7]と酷評されたように、これらの作品の大半は、通俗のストーリーを流行のフレーズで包んだものにすぎず、批評の対象としてきちんととりあげられることも少なかったと言っていい。

他方、大陸文学と同様、姑娘の表象によって日本本土における大陸の創出を試みた作品も現れる。たとえば『女の教室』(東宝、阿部豊、一九三九)と『汪桃蘭の嘆き』(新興、深田修造、一九四〇)の二本が挙げられるだろう。原節子が中国女性の陳鳳英に扮した『女の教室』では、中国の娘を女子学生群像劇の一員として登場させている。戦時中の女学生ものという位置付けにあるこの『女の教室』に対して、『汪桃蘭の嘆き』は中国人女性を日本人の妻にすえる、というより大胆な人物設定をし、大陸を一層身近に引き寄せる意図があったように思われる。

このように、フレーズとして、あるいは女性キャラクターを通して、大陸は確実に日本映画の人物の表象にまで浸透していくことになるのだが、大陸映画の主流を占めるのは、ほかでもなく各映画会社のメイン作品として企画され、有能な映画人が大陸ロケに赴いて撮られた戦争映画であった。『五人の斥候兵』を端緒に、日活の『土と兵隊』(田坂具隆、一九三九)、新興の『噫！　南郷少佐』(曾根千晴、一九三八)、松竹の『西住戦車長伝』(吉村公三郎、一九四〇)、『暁に祈る』(佐々木康、一九四〇)、東宝の『快速部隊』(安達伸男、一九四〇)、『海軍爆撃隊』(木村荘十二、一九四〇)、『燃ゆる大空』（阿部豊、一九四〇）など、戦争ものは海軍省などの後押しもあり、ほかのジャンルを圧倒する勢いで次々と作られている。しかし、これらの作品においては、大陸は往々にして無言の風景としてしか映し出されないのだ。大雨に濡れながら泥まみれになっても、ただひたすら歩き続ける兵士の足に踏まれる大地、激しい銃撃戦に挑んでいる兵士たちの向こう側にぽつんと佇んでいるトーチカ、今にも崩れそうな城壁と建物は銃声や砲声を交えつつスクリーンで反復的に表象される。中でも、戦争文学の三部作で知られる火野葦平の原作による『土と兵隊』では、果てしなく広がる大陸を行進する兵士の姿が克明に捉えられてはいるものの、中国人の表象は不在である。激戦を捉える場面においてさえ、敵であるはずの中国人の姿はたまにスクリーンの奥に点在するだけで、クローズアップどころか、はっきりした人物を映し出すワンカットを見付けるのも困難なほどなのである。

このように、中国人の表象が不在の大陸映画として、戦争映画以外にもう一つのジャンルがあった。満州を登場させる開拓映画がそれである。ただしこの種の映画では、大陸は日本人移民の夢をかなえてくれそうな、希望に満ちた土地に変身している。『新しき土』（東和、アーノルド・ファンク、一九三七）のラスト・シーンにおいては、大陸の姿は日本の軍人に守られながら若い男女の開墾する土地として一瞬しか現れなかったが、満州が物語に部分的に参入していた『大日向村』（東京発声、豊田四郎、一九四〇）を経て、『沃土萬里』（日活、倉田文人、一九四〇）に至っては、満州の大地が終始人物の営みを包み込む舞台となり、大陸は物語の骨組みを支える、不可欠の背景に変わったのである。

『沃土萬里』は「記録映画と劇映画との間で動揺している[8]」作品として、当時の映画言説を賑わした作品である。ちょうど実写精神をめぐる論争が熾烈に繰り広げられ、劇映画と記録映画との混合的手法が日本映画の目指すべき方向として擁護される最中だっただけに、一部の評論家は、当作品をリアリズム映画の代表作『土』（日活、内田吐夢、一九三九）の写実性と比較するなど、『沃土萬里』の提示した大陸像を大陸映画の方向性を示したとして高く評価したのだった。

大陸文学の落とし子とでもいうべき戦争映画と比べれば、「所謂大陸文学のあるものに依らずに直に現実から記録的骨格を拾いあげたのは賢明である[9]」と評価された『沃土萬里』は、想像のベールに包まれていた大陸を真実の姿に還元し、既に満州という「国家」となった大地を実写することによって、戦争映画とは別の視角から国策映画の表象の中枢に近づけようとしたその姿勢を評価されたのだと思われる。とはいえ、風景の映像に対する賛否もつまるところ作品の内容に左右される側面があった。たとえば、同じ満州を背景にした『白蘭の歌』(東宝、渡辺邦男、一九三九)を例にして考えよう。『沃土萬里』と『白蘭の歌』の両方を批評したある評論家は、『白蘭の歌』の大地の風景を「主題の大きさはもちろん、土地の広ささへあらわれていない[10]」とけちをつけたが、『沃土萬里』の風景描写に言及した際には、態度をがらりと変えて、「あの大陸の荒野を、野花を、夕空を見るところにこそ、民族のまことのロマンスを感ずる[11]」と絶賛したのである。この例証から分かるように、当時、風景描写はとりもなおさず民族的ロマンスと結び付けて考えられたのであり、大陸映画の評価は政治的な価値と不可分だったのである。

戦争における都会、占領地の表情を日本の軍隊の日常と絡ませながら捉え、戦場と日本人の心象風景を大陸の風物の中で提示してみせた亀井文夫の『支那事変後方記録・上海』[以下『上海』と略](一九三八)、『北京』(一九三八)や、あるいは『南京』(編集・秋元憲、一九三八)が象徴的に示しているように、大体一九三八年頃から、大陸はかつての漠然とした印象を払拭し、具体的な都会の状況や固有の地名で現出するようになった。上述のドキュメンタリー三部作よりさらに一歩進んで時局に密着したもの、たとえば『揚子江艦隊』(東宝、木村荘十二、一九三八)や火野葦平の原作による『広東進軍抄』(東宝、高木俊郎、一九四〇)では、大陸が武漢や広東といった地名によって具体化され、これらのエリアが攻略されて日本の占領下におかれていく過程が描かれている。この種の映画は、漢口陥落、広東占領などのニュース映画と相まって、中国への領土的野心を煽り、大陸にくっきりと戦時地政学的な性格を持たせた結果、風景描写がぞんざいになったというより、むしろより色濃い政治性によって大陸を脱風景的な表象に仕上げることになったのである。

ここでいまいちど一九三八年の「二大収穫」と讃えられた、前述の『亜細亜の娘』と『五人の斥候兵』に立ち戻ろう。戦争ものの『五人の斥候兵』が『キネマ旬報』のベストワンに選ばれた上に、ベネチア映画祭で日本映画初の国際賞受賞を成し遂げたのに対し、『亜細亜の娘』の評価は今一つであり、中でも「内容的にも形式的にも大きな破綻を蔵していて、どちらかと言へば失敗作に属する」[12]と非難する批評もあった。では「二大収穫」はなぜこれほど対照的な結果を招いたのだろうか。このことに注目すべく、当時の言説を通して検証してみよう。

『亜細亜の娘』についての次の批評文をまず確認したい。

どんな破綻があっても底にひそむ純粋な情熱をうけとることができれば、それには尊敬を払ふ。〔中略〕とくに感心したのは上海ロケーションの部分にみられる監督の裸の熱意である。

このように、作り手の情熱とロケの効果に尊敬の意を述べたのは、ほかでもなく『上海陸戦隊』(東宝、熊谷久虎、一九三九)のシナリオを執筆した沢村勉[13]である。ただ彼は作家の情熱とロケの効果を除いて、『亜細亜の娘』の価値を認めたわけではなかった。沢村は言う。

古いアメリカ映画のやうなラブ・ロマンスを中心に据えないことには気がすまないやうだけれど、どうしてこんなふうに通俗映画に媚びた愛想のよさばかりみせようとするのであらう。『牧場物語』も『将軍の孫』も『亜細亜の娘』も小説は男と女の抱擁で終っている。これで映画を理解したつもりでいるなら、おかしなものである。[14]

読んで分かるように、沢村の不満は、日中男女のラブストーリーに対してだった。沢村のこの言葉を手がかりに、『上海陸戦隊』を分析し、『亜細亜の娘』の問題点を逆照射してみよう。『上海陸戦隊』は、第二次上海事変の直後に海軍省の後援のもとで、オール上海ロケによって製作された作品である。当作品は沢村の褒めた中国ロケの利点を汲み取りながら、「通俗映画に媚びた」[15]として彼の軽蔑する、日中男女の係わり合いを完全に切り捨てている。『五人の斥候兵』にある写実的場面と、ドキュメンタリー映画『上海』の多用した風景ショットをふんだんに取り入れるほか、文化映画が慣用的に用いる、戦闘の進路説明の地図ショットを付け加えるなど、当時においてはかなり野心的とも言える、ジャンル横断的な手法が見られる一本だった。資料の記載に沿って言えば、上海での長いロケを実行した点では、『上海陸戦隊』は『五人の斥候兵』のセット撮影に挑戦し[16]、『沃土萬里』の風景リアリティへの執着に匹敵するも[17]のと見なされていた。つまり、それまでの大陸映画にある様々な要素を引き出しては融合したことが、「大胆不敵」[18]の作品と評された所以であろう。「記録映画の機能に便乗して、劇映画を生み出そうとした」[19]とか「或いは劇映画の中に、実在的記録を収めて、所謂、今日の歴史映画を創らうとした」[20]といった、当作品に対する当時の過大な賛辞からは、その注目度がいかに高いものだったか、記録映画と歴史映画の両分野を繋ぎ合わせるその実験性においていかに大いに認められていたのかを知ることができるだろう。

記録映画と劇映画の両ジャンルにまたがった作品として論じられたことに限って言えば、『上海陸戦隊』には前年に完成した『上海』をかなり意識したように思われるショットが随所に散見できる。『沃土萬里』のような、広々とした満州の大地ではなく、上海の市街戦を対象にしたという意味では、当作品は、戦争における都会の風景をリアルに捉え、上述したように、劇映画でありながら、上海の地理を陸戦隊の作戦計画と結び付けて地図による解説を冒頭部分に施すという、時代の寵児である文化映画の手法を踏襲し、戦争映画と文化映画の相性の良さをたっぷり見せつけた作品でもあったといっていい。そこに現前される大陸は、一部の映画にあったような単なる風物[21]ではなく、兵隊の姿をただ写実風にカメラに収めただけといったものでもない。そこには上海を攻略の対象として見つめる眼差しがあり、それはたとえばファースト・シーンの地図に見いだせるだろう。「テーマそのものは、〔中略〕今日の重大な国策」でありながら、全篇に満ちているのが倉田文人監督の「満洲に於ける同胞の開拓」に寄せた「真摯な熱情だけ」[22]で、緩やかに「民族ロマンス」[23]を表現したと評された『沃土萬里』と比べると、ロマンス(男女のロマンスも含める)

とはまるで無縁な表現法を選んだ『上海陸戦隊』は、戦時イデオロギーをよりストレートに盛り込んだプロパガンダになりえたのだった。男女の抱擁の類に対抗しようとしてシナリオを書いた沢村の本意を熊谷久虎が的確に映像化したことで、「ドキュメントとしての効果を殺がない為に」「僕等の生な主観は避けた」[24]という亀井文夫が『上海』において露骨に表現しなかった、もしくは表現し得なかった国策性を、『上海陸戦隊』は真実ともフィクションともつかないような巧みな実写精神によって強く訴え、それまで風物としてしか捉えなかった大陸を見事なまでに侵略者の眼差しにさらされる大陸に転換したのだといえよう。

ここでもうすこし大陸映画における男女のロマンスの問題を掘り下げて究明する必要がある。まず『上海陸戦隊』が文化映画と戦争映画の良い相性を十二分に示したというならば、沢村が吐き捨てるように言った通り、日中男女のロマンスは大陸映画とは相性の悪いものだったと言わなければならないだろう。当作品において、原節子の演じる中国少女が日本軍の人道的行動に感動し次第に抗日的な態度を和らげていくことについて、大陸映画のメロドラマにおけるヒロインの原点は『上海陸戦隊』の原節子にあると主張する先行研究がある[25]。原節子の役が原点だったかどうかはともかく、大陸映画の製作にあたって中国女性をどのように表象すべきか、という問題は、終始映画製作者を悩まし続けた難問だった。それは戦時思想が色濃く刻印されやすい対象なのであり、大陸映画を語るには避けて通れない問題だからである。述べてきたように、中国女性を家庭の一員に設定する作品がある一方、ロマンスどころか、日中間のハーフという設定に違和感を持つ人、たとえば沢村のような人がおり、こういった思想上の対立と論争が大陸映画内部の秩序を乱し続けていた。沢村が『亜細亜の娘』の描く日中男女のラブ・ロマンスを揶揄したのは述べてきた通りだが、その根本にあるのは彼の血脈へのこだわりであった。たとえば『亜細亜の娘』のヒロインについて彼は次のように語っていた。

素琴の血管には日本の血が半分ながれていることになっているのを、シナリオは、もう一人、別の日本娘を出すことで表現しているが、これは適宜な方法であった[26]。

日中男女のロマンスのみならず、混血さえも適切ではないと沢村は考えていた。そのような発想のもとで『上海陸戦隊』のヒロイン像を作り出した彼は、男女の愛ではなく「支那人の哀れさと、日本軍人の支那人に対する同情を描けばよかったのであらう[27]」と力説するのである。ちなみに中国の少女役を、中国人と騒がれていた李香蘭ではなく、『新しき土』主演の原節子に演じさせたのもいかにも作為的である。いずれにせよ、日本人男性に恋するような中国人女性像と一線を画し、日本軍人に最後まで笑顔すら見せなかったヒロイン、そしてヒロイン像を考案した作者の発言は、後に現われる大陸三部作への批判の幕を切って落としたものだと、ひとまず言っておこう。

『熱砂の誓ひ』
上：李香蘭と長谷川一夫，下：汪洋と李香蘭
（『映画』創刊号，1941年1月号より）

『上海陸戦隊』が日中男女のロマンスを描いた『亜細亜の娘』と拮抗し、日本軍の中国人女性に対する精神的征服の物語図式を提示したものだとするならば、一九四一年の『別離傷心』(日活、市川哲夫)もその系譜を受け継いだ作品だったと言える。日本軍が粛清と宣撫を行う占領地で、抗日ゲリラから暴行を受けた難民を助ける日本軍の善行に心を打たれた中国少女が心機一転、日本軍に協力する立場に変わったという、露骨な戦時政策を取り入れた当作品は、一方で『上海陸戦隊』の示したジェンダーポリティクスを継承しつつ、他方で占拠地における共産勢力対傀儡政権という複雑な政治事情を考慮して反共の旗印も鮮明に打ち出すものだった。二年後の『戦ひの街』(松竹、原研吉、一九四三)もやはり同じ系譜の作品であり、主人公の日中男女が友情と協力関係にあっても、恋愛とは終始距離を置くように造形されている。このように見ると、『上海陸戦隊』から『別離傷心』、さらには『戦ひの街』へと、まさに日中男女のロマンスと対抗するもう一つの大陸映画路線が浮かび上がってくるだろう。しかし、これだけでは十分ではない。日中男女のメロドラマ排除の原因を究明するためには、さらに李香蘭の三部作を検証する必要がある。

『亜細亜の娘』(1938)の新田実と逢初夢子

2　大陸メロドラマの二重性と李香蘭

通常、大陸映画といえば、誰もがすぐに李香蘭主演の『白蘭の歌』(東宝、渡辺邦男、一九三九)、『熱砂の誓ひ』(東宝、渡辺邦男、一九四〇)、『支那の夜』(東宝、伏水修、一九四〇)の東宝の三部作と、『蘇州の夜』(松竹、野村浩将、一九四一)を連想するはずだ。李香蘭研究、映画のジェンダー研究分野においても、上記の作品がしばしば研究対象として扱われてきた。だが、従来の研究では、どちらかと言えば、作品そのものへの解析が多く、映画言説史におけるその位置付けに言及する例はほとんどなかった。上述のように、『上海陸戦隊』をめぐる一連の言説がメロドラマ批判の布石を打っていたとすれば、三部作は生まれたその日からその不運を定められていたと考えられるかもしれない。

大量の言説資料を読んでまず気付くことの一つが、大陸メロドラマが言及される際によく「みいちゃん、はーちゃん」と誇られることである。戦時下頻繁に開催される各種の座談会では、何かにつけて三部作が引っ張り出されては「ミイチャン、ハーチャン」[28]とか「代用品」[29]などと罵倒されたりすることがしばしばあった。つまり、周知のように、李香蘭の主演作は、観客の招致に成功したにもかかわらず、マスメディアによって再三貶される対象だったのであり、饒舌な映画言説の主流からも放逐される傍流でしかなかったのである。しかしこの史実を素通りすれば、大陸映画が変貌せざるを得なくなったその思想的背景を見逃してしまうことは明白だ。それゆえ、現に必要とする作業は、これらの作品を本来の歴史的文脈に一旦置き返して検証しなおすことではないかと思われる。

厳密に言えば、『白蘭の歌』、『熱砂の誓ひ』、『支那の夜』と『蘇州の夜』の四本は、いずれも一九三〇年代後半に流行った恋愛映画のパターンに倣い、この章の冒頭に述べた大陸映画における女性表象の延長線にあるものにすぎない。大陸に行く羽目になった若者と女性との恋愛図式を、大陸に派遣される日本人青年と恋に落ちる中国人女性に──ヒロインを演じる山口淑子が李香蘭という中国名の娘に変身させられたように──変えて、常套的なメロドラマ形式に当てはめるだけで安易に作られたものだったといっていいだろう。たとえば満鉄の青年技師と満州の富豪の娘(『白蘭の歌』)、土木技師と日本に留学経験のある娘(『熱砂の誓ひ』)、貨物船の乗務員と孤児になった娘(『支那の夜』)、青年医師と日本語が話せる娘(『蘇州の夜』)というふうに、男たちがいずれも大陸建設に身を投じるインテリ風の青年であるのに対し、女たちは日本人に反発しながらも男に惹かれていき、最終的には親日的になっていく、というマンネリズムの物語。このような紋切り型の作品を生む背景には、言うまでもなく『愛染かつら』(松竹、野村浩将、一九三八)をはじめとする「お涙頂戴」もののヒットや、大陸イメージを若い女性(姑娘という流行語で表現されていたが)に託した文学の流行などがあるだろう。大陸に関しては、『亜細亜の娘』がそうであったように、四作品とも次の二つの次元で表象している。大陸ロケによって造形した風景としての大陸と、若い女性の身体に凝縮させる精神的大陸。中国人男性の表象不在が構造化された戦争映画と違って、これらの作品は、ゲリラとしての中国人男性の反抗と日本人青年に恋する中国人女性の服従をパターン化し、ハリウッド映画の語り口に依存する一方で、帝国主義と植民地主義的メッセージを心身ともに征服された女性こと姑娘に傾注していると言っていい。

物語のジェンダー構造については、いくつかの先行研究がすでに指摘している。例えば、「帝国主義的侵略を行う側はつねに男性として現われ、それを受け容れることを強要されている側は女性として表象される[30]」という四方田犬彦の指摘が代表的なものであり、私も当然それに賛同する。これらの先行研究をふまえて言えば、大陸メロドラマは戦時イデオロギーに順応して作られた国策映画だと当然言えるのだが、にもかかわらず、なぜ主流の言説に軽蔑され、非難されなければならなかったのだろうか。

前述したように、製作者たちは流行のメロドラマの図式を——インテリ青年と美女のラブ・ロマンス、いわば自由恋愛という近代的な男女対等の関係図——とりもなおさず大陸映画に安易に持ち込んだのだった。それは、突飛な発想ではない。現に中国に赴いた日本人男性と当地の女性との恋愛情報が報道されたりすることから分かるように、作中のロマンスは不謹慎な発想というわけではなく、全くの空想によるものでもなかった。ただ、こうした戦場のロマンスがいかに捉えられていたのかが問題の核心だろう。たとえば、「茲で考へたいのは、民族の血液の純潔を保つために、果して日支結婚は奨励すべきや否か、といふことである[31]」として懸念を示す論調があったように、要は恋愛や結婚によって同化の問題が生じるのであり、それに関わって「民族の血液の純潔」が問われていたのである。おそらく「みーちゃん、はーちゃん」がいけないとされる鍵もここにあり、これは沢村の血液混同反対説と通底するもののように思える。

一九三七年以降、恋愛ものを軽薄と見なす傾向がすでに一部の映画言説に現われていたが、とりわけ李香蘭作品への批判的言説により深い思想的背景が垣間見えるのである。たとえば、戦時中、積極的に国策に加担した映画評論家の一人、津村秀夫は、かつて『白蘭の歌』、『支那の夜』と『蘇州の夜』などをひっくるめて、「痴呆映画」、「日本映画界の恥辱」と決めつけ、「作品に現れる主要人物、それらの日本人男性は全くの恥辱であることを悲しむ」と、激昂した口調で罵った。みーちゃん、はーちゃん、民族血液純潔論、沢村の血液混同反対論、そして津村の日本人男性恥辱論、無関係のように見えるこれらの論調には同質的な思想的支柱が垣間見えないだろうか。ただ、沢村も、そして日中間の恋愛をエスニシティとジェンダーの両方から断罪した津村も、いずれも国策映画の擁護者であり、決して「日支親善」の方針を否定しようとしたのでないことは、言うまでもないだろう。

ここで、次のような結論を下してもいいのではないかと思う。国策に加担する意図で作られた大陸メロドラマは、「日支親善」を図る意味におけるプラスの面と、民族の血脈の純潔さを汚すというマイナスの面を同時に持ち合わせることになり、娯楽作品として観客に好かれる反面、世論の非難をも招き、図らずも戦時思想のジレンマを端的に示したものとなったのである。さらに臆せずに言えば、おおかた、反対論者たちにとっては、『軍国の花嫁』(日活、首藤寿久、一九三八)から『大陸の花嫁』へとタイトルが変化されても、『女の教室』のように、中国人女性を日本人女性グループに招きいれる設定に目をつぶっても、大恋愛の末、中国女性と結婚するような筋は大和民族の血筋の維持に異議を唱えるようなもので、容認しがたかったのではないか。言い換えれば、日中間の国際恋愛と結婚を提唱すべきではない、というナチばりの優生学が映画批評に介入した結果、大陸メロドラマはそうした恋愛を助長するものであり、憂慮すべき事態を招きかねないものと見なされたのではないだろうか。大陸映画の言説の文脈に即して考えれば、この背景下に展開されたメロドラマ非難は、中国人の表象を排除する作品――大陸をただ征服された土地として捉える開拓映画、あるいは日本人男性の表象が主体を成し、征服者側だけを実写した戦争もの――に対するマスメディアの賞賛と、まさに表裏関係にあるものだったといえよう。

三部作への厳しい糾弾は、日本国内に留まらず、「外地」と呼ばれるエリアにおいても行われた。例えば、満映の常務理事、満映東京支社長の茂木久平は、李香蘭が主役を務める過去の東宝映画を「全部失敗している」と切り捨て、「李香蘭映画が失敗だといふのは結局日本映画全体の低調さを物語っているのではなからうか。その原因は、日本映画の思想の貧困だと思ふ」と、国内の反対論に同調している。満映の面子を保つために、茂木は李香蘭を「暫く松竹にも東宝にも貸すことをお断りしようと思っている[35]」と、宣言さえもした。在上海の筈見恒夫は、「『支那の夜』なんかは不可ないと思ふ。あれでは却って日本の民衆が支那を甘く見過ぎることになってしまひます[36]」と、違う見地から批判している。それぞれ満映と中華電影に所属していた両人は、異なる会社の事情があったものの、不可という一点に限っては、国内と歩調を揃えていたのだった。

ところが、事態は茂木の宣言通りにはいかずに、批判の矛先にされた当の李香蘭は、『蘇州の夜』に主演した後も、日中に跨って映画活動を華やかに展開していったのである。国内映画の出演が減らされるどころか、『孫悟空』(東宝、山本嘉次郎、一九四〇)の脇役を経て、松竹が台湾総督府の協力を得て製作した『サヨンの鐘』(松竹・台湾総督府・満映、清水宏、一九四三)や、中聯の『萬世流芳』(張善琨・楊小仲・卜万蒼・馬徐維邦・朱石麟、一九四三)に出ることにもなり、大陸から日本へ、日本から台湾や上海へと、アジアを移動しつつ大陸映画の主役の座を終始居座り続けたのだった。ただ、大陸映画スターであり続ける李香蘭は、その役柄が次第に多彩になる一方で、恋愛の対象からは外れていったのである。これはまぎれもなくメロドラマ批判が功を奏した結果だったと言えよう。

見てきたように、大陸映画をめぐり、日本国内と国外の間に見解の相違や、相互の利害関係などがあったとはいえ、主要な言説における大陸メロドラマに対する批判が内外問わず一致していたことが明らかになっただろう。その後、次第に「大東亜映画」路線に乗せられていく大陸映画においては、恋愛による「日支提携」の形式がほぼ完全に消え、李香蘭の役柄も恋愛の対象から台湾の少数民族の少女や、慰問団の歌手に変えられることになった。ただ、開戦後、日本映画の進出がより重大な文化的課題になるにつれ、映画関係者はメロドラマの価値を再考しなければならなくなるのだが、そのことについては後述する。

3　メロドラマからの脱皮

このように、内外にわたってメロドラマに対する糾弾がエスカレートしていくなかで、戦局は著しく変化する。太平洋戦争が勃発後、白熱化しつつある大陸映画論議は「大東亜共栄圏」論議の文脈に回収されていく兆候が現れ、大陸映画はより大きな変貌を遂げざるを得ない情勢に直面するようになる。

こうした情勢下で一九四〇年公開の『支那の夜』が開戦前夜の国内の空気にそぐわなかったことは明らかだった。映画新体制が確立されたこの年、製作者らが「お涙映画も新体制」[37]とみずから唱えるほど、映画界においては新東亜秩序に呼応しつつマスコミと連動して来るべき総力戦にのめり込んでいく空気が高まっていく。そして映画臨戦体制[38]が確立されると、大陸映画という呼称は相変わらず使われてはいたが、そのニュアンスはすでに大きく変わっていたというほかない。次に幾つかの例証を通してその変化を確認しよう。

例えば、東宝映画撮影所支配人の池永和央は大陸映画の先駆者と自称し、自社製作の「『白蘭の歌』『支那の夜』『熱砂の誓ひ』の三部作は大陸映画への先鞭をつけた」ものだと取材時に自慢したが、それを聞いた『映画旬報』の記者は「あんなものを大陸映画といはれてはカナわんです」と即座に否定したのだった。[39]これはまさにマスメディアの関係者が大陸映画製作者の考えを是正する一例であろう。

当時から「大東亜共栄圏」の思想に基づいて大陸映画を再認識すべきだと主張する人も少なからずいたのである。前述の内田岐三雄もその一人である。「大陸映画の再検討」と題する文章の中で、内田は大陸の概念を次のように見直している。

大陸映画の大陸とは何を意味しているかが、おのづと明かにされた。大陸とは満洲であり、支那であり、或いは蒙古である。〔中略〕しかし、今後これはこの三つにとどまりはしないであろうし、またとどまるべきでもないと思われる。日本が日本だけの日本ではなく、東亜共栄圏の日本であるばかりか、更に世界の日本である。(40)

五族協和を基盤に解釈されていた大陸を、アジア全体を含む「大東亜共栄圏」としての大陸へと正し、世界の盟主になろうとする「聖戦」イデオロギーに則って、大陸映画を語り始める内田の姿勢が以上の言葉から伺える。二つの例証から明らかなように、映画界では、みずからの言動を律し、世論に押し付けられてきた否定論をそのまま容認して「大東亜共栄圏」の言説に同調する傾向が現れていたのである。東宝は『支那の夜』以降、日中恋愛のメロドラマ製作を自粛し、内田は大陸映画を語る側から製作側に転身、(41)より斬新な大陸映画を創作すべく、みずからの理念を盛り込んだ『戦ひの街』(松竹、原研吉、一九四三)の脚本を執筆する。かくして「大東亜共栄圏」にまつわる言説は確実に大陸映画の変化を促したのである。

このように、大陸映画の製作方針は常に修正されなければならなかったが、日本国内の情勢変化とは別に、もう一つの要因があった。それは占領地における受容事情である。たとえば、監督の島津保次郎は、二週間にわたる中国の旅を終え、「大陸映画への第一歩」と題する記事を映画誌に寄稿し、大陸メロドラマを見た中国文化人の反応を次のように伝えていた。

従来の所謂大陸映画と銘打った映画作品に登場してくる中国人は、日本の男に恋する中国の女か、或いはボーイか何かいい加減な役割で登場して、その中国人が中国語を喋れば、日本の観客は声を上げて笑ふし、また慣れない日本語を努力して喋れば、それはそれでまた笑ふ、といふのである。此のやうな情況に接する時、中国の文化人は激しい反感を覚え、そのやうな映画的取り扱ひ方を絶対に肯定出来ないといふのであった。(42)

『緑の大地』のロケスナップ
藤田進と入江たか子

このような反応を根拠に、彼は次のような提案をする。「国際情勢が緊迫してきた今日、映画の使命も亦痛烈なもの」となった状況にあって、「「大陸映画」は必ずしもその題材を大陸にのみ求めた作品のことではなく、むしろ作品そのものが大陸の地に上映されても少しも恥じなく堂々と中国人の間に透徹してゆく、といふやうな作品をこそ大陸映画といふべきではなからうか[43]」と。つまり、日本人だけを対象にする大陸映画から占領地の中国人にも受け入れられるような大陸映画へと方針を転換すべく、島津は大陸映画の意味合いを訂正し、新たな定義を下そうとしたのだった。

そして島津は直ちにその考えを実践に移したのである。興亜院青島出張所と青島特別市公署、それに青島総領事館の賛助を受け、東宝製作の『緑の大地』(一九四二)を撮ることになった彼は、山形雄策[44]と一緒にオリジナル・シナリオを練り上げた。青島を舞台にした『緑の大地』は、教育や運河建設事業などの大陸建設に励む中国と日本の青年群像を描いたものである。もとよりメロドラマとある程度の距離をおいてきた島津は、「日本男性に恋をする中国の女性が空虚な言葉を吐き、恋を囁き、男性が正義の弁をのべ、その男女を巡る気力[の]ない中国人が右往左往する[45]」というような日中恋愛の要素を一切筋にとりいれず、むしろ彼なりの理想を実現させるために、恋さえも放棄する男女像を作りだしている。少なくともストーリーの展開から見れば、「日本人と支那人の協力する姿と文化的融合の理念に燃えて敢闘する人達の姿を描いて、日華両国民はあらゆる面において心から手を握りあってゆかなければならないということを説き、北支現実の文化、風俗を通じて内地人に深く大陸を認識して頂きたい(46)」という、自分に課した課題に、島津は模範的な回答を示したと言える。

島津の努力は報われたのである。『緑の大地』は日本国内では総じて好評を博すことになった。例えば、水町青磁は「徒らに構想をひろげてしまった為に、土地不案内な上に、内地の日常性の常識では―つまり島津式の理解の上では―どうにも消化しにくい」と、作品の難点を指摘しながらも、「『支那の夜』、『熱砂の誓ひ』などから、この様なストリーまで引上げさせたのは外地ロケの効果である」と喜び、「欠点を持っているが、大陸映画が真面目な方途へ向ひつつある」成果だと称賛してもいる(47)。この批評に示されるように、『緑の大地』はメロドラマ的な男性主人公の原型―大陸建設に身を投じる男―を継承する一方で、「軽薄」な恋愛路線を踏襲しなくとも、「日支提携」が描けることを大いに世間にアピールし、大陸映画を新しい方向に転換させることにひとまず成功したのだった。

みずから中国に行き、中国の観客の反応を収集し、それに依拠して新たな大陸映画を撮る。島津と『緑の大地』の例に見られるように、開戦前後、映画監督と製作者たちは、評論家が顔負けするほど、自分の体験に基づいたメロドラマ批判を展開し、みずから言説空間の中枢に踊り出るようになったのである。つまり、自分の描いた他者像が描かれる側に認められないという最悪の結果をじかに受けなければならない状況に直面した彼等は、毅然としてメロドラマに対抗するべく立ち上がったのであった。

だが、メロドラマの命運はまだ尽きていなかった。その後、島津が聞いた反応とは異なる中国側の反響も伝わってきもしたのである。例えば、李香蘭の主演作が占領地で上映された際に、「この映画〔『熱砂の誓ひ』〕がメロドラマだっただけに、集まった観客は商人、女学生、婦人、小人が多く」を占め、「万里の長城、北京駅、天壇、北海等その場面には等しく拍手が湧いた(48)」ことが報道される。また『支那の夜』が上海租界で上映され、一流洋画館に進出した日本映画の中で高い観客動員数を獲得した作品になったことも伝えられた(49)。北京が舞台の『熱砂の誓ひ』は地元で観客を招致することができ、上海を背景にした『支那の夜』は上海租界への進出を果たした、最も手応えのある作品の一本であったということだ。李香蘭はといえば、殊に上海で人気があり、その歌も大歓迎されたという。「私みたいな映画ファン兼音楽ファンにとって、『支那の夜』は紛れもなく宝のような作品だ」[50]という中国人観客の感想文や、「蘇州夜曲」のレコードを買い求める観客の投書[51]が代表するように、日本と同様、一般の観客と文化人、知識人との受け入れ方はまるで正反対だったのである。とりわけ上海の場合、映画を見て李香蘭とその歌声に魅了された大衆の間では、ちょっとした李香蘭ブームが巻き起こっている。関係者が予想もできない、まさに戦時イデオロギーから逸脱するような文化現象が生じていたのである。

占領地に起こったこの両義的な現象が報道されると、一様に非難の大合唱を繰り返してきた専門家、マスメディア、さらには大陸映画の製作者たちは大いに当惑した。そこで、この意外な歓迎ぶりに刺激されたのか、人々は一度踏み倒したメロドラマをもう一度見直さなければならないと悟るにいたる。例えば、岸松雄は視察手記「上海映画巡礼―僕の大陸映画論」の中で、租界で公開の日本映画にふれ「依然として『支那の夜』の圧倒的人気にかなふものなきこと、主題歌の流行といふ大陸映画の将来に重大な示唆を与へた」[52]と語っている。また、『支那の夜』の影響が中国のみならず、東南アジアにまで広がった事態や、主題歌の人気などに対し、ある記者は「レコードを販売するなら『支那の夜』の如きものよりむしろ何故「愛国行進曲」を販売しなかったのか」[53]と不快に思いつつも、次のように提言する。

『支那の夜』は問題を起こしましたレコードが非常に受けていまして、早くもその映画を見たいと言ふ所からであります。支那の夜の映画を出していいかどうかといふ事に就いては皆様の御高見を伺ひ度いのでありますが、私の考へと致しましては、日本の様に教育の普及している国でさへ、あの映画は圧倒的に大衆をひきつけたのであって、日本より知識程度の低い仏印に対して、あんな映画はいかん、もっと高級な映画を出せ、もっと国策的な映画を出せと言っても無理なのではないかと存じます[54]。

かくして一度言論界で圧殺された大陸メロドラマは、日本映画進出という、より大きな課題に直面した時に、起死回生の策として関係者たちに再考を促したのである。

とはいうものの、当惑しつつも再び大陸メロドラマに回帰するという選択をすることもなく、製作現場の人々は引き続き理想的な大陸映画の在り方を模索していくしかなかった。ここにふたたび島津を例にしよう。『緑の大地』が完成後、島津は満映でロシア音楽家に育てられた日本人女性歌手の奇遇を描く『私の鶯』(満映・東宝、一九四四[55])を手がけることになる。ちなみに、この作品の企画者はほかでもなく、満映の仕事を引き受けた岩崎昶だった。企画の意図はもちろん上述のメロドラマに対する反応や、李香蘭ブームなどと無関係ではなかった。というのも、島津と岩崎は、『支那の夜』の音楽要素と李香蘭の歌唱センスを引き出しつつ音楽劇として仕上げたものの、異国人同士の恋愛めいた内容を盛り込まず、ロマンスらしいものを意識的に排除したと思われるからだ。前作の『緑の大地』が上海虹口にある日本人向けの映画館で公開されただけで、日本映画専門館となった大華で上映できなかった[56]という悔しさを跳ね返したい思いが島津にあったためだろうか。そのような詮索はさておき、中国人大衆の好みを考慮しつつ、自分の提起した大陸映画の軌道からもはずれないように、島津が『私の鶯』を撮ったというのは、間違いないだろう。

要するに、大陸メロドラマは、戦時下の大和民族思想にそぐわない一面が指摘されたあげく、はからずも大陸映画内部の秩序を攪乱したものとなったわけだ。しかし、その幼稚で図式的な物語以上に、よりドラマチックに展開されたのがそれをめぐる諸言説だった。国策か観客の嗜好かというアポリアに悩まされ、メロドラマを踏み潰しながらもそこから再生を図ろうとした大陸映画関係者の四苦八苦のその姿に、私たちは大陸映画の製作過程に内包する様々な矛盾とジレンマを見出すことができるのではないだろうか。

4 「大東亜映画」への変貌

太平洋戦争が開戦後、「邦画南進」[57]なり「南方映画工作」[58]なり、映画工作を云々する記事が毎号のように映画誌に掲載され、新たな課題が次々と提起されるようになる。そしてこれらの言説に促されるような形で、大陸映画製作は「南方」に目を向け始めるのである。例えば、「アジア解放」を訴える『進め独立旗』（東宝、衣笠貞之助、一九四三）、『あの旗を撃て』（東宝、阿部豊、一九四四）のような現代劇、あるいは過去の欧米のアジア進出に対する日本の抵抗を捉えた『海の豪族』（日活、荒井良平、一九四二）、『奴隷船』（大映、丸根賛太郎、一九四三）のような時代劇は、いずれも「大東亜共栄圏」の南方政策に呼応して作られた作品だった。中でも時代劇の『海の豪族』と『奴隷船』は、昔のことに託して現代を隠喩する形式を採用したことで、孤島期の中国時代劇映画に通じる一方、同じ頃上海で製作された『萬世流芳』や『狼火は上海に揚る』（華影・大映、稲垣浩・岳楓、一九四四）とあわせて検討すれば、「内地」と「外地」、日本と中国を問わずに、時代劇というジャンルが戦時映画製作に動員されやすいというその類似性を指摘できるだろう。

ただ、この時期においても、大陸映画は決して死語になってはいなかった。たとえば、辻久一は「これからの大陸映画」と題する文章の中で、『上海の月』（東宝、成瀬巳喜男、一九四一）や『蘇州の夜』を批判し、また「従来の大陸映画とは異なること」「大東亜戦争下米英の東亜侵略の野望をあばいて、民族敵愾心をそそるのに効果あること」と期待した『阿片戦争』（東宝、マキノ正博、一九四二）を、けっきょく「大陸映画の以前の作品群よりも、もっと支那を無視し」[59]た作品だとけちをつけている。それだけではない。辻はさらに「「支那救済、支那建設」をテーマとした映画の幼稚さにも呆れている」[60]と語り、名指しこそしないものの、『緑の大地』とその同類の作品にも批判の矛先を向けるのである。

『上海の月』と『蘇州の夜』はともかく、島津が生の体験に基づいて仕上げた作品でさえも、辻の批判の俎上に乗せられていたことは注目に値する。このような動向は一体何を意味するのだろうか。「大東亜映画」言説の出現に伴い、大陸映画は死滅したのではなく、ただ「大東亜映画」の思想課題に応えるような方向へと転換する必要があるというのが、辻の本意だろう。しかし、『阿片戦争』を「支那を無視した」という辻の自負は分かるものの、なぜ彼は「支那救済、支那建設」を叫ぶ映画まで否定しなければならなかったのか。「大東亜戦争下米英の東亜侵略の野望をあばく」べきだとする辻の主張に見られるように、「これからの大陸映画」とはほかでもなく「大東亜戦争」の趣旨に見合うような映画だと辻は主張したいのではないか。だとすれば、『上海の月』や『蘇州の夜』はもちろん、米英の侵略に言及せずに大陸建設を云々する『緑の大地』でさえも、彼の目には時代遅れと映ったとしても一向に不思議ではないだろう。

このように、「大東亜映画」の諸言説に背中を押される形ではあったが、大陸表象の作品は確実にメロドラマから脱皮しつつあり、「大東亜映画」の文脈に吸収されていくのは、半ば必然的だったといっていい。次にその過程を如実に物語る二本の映画、開戦前の『上海の月』と開戦後の『戦ひの街』を検証してみよう。

『上海の月』は、中華電影に赴任した松崎啓次[61]の原案をもとに、『緑の大地』を書いた山形雄策が脚本を執筆、中華電影がスタジオを提供した下で完成された作品である。物語の舞台は第二次上海事変直後の上海にある放送局。新設された放送局の責任者江木と、彼の周りにいる二人の中国人女性が主人公である。重慶政府による抗日放送とそれを妨害する日本の放送との熾烈な攻防戦をテーマにした当作品は、それまでのメロドラマと違って、中国人女性の二人を敵と味方に設定した点に妙味がある。山田五十鈴が日本人にテロ活動を仕掛ける袁露絲に扮し、上海から抜擢されて、中華電影唯一の専属女優となった汪洋《おうよう》がわが身を犠牲にする決心で袁のテロ活動を阻止する許梨娜を演じた。抗日的態度から親日に変わっていく典型的なヒロインのイメージはこの作品には一切見られず、テロを断固として実行しようとする袁露絲も、初めから日本びいきの許梨娜も、みずからの意志を貫くような女性に造形されている。ポイントはそれだけではない。最後にはひそかに江木に恋心を抱いていた許梨娜が彼に対して「私を日本に連れてってください」というが、その愛の告白を尻目に、江木は「日支間の不幸な溝を除くためにお互いは働くのだ」と雄弁を振うのみなのである。日中男女の恋愛乃至結婚という運びはここにはもはや跡形もない。それに代わって観客の目に映ったのは、親日女性の片思いとそれを振り払う日本人男性の雄姿のみである。

辻の軽蔑を買ったとはいえ、以上の通り、李香蘭主演作と根本的に異なる点が見られる。『上海の月』が明確な意図の下で製作されたからであろう。東宝映画の社員であり、その製作を担当した瀧村和男の言葉を見よう。

物語は総力戦下に於ける文化戦—特にその重要な一翼たるラヂオ放送に依る宣伝啓蒙戦の意義と重要性を広く世に紹介しようとするもので、事変直後の上海に舞台をとり、抗日デマ放送を粉砕すべく抗日テロの魔手と闘ひながら新東亜に於ける日華両民族の共存と共栄とを目指して放送局建設の苦闘を続けた文化戦士達の活躍を主題に、日本人、新しい中華人の協力と友情の姿、南京陥落前後の上海に於ける抗日運動の敗北、外国租界の敵情等を描かうとするのである。(62)

瀧村の言葉から明らかなように、『上海陸戦隊』に登場した戦場が消失した後に、文化戦の戦場に化しつつある占領下の上海で展開されるメディア戦の実態に肉薄しようとするのが、『上海の月』の狙いだったと言える。激しい市街戦の様子を実写のように撮る一方、敵側がほとんど見えてこない『上海陸戦隊』と比べれば、『上海の月』の文化戦場では、敵側が明確に抗日勢力という形で表象されている。上海を占拠していく過程を追跡する『上海陸戦隊』に対して、『上海の月』はいかに人心を占領するかを主題にしたのであり、『上海陸戦隊』から『上海の月』にいたるまで、大陸映画の主題は戦局の拡大と国策の変化に密接に寄り添いながら、武力による占領から文化的占領に移り変わっていたことが明白に読みとれよう。

ところが、以上述べたのは、製作意図とその意図に基づく物語の粗筋に過ぎない。実際のところ、『上海の月』の場合は、製作意図が作品の出来栄えと一致してはいなかった。そのことを以下で見ていこう。各方面から大きな期待が寄せられたにもかかわらず、名匠成瀬巳喜男が監督を務めた当作品は、『上海陸戦隊』が獲得したような好評どころか、逆に「国策映画としてのひたむきな熱情を感じられないし、メロドラマの面白さや迫力も不足してどっちつかずである」[63]と評論家に酷評されることになる。海の向こうから伝えられた反応はと言えば、より厳しいものだった。たとえば「中国を背景とした日本映画はこれでよいのか」という記事には、「一方では砲火激烈を極めて居ることに対し、一方では中国娘がコッソリ蘇州河に渡って日本人のために仕事をしているといふのである。これが即ち平和か。〔中略〕これを以て東亜民族を聯合せしめることができるといふのか。この点筆者は脚色者の思想に疑をもたざるをえない」[64]という、明らかに当作品に異議を唱える内容が記されている。

中華電影に撮影協力を求め、スタッフ一同が南京に赴いて汪精衛に面会する[65]ほど、関係者は並々ならぬ熱意を込めてこの撮影に臨んだのである。しかし、上記の引用に示されるように、『上海の月』は国内で国策性と娯楽性がともにうまく盛り込まれなかったものとして見なされ、占領地においても評判が悪く、瀧村の語った抱負を空転させ、大陸映画の抱え込んだジレンマを今一度曝け出してしまったのだった。

理想が高遠なだけで作品の出来栄えが冴えなかったこの事例は、はからずも製作現場におけるもう一つの矛盾を露呈しているといっていい。思えば大陸メロドラマもそうだったが、総じて言えば、劇映画の分野においては、理念的なレベルで映画の国策に賛同しても、日本映画の伝統に育てられてきた製作現場の感覚と慣習が必ずしも戦争イデオロギーに附随していけるとは限らないという難題を、現場関係者、殊に映画監督は克服できなかったように思われる。この点では、小市民映画の名手だった成瀬は決して特殊なケースではなく、例えばメロドラマの名作『愛染かつら』（松竹、一九三八）の後に『蘇州の夜』を撮った野村浩将《ひろまさ》も、同じだっただろう。

さて、製作意図と作品の出来栄えがちぐはぐになってしまった『上海の月』に対して、二年後の『戦ひの街』はどうだったのだろうか。繰り返すが、大陸映画に新たに解釈を施した内田岐三雄がその脚本を書いたことを念頭におい

『戦ひの街』の李香蘭

て考えてみよう。

「剿共和平、日華合作」をテーマに、「支那事変下に連戦連敗の苦杯を嘗めた重慶軍内部の思想的分裂と其の焦慮と苦悩の有様を取り入れて描く[66]」という内田の創作意図に沿ってみれば、『上海の月』と同様、『戦ひの街』も時局便乗の一連の日中恋愛ものとは違う目的による作品だった。作者は主に重慶政府を想定し、占領政策に見合うプロパガンダとしてシナリオを練ったという。占領下の北京、国民党の中央軍内部で親日派と抗日派が対立し、その背後に重慶から派遣されてきた米中混血の軍事顧問が配され、陰でいろいろと策動している。日本の占領にとってすこぶる不利なかかる状況を変えるべく、新民会の宣撫員の坂井は、日本に留学の体験のある女優の協力のもとで大活躍する。北京を舞台に選んだという意味では、『戦ひの街』を『上海の月』と対になる作品と見なしてもいいが、やはり『支那の夜』などの「軽薄さ」を反省した上で書かれただろうその内容からすると、内田自身の標榜した新しい大陸映画の姿に確実に近づいたかのように見えることは確かである。

ただ、『戦ひの街』では、京劇女優を演じる李香蘭をめぐってまたもや問題が頻出するのである。李の役柄はメロドラマを超越したのかというと、当時の批評によれば、そうでもなかったようなのだ。主人公男女の恋愛とも友情ともつかない関係が逆に物語の邪魔になり、「彩りに過ぎない李香蘭が必要以上の部分を占め、上原謙の扮する青年の理想や熱情が具体的な行動として盛上らず、この二人の身辺を、只徒らな感傷と、日華共栄の理想を語る空疎な言葉がとりかこんでいる」[67]というような批評を読む限りでは、脚本家の内田はもちろんだが、監督も李香蘭も恋愛メロドラマを超越しようとする意思を持って苦闘しながらも、メロドラマ以外にはまだヒロインに適合する居場所が見つからずにいたことが分かるだろう。しかも、彼らのそうした苦闘も容赦のない言説によってあっさりと否定されてしまうのである。

　歌を聞かせるだけで演技の機会もあまりない李香蘭を主役らしく見せようとした所に根本的失敗の原因があらう。演出やセットなどにも苦心の跡は覗はれるが、作品としては成功とは云へない。[68]

まさに失敗作とほのめかすような言葉ではあるが、ここで評者が問い詰めたポイントは、メロドラマの精髄を取り除くと、主役の李香蘭はまるで抜け殻のようになってしまうということではないかと思われる。監督の原研吉に内田の脚本の狙いをうまく体現できる腕があったとしても、このように李香蘭の存在が浮いていれば、やはり作品全体の致命傷は免れなかったのではないか。

　ここまで見てきたように、大陸映画のあるべき方向をいまだ模索しつづける最中、「大東亜映画」の課題を与えられた映画製作者、監督、そして俳優たちは、ただ懸命に時勢に合致できるように映画を撮っていくしかなかった。言い換えれば、大陸映画をめぐる諸問題は解決されないまま「大東亜映画」に持ち越されたのであり、そのために、映画関係者は一方では、「大東亜映画」を懸命に唱えつつ、他方では、国策か観客か、日本国内か中国か、といった幾重もの両義的なジレンマに悩まされていたのである。むろんこれらの葛藤、矛盾、亀裂の細節までをありありと伝えてくれるのは、膨大な言説資料と映画そのものにほかならない。

　しかし、例外もある。男性を表象の主体にした軍事物や戦争物が開戦後も順調に製作されていったことであり、それは看過できない。例えば、ドイツ映画『最後の一兵まで』(カール・リッタ、一九三七)[日本公開は一九四〇年]のストーリーを彷彿とさせる『将軍と参謀と兵』(日活、田口哲、一九四二)は、作戦首脳部の人間模様を描き、「従来の戦争映画とは異なった観点から、作戦計画に重点を置いて作製された最初の作品」[69]として評価されている。また、記録映画の場面を劇映画に取り入れた『英国崩るるの日』(大日本映画、田中重雄、一九四二)は、題名通り香港攻略を「大東亜戦争」の一環として捉えたものだ。ある記事は「劇映画と記録映画が混乱している」と、その手法には頷かないものの、「劇的部分の拙劣な描写にも拘らず、この映画が感銘を与へるとすれば、それは作戦部分の描写がすぐれているからである」[70]としてそれなりの評価を与えていた。つまり『五人の斥候兵』や、『土と兵隊』に始まった一連の戦争映画は、戦時国策を体現するものとして終始言説にも擁護される分野であった。ただ、後に占領地では戦争映画が冷遇され、その好調が不調に転じると、メロドラマと運命的な逆転を果たすことになるのだが、それについては、第六章で詳述する。

新しいジャンルの開拓にもここに簡単に言及しておく。『間諜未だ死せず』(松竹、吉村公三郎、一九四二)と『重慶から来た男』(大映、山本弘之、一九四三)に代表される防諜映画の類が開戦後、製作されはじめる。前にもふれたが、『支那の夜』や『熱砂の誓ひ』のように、敵対関係をやや曖昧な次元で表象する方法が、『上海の月』のあたりから傀儡政府対重慶政府か共産党勢力といった政治的対立図にのっとったものに変わり始める。『間諜未だ死せず』と『重慶から来た男』に至っては、その図式がより明瞭になり、英米と結託する重慶政府のスパイが悪役として登場し破壊活動を行うことになる。『上海の月』によって提示された敵対関係図は、防諜映画によって継承されたといってもいい。

かくして新しいジャンルの産出により、大陸映画は確実に「大東亜映画」に関する言説の文脈に回収されていった。そしてその過程で、前述のように、女性表象の変貌も余儀なくされる。繰り返すことになるが、その突出の事例がやはり李香蘭だった。彼女は『誓ひの合唱』(東宝、島津保次郎、一九四三)において、軍服姿で前線の兵士を慰問する歌姫になったり、『サヨンの鐘』(松竹、清水宏、一九四三)で高砂族の娘に扮したりするかと思えば、次には『野戦軍楽隊』(東宝、マキノ正博、一九四四)で日本軍楽隊に協力する町娘を演じてみせる。それまでと同様、李香蘭は相変わらず国境を自由に行き来する、日本語が話せる女性に扮するものの、もはや男性の欲望を満足させる視線に晒されるような恋愛の対象ではなく、日本軍を励まし、中国民衆に「大東亜戦」への参加を積極的に呼びかける剛健な女戦士に変身させられたのだった。

ここに至って、大陸映画はついに最初の使命を終え、「アジア解放」「大東亜共栄圏」を掲げて、英米打倒を主題とする「大東亜映画」と銘打った作品に変身することになるのである。

（1）一九四二年七月中旬から下旬にかけて長春を振り出しに、北京、南京、上海の各地において、それぞれ視察を兼ねて持ち回り式に大陸映画聯盟の結成を検討する会議が開催されたが（「大陸映画聯盟会議開かる」『映画旬報』一九四二年九月二一日号、一八頁を参照）、大陸映画聯盟はついに結成に至らなかった（「大陸映画聯盟の結成をめぐる」『映画旬報』一九四三年一一月一日号を参照）。

（2）永田雅一「大東亜映画人大会を提唱す」『映画評論』一九四四年一月号、一四頁を参照。

（3）盧溝橋事件以降、急速に増えた戦況に関するニュース映画については、前掲、ピーター・B・ハーイ『帝国の銀幕——十五年戦争と日本映画』第三章第一節の「支那事変の勃発とニュース映画」を参照。

（4）当時従軍作家として知られた人には、例えば吉川英治、岸田國士、尾崎士郎、林房雄、佐藤春夫、石川達三、吉屋信子などがいる。

（5）滋野辰彦・友田純一郎「映画界十年史」と題した記事で使用された表現。『キネマ旬報』一九三九年七月一日号、一一九頁を参照。

（6）大陸文学という用語は事変後、各文学誌で使用されるようになった。例えば、『新潮』（一九三九年二月号、二八八—二九二頁）には「大陸文学の誕生」という記事があり、大陸文学の誕生と戦争との関連性を力説している。

（7）「大陸の花嫁」『キネマ旬報』一九三九年八月二一日号、八四頁。

（8）古志太郎「沃土萬里」『日本映画』一九四〇年三月号、八二頁。

（9）同前、八三頁。

(10) 滋野辰彦「白蘭の歌」『キネマ旬報』一九三九年一二月一一日号、七三頁。
(11) 前掲、古志太郎「沃土萬里」八三頁。
(12) 矢野文雄「亜細亜の娘」『日本映画』一九三九年新年号、九七頁。
(13) 沢村勉は映画評論家兼脚本家。大学時代『映画評論』誌の同人となり、旺盛な評論活動を展開し、一九三六年「シナリオ研究十人会」に参加。一九三八年東宝文芸部と契約した。一九四二年海軍報道部班員となる。戦時中『現代映画論』という著書も上梓している。前掲『世界映画大事典』三六七頁を参照。
(14) 沢村勉「亜細亜の娘」『映画評論』一九三九年一月一日号、一四三頁。
(15) 同前、一四四頁。
(16) 『日活多摩川』五五号(一九三九年一〇月)二頁には、「[『五人の斥候兵』は]撮影所前広場のオープンセットを中心に撮影が進められたものであった」という報道記事がある。
(17) 『沃土萬里』は四カ月にわたる大陸ロケを行って完成されたと報道されている。「日本映画紹介」『キネマ旬報』一九四〇年二月一日号、七三頁を参照。
(18) 水町青磁「上海陸戦隊」『キネマ旬報』一九三九年六月一一日号、八一頁。
(19) 同前。
(20) 同前。
(21) 中村武羅夫「映画的に見た南支の風物」『キネマ旬報』一九三九年一月二一日号を参照。また映画の中で大陸の風景を叙情的に描くべきだと浅野晃が語った「事変映画論」も中村と似通った風物論を展開している。『日本映画』一九三九年新年号を参照。
(22) 水町青磁「沃土萬里」『キネマ旬報』一九四〇年二月一一日号を参照。
(23) 前掲、古志太郎「沃土萬里」。
(24) 亀井文夫「『上海』編輯後記」『新映画』一九三八年三月号、七二頁。
(25) 前掲、ピーター・B・ハーイ『帝国の銀幕——十五年戦争と日本映画』二〇八頁を参照。
(26) 前掲、沢村勉「亜細亜の娘」一四四頁。

(27) 同前。

(28) 川喜多長政の座談会「大東亜映画建設の前提」での発言。『映画旬報』一九四二年三月一一日号、八頁を参照。また、清水晶も「日本映画の今後―大東亜共栄圏進出の首途に際して」の中で、「李香蘭目がけて押しかける夥しいミーチャン、ハーチャンの類は、畢竟、軽蔑すべき、縁なき衆生であった」と述べている。『映画評論』一九四二年三月号、二五頁を参照。

(29) 座談会「大東亜戦争と日本映画南下の構想」では、筈見恒夫は「いままでの『上海の月』『支那の夜』のやうな大陸映画は殆ど代用品で、これは向ふに持って行くものでない」と発言している。『新映画』一九四二年二月号、三七頁を参照。

(30) 四方田犬彦『日本の女優』岩波書店、二〇〇〇年六月、一一六頁を参照。

(31) 多田舜「恋愛と民族」『文芸日本』一九三九年七月号、七三頁。

(32) 津村秀夫は映画評論家。東北大学を卒業後、朝日新聞社に入社、同紙の映画批評欄を担当した。戦時下の主導的な映画批評家となったが、戦後も映画批評を書き続けた。

(33) 津村秀夫「戦争と日本映画」『映画』一九四二年二月号、二八頁。

(34) 水町青磁は『支那の夜』批評の最後の一行に、作品の「興行価値―封切三週続映。大衆娯楽の佳篇」と書いている。『キネマ旬報』一九四〇年七月一一日号、五七頁。

(35) 茂木久平「日本映画界に望む」『映画旬報』一九四三年九月一一日号、三頁。

(36) 前掲「上海映画界の現状を語る」七二頁。

(37) 六車修「お涙映画も新体制」『映画旬報』一九四一年三月二一日号、二八頁。

(38) 映画新体制確立に続く映画臨戦体制の確立は、一九四一年九月に情報局と内務省が主導的に行った映画産業に対する再編であった。その発足の経緯を考察したのは、前掲の加藤厚子の『総動員体制と映画』第三章「映画臨戦体制による映画産業の再編」である。

(39) 池永和央「わが東宝は―大陸映画の先駆者」『映画旬報』一九四一年四月一日号、三三頁。

(40) 内田岐三雄「大陸映画の再検討」『映画旬報』一九四一年一一月一日号、三二頁。

(41) 内田岐三雄は『戦ひの街』脚本執筆を機に松竹大船に入社、企画部長に就任した。内田岐三雄「『戦ひの街』と昆曲」

の後記に、「[私は]今回『戦ひの街』脚本執筆を機に松竹大船に入社、企画部長に就任す」という記述がある。『映画』一九四三年二月号、二九頁を参照。
(42) 島津保次郎「大陸映画への第一歩」『映画評論』一九四一年九月号、五一頁。
(43) 同前、五二頁。
(44) 山形雄策は東宝の脚本家。本名は町田敬一郎。一九三九年、島津保次郎主宰のシナリオ塾に入り、脚本家になる。戦後は、独立プロ運動の主要な脚本家の一人である。前掲『世界映画大事典』を参照。
(45) 島津保次郎「大陸映画雑感」『映画』一九四二年二月二〇日号、三三頁。
(46) 島津保次郎「初の大陸映画について─『緑の大地』のことなぞ」『映画』一九四二年一月号、四三頁。
(47) 水町青磁「緑の大地」『映画旬報』一九四二年四月二一日号、四六頁。
(48) 「日本の大陸映画を中国文化人はどう見る」『新映画』一九四二年二月号、七九頁。
(49) 岸松雄は「上海映画巡礼─僕の大陸映画論」の中で、「依然として『支那之夜』の圧倒的人気にかなふものなきこと」と報告している。『映画評論』一九四三年九月号、一七頁。
(50) 鄧雄「問答欄」『大華』一九四三年六期。
(51) 方禾心「問答欄」『大華』一九四三年七期。
(52) 前掲、岸松雄「上海映画巡礼─僕の大陸映画論」一七頁。
(53) 山根正吉「南方映画工作」『日本映画』一九四一年一〇月号、九四頁。
(54) 同前、九八─九九頁。
(55) 『私の鶯』は大佛次郎の原作『ハルビンの歌姫』を脚色した映画。製作岩崎昶、脚本・監督島津保次郎、撮影福島宏、音楽服部良一、振り付け白井鐵造という顔ぶれだったが、戦時中、日本で公開を見合わせた。しかし、上海で原題の『ハルビンの歌姫』で公開された。
(56) 張恵震「簡答」『大華』一九四三年三期を参照。
(57) 山根正吉「大東亜戦争と邦画南進の諸問題」『映画評論』一九四二年一月号、三〇─三三頁。
(58) 前掲、山根正吉「南方映画工作」。

(59) 辻久一「これからの大陸映画」『映画評論』一九四三年七月号、一九頁。
(60) 同前。
(61) 松崎啓次は東宝のプロデューサー。映画製作のかたわら、原作、脚本も執筆していた。
(62) 瀧村和男「『上海の月』製作の意図に就いて」『映画旬報』一九四一年七月号、八四頁。
(63) 三田郁美「作品評『上海の月』」『日本映画』一九四一年八月号、一二七頁。
(64) 「中国を背景とした日本映画はこれでよいのか　中国知識人、『上海の月』を論ず(「南京新報」最近號所載)」『映画評論』一九四一年一一月号、六一頁。
(65) 主演の山田五十鈴の「『上海の月』の思ひ出――上海から帰って――」によると、上海にロケ撮影で訪れた一行は、中華電影常務黄随初らの計らいにより、南京に行き、汪精衛に面会したという。『映画』一九四一年七月号、八五頁を参照。
(66) 前掲、内田岐三雄「昆曲と『戦ひの街』」一八頁。
(67) 大塚恭一「劇映画批評『戦ひの街』」『映画旬報』一九四三年三月一日号、一八頁。
(68) 同前。
(69) 黒田千吉郎「軍事映画としての『将軍と参謀と兵』」『新映画』一九四二年四月号、四〇頁。
(70) 上野一郎「劇映画批評『英国崩るの日』」『映画旬報』一九四二年一二月一一日号、三一頁。

第五章　越境する大陸映画

大陸映画を語るには、戦時中、中国に設置された国策映画会社の製作過程とその作品の内実をも視野に入れなければならないことは、前章で述べた通りだ。本章は一九三七年以降、日本による占領下の北京と上海で、日中双方の参与による大陸映画製作の実態を検証する。前章で概観したのは、日本国内で製作されたものが大陸進出において、中国と関わる際に生じた問題だった。それに対して、本章の考察対象は、占領区域に発生し、占領側と被占領側の両方が互いに関わった映画製作であり、言ってみれば、日中映画交渉史において最も重要な部分を成すものである。

ある意味では、占領側の推し進める映画工作とそれに伴う被占領側の対応が互いに絡み合いつつもねじれた状態にあったのであり、そこから生じるある種の緊張感は、占領区における大陸映画製作や配給の問題を左右する推進力になったといえよう。前章で検証したように、日本国内において、製作側と受容側のすれ違い、文化政策と映画現場の不一致といった問題が終始存在していたとするならば、中国での大陸映画製作は、それ以上の複雑な政治的背景に取り込まれることを避けられないだろうし、より多くの矛盾を孕んでいたことになる。筆者の知る限りでは、このような視座に基づく先行研究はまだなされていない。したがって、本章は歴史資料によって映画史の細部を明らかにしていく一方、日本側の「対支工作」と中国側の「対日協力」の実態解明にも努めたいと思う。

『東洋平和の道』（『新映画』1938年4月号より）

1　戦火を潜る映画製作——『東洋平和の道』

東和商事製作の『東洋平和の道』（一九三八）は日本占領区における大陸映画製作の先駆であった。盧溝橋事件が勃発した直後にもかかわらず、製作者側は大胆にも脚本作りと主演にともに中国人を起用し、華北で大型のロケーションを敢行している。前述の『亜細亜の娘』や『五人の斥候兵』とほぼ同時期に世に問われた当作品は、その型破りな製作方式でまず世間を驚かせたのである。いや、おそらく製作方式のみならず、敢えて中国農民の夫婦を表象の主体にしたことからして、『東洋平和の道』は国内で流行した大陸ものや、大陸を風物化するものとは一線を画しており、当時の状況から見れば、中国人の内面にまで照準を定めた、実験精神に充ち溢れた作品だと言える。ここに当作品誕生の背景をまず概観しておこう。

中国映画の発祥地だった北京は、国際都市としての上海とはまるで異なる文化的雰囲気が漂う古都だった。上海が映画製作の黄金期を迎えた一九三〇年代後半になっても、北京は相変わらず製作基盤がゼロに近い状態にあった。その北京に映画製作の可能性がふたたびもたらされた[1]のは、一九三七年以降であり、言うまでもなく、それは前述した「支那」をめぐる諸言説が徐々に上海から各地に拡散していくこととも密接な関連性がある。

事変直後、多くの日本映画関係者は北京を相次いで訪れ、映画製作の可能性を模索しはじめている。大まかにいえば、たとえば、アジア各国の映画と日本映画の進出の実態を総括した大作『アジア映画の創造及建設』を著した国際映画通信社の市川彩、松竹取締役の城戸四郎、あるいは『日満支映画法規全集　国家総動員法解説と関係法規』をまとめた桑野《くわの》桃華《とうか》[2]らが、前後して映画視察のために北京の土を踏んでいる。華北が占領下におかれたことで、日本映画界の北京に寄せる期待は短期間で一気に膨れ上がったのである。

様々な名目で北京に来た人々のなかには、第二章でとりあげた内田岐三雄と飯島正が含まれるほか、映画製作と配給業務に従事する人も多くいた。このように、人々が北京でいち早く映画製作や配給の道を打開させたい思いから、様々な企画を立てて構想を練りはじめていたなかにあって、川喜多長政の率いる東和商事は、早くも『東洋平和の道』をクランク・インさせたのであった。

戦争の拡大を憂慮する心情を抱きながらも、映画法に最初から賛同したことに示されるように、川喜多は戦時下の文化国策路線にみずから加担する行動をとっていたのである。その姿勢は東和商事の映画製作にも鮮明に表れていた。例えば、前述の『新しき土』は、一九三七年東和商事が巨額の資本を投じて製作したものであり、日本のみならず、植民地の朝鮮と満州においても、一斉に封切られたのである。上海での上映抵抗運動によって打撃を受けたものの、『新しき土』は、日本支配下のエリアで観客集めに成功し、同年三月二六日からは、『Die Tochter des Samurai』（『武士の娘』）というドイツ語のタイトル名を付けられ、ベルリンキャピトル劇場にて公開された[3]。その時、主演の原節子をはじめ、映画キャンペーンのためにベルリンを訪れた一行は盛大な歓迎を受けたという[4]。つまり、日中戦争が全面開戦の最中に、『新しき土』は日本の植民地で上映され、同時にナチスドイツでも喝采を浴びたことになる。まさに当作品の成功によって、興業不振に陥っていた東和商事に起死回生が起こり、川喜多に自信を取り戻させたのである。それゆえか、北京へ次々と視察にやってくるその他の映画人たちを尻目に、川喜多は迅速に中国との合作を考案、中国ロケを敢行させ、名実ともに「日中提携」による映画製作を開始させることができたのだろう。

実を言うと、北京を始め、天津、大同などの区域で『東洋平和の道』のロケ撮影が始められたのは一九三七年九月からだった。盧溝橋事件の二カ月後、戦火の硝煙がまだ完全に消えたとはいえない状況下で、川喜多はなぜ危険を冒してでも合作映画を作らなければならなかったのだろうか。ドイツ語と中国語ともに堪能だった川喜多が、ドイツとの合作によって『新しき土』を撮ったその勢いに乗じて、中国においても合作映画を撮りたいという思いに駆り立てられたと考えることは間違いないだろう。だが、それまでの彼の言論が示しているように、日本国内ではまだ浅薄な大陸の表象しか撮れなかったなかで、時勢を先取りするべく、大陸映画のあるべき姿を率先して示したかった思いが川喜多にはより強くあったのである。あるいはむしろ、映画の国策路線を樹立させるその思いをいち早く行動に移したかったと言った方が妥当だろうか。

すなわち、『東洋平和の道』は突飛な発想によるものではなく、川喜多が長年見てきた夢を国策思想に仮託して実現しようとした産物だったのである。次の川喜多の言葉はその証左になるだろう。

ずっと前から、支那は私の夢であり、憧れであった。支那を背景にした映画を、日本人の手で作ることは、日本映画事業に携はる私達の義務である。〔中略〕私達は、戦争の跡を撮そう。それは破壊された跡ではない。皇軍の努力によって、軍閥の圧制から解放された北支人の建設に励しむ姿を撮したかったのである。即ち、私達が敵として戦ふのは暴虐なる支那軍閥でこそあれ、けっして、善良な四億の民ではない。日本と支那、この二つの民族は手をつないで、東洋永劫の平和のために立ち上がらなければならない。(5)

上述とは別に、『東洋平和の道』の誕生にはもう一つの背景があった。少し前だが、中国系のアメリカ人パール・S・バックの長編小説『大地』の邦訳が日本の知識人、文化人に愛読され、(6)また原作による映画『大地』(M・G・M、シドニー・フランクリン、一九三七)も大ヒットしていた。当時の多くの批評が指摘したように、『東洋平和の道』は明らかに『大地』に啓発されて製作されたものだったのである。(7)しかし、日本で賞賛の声に包まれていた『大地』は、西洋人が中国人に扮したことなどの原因から、中国人を侮辱したとして中国各地において反発があり、その上映が禁止される一幕もあったのだ。『大地』をめぐるこれらの事柄を繋ぎ合わせて考えれば、おそらく川喜多は『大地』の成功と教訓をともに汲み取りつつ、『東洋平和の道』を考案したと考えられるだろう。

程歩高の『春蚕』(明星、一九三三)、『狂流』(明星、一九三三)など、わずかな例を除いて、それまでの中国映画においては、農民映画はジャンルとしてまだ充分に確立していたとは言えない。映画史の見地から見れば、日本の国策、アメリカ映画の教訓、中国映画の系譜をあわせて考慮して作られただろう『東洋平和の道』は、日本の大陸映画にも、中国映画史にも前例のない、やや冒険的だが、斬新な企画だったと言える。

この頃、先に設立された満映に続き、その他の占領区域で国策映画会社を設立する動きがすでにあった。中でも華北地方では、一九三七年七月以降、日本の映画工作路線はすでに本格的に行われるようになっていたとされる。[8]『東洋平和の道』の製作と新民会[9]との関連性は不明だが、史料によると、製作側はエキストラに大同の避難民を約五百名も集め、駐屯していた日本の軍人に大勢出演させ[10]、その撮影はわりあい順調にスタートしたという。いうまでもなく、これほど大掛かりなロケ撮影が出来たのは、明らかに華北地域の政治地図がすでに塗り替えられていた状況で、日本軍に守られていたからにほかならないだろう。

だが、「内地」と「外地」の大陸映画製作における理念の差異、いや、むしろ川喜多本人と国内の一部の映画人との思想上の衝突や、日本側と当作品に携わる中国人スタッフとのズレは、『東洋平和の道』をめぐって顕在化することになる。まず川喜多側の意図を見よう。やや長いが、「『東洋平和の道』のメモ」の一部を引用する。

この映画を日本国民に見せることによって隣邦支那大陸の自然、人情、風俗を伝へ、以って支那に対する日本国民の理解に役立たせる。この映画を支那国民に見せることによって、彼等に今回の事変の真実を認識させ、今後彼等の行くべき道を示す。この映画を弘く第三国に紹介することによってとかく誤まられ勝ちの事変に対する我が真意を諒解させ、一つには戦ひの意義を説明し、一つには東洋の真の姿を外国に示す。[11]

製作側によるこの指針を見れば、映画と国策との関連性をまだ上手く消化できずに、時局便乗で撮られた同時期の多くの大陸映画とは異なり、『東洋平和の道』の製作意図は非常に明瞭であったと言わなければならない。「支那」の自然、人情、風俗を伝えたいという第一の目的は同じ頃の亀井文夫によるドキュメンタリー『北京』の狙い[12]と似ており、その民俗学的な捉え方は、その後、『戦ひの街』、『櫻の国』など、北京を背景にとった作品によって受け継がれていくことになる。しかし、名所旧跡を写し、悠久の歴史文化を伝えようとする一方、日中恋愛を「日中提携」に上張りした『熱砂の誓ひ』や、もしくはただひたすら日本人男女の感情の縺れを表現した『櫻の国』と根本的に違うのは、『東洋平和の道』が占領地の中国民衆を強く意識して企画されたことであり、起きたばかりの事変の「正当性」を迅速に中国人に訴えて、民衆の心を宥めることを狙った点にある。そして最終的には、中国のみならず、全世界に向けて事変の真意と戦争の意義を諒解させようとするのである。少なくとも製作意図の文面から察すると、当作品は意識的に戦局に応え、しかも熟慮した末に断行した企画だったということは、間違いはないだろう。

その頃多くの映画人は大陸のことをよく知らない上に、言葉も通じないという難題を抱えながら、しかし、それを解消する余裕がないまま大陸映画を撮らざるを得ない状況にあった。こうしたなかでの中国人を巻き込んだ映画作りは、語学に堪能な上、中国で留学と仕事両方の経験を持つ川喜多にしか容易に出来るものではなかったはずだ。こうした先天的条件に国際的センスをもった川喜多は、共同脚本家として張迷生《ちょうめいせい》[13]を起用し、[14]日本在住の江文也《こうぶんや》[15]に音楽を担当させて、主役の全員を中国人に演じさせるという、かなり用意周到な決断を下したのである。[16]国内の大陸映画におけるステレオタイプの中国人の表象に対する警戒ばかりではなく、もとより世界を舞台にしてきた彼にあって、たとえば中国人を演じる日本人とか日本語を喋る中国人像などはもってのほかであったのであろう。

ところが、川喜多の大陸映画の理念を端的に示したこの『東洋平和の道』は、完成後、北京の光陸劇場で公開されたが、[17]すこぶる評判が悪かったという。そして日本国内でも、「最も想像力の貧困な人間の展開した筋みちとしか受けとれない。〔中略〕ストーリーが、あまりに粗雑である[18]」とか、「新興支那は、風土と若干の史跡とやっと見付けたモデルを提供したばかりである[19]」といった批評に見られるように、風物としての大陸、中国人の表象のどちらも中途半端な出来栄えと見なされ、総じて不評だった。ただ一点、恋愛を取り扱わなかったことで、まだ「見るに耐えられる作品だ[20]」と言われたのが、唯一評価されたところだろう。

では、興行の失敗はともかくとして、評論家の間でも評判が芳ばしくないのはなぜだろうか。一連の批評文をまとめて一読すれば、実はこの作品を皮切りに、大陸映画のあり方を議論する人が多く出てきており、当作品の果たした先駆的役割は否定しないものの、出来栄えとその製作姿勢に対しては容認できないとする批評があったことが分かる。

例えば、滋野辰彦は「『東洋平和の道』が今後必ず日本映画の進むべき方向である大陸を扱ひ、敢然と日華合同の製作を完成したことは、今後に重大な意義を残すであらうし、たとへ作品は無残な失敗に終わっても、日本映画の貴重な捨石となるだろう」と、ひとまず作品の持つ意義を肯定しつつも、しかし「支那事変の意義に対する認識の無定見」、「支那人をこのように卑俗に描くことに、製作者の現在の日本と支那及び政治的状態に対する見解の浅さ」が現われており、それは「支那事変と日本の大陸政策に対するいはば最も安価な認識を代表している[21]」と批判している。

より厳しい反応を示したのが北川冬彦だった。彼は「東和商事の『東洋平和の道』は惨めな作品であった」と一笑に付し、「日本の立場から作られたなら、これほどの失敗は喫しなかったらう。ところがこの作は支那の立場に立っている」と、明らかに製作方式を非難し、「惨めな作品」になった原因は製作者側にあると言う。そして『上海』や『五人の斥候兵』と比較しつつ、北川は「不消化なイデオロギーを背負ふのは、この種映画の通弊だ[22]」と皮肉ってみせたのである。

「安価な認識」にせよ、「不消化なイデオロギー」にせよ、具体的に何を指しているのだろうか。引き続き北川冬彦の見解を読み解いてみよう。「シナリオは支那人ぢゃなくても、日本人が書いてもいいシナリオができたと思ふ[23]」と彼は言う。つまり、日本映画のはずだった当作品の製作陣に中国人を入れたことに対して、北川は気に入らなかったようである。同様に、滋野もまた「日本人の俳優を連れて行ってやらした方がいい[24]」と語り、北川の苦言に同調する発言をしている。二人の述べた見解は、おそらく作品評以前の問題であり、つまるところ『東洋平和の道』の製作姿勢を快く思わず、川喜多が率先して示した大陸映画製作の主体性に疑念を抱いていたのではなかろうか。

このように、時局便乗の大陸映画がさんざん非難されるなか、国策を明瞭に念頭において作られた『東洋平和の道』も、結局「見解の浅さ」だの、「安価な認識」だのと、前者と同列に論じられる結果を招いてしまっていた。この事実は占領区における大陸映画製作がその出発の時点から、国内とかなり食い違いがあったことを物語っている。どちら側を主体にして映画を作るべきかという上述の議論に見られるように、中国人を主体にすべきだという川喜多の考案は、「日中提携」の大義に順応しているにもかかわらず、同業者から猛烈な攻撃を受けたのである。メロドラマの日中恋愛や結婚に危惧する人がいたのと同様、日本人の表象を丸ごと排除したような大陸映画を受け入れがたいと思った人は多く、同文同種と「日支提携」に潜在するエスニシティとナショナリティとの複雑な問題は、このように最初から大陸での映画製作に付き纏い、川喜多の雄心を阻んでいたと考えられよう。

では、川喜多の肩を持つような意見は完全になかったのかと言えば、そうでもなかった。例えば、上述の合評会では、まもなく到来する映画法の制定に反対の意志を表明することになる岩崎昶が、非常に興味深い発言をしていた。対談中、岩崎は「支那の俳優をつかって支那語でトーキーを拵へるといふことの方が一般にいいことは勿論だ」、「大きな立場からいって本当の日支親善の方向に行って居ると思ふ[25]」と語り、北川らと真っ向から対立して、川喜多の製作姿勢を擁護したのである。

さらに、そのまま記録映画を作った方がましだとか、「下手に『大地』の真似をした[26]」とかいう風景論が交わされる中で、岩崎昶は、日本の代弁者と抗日思想の持ち主との論争を調和するために、二人を諭す老人を登場させたラスト・シーンを分析してみせる。老人の説得対象、抗日救国思想を代表する青年について、岩崎は「ああいう人物を登場さしたことはなかなかいいが、併し、あれが結局簡単に片付けられて了たといふことが、この映画の一番大きな失敗だ」と述べ、「これは実は六カ敷いことで、一本二本の映画でそこまで解決しろといふのは無理に違いない」[27]と語る。それまでの岩崎の思想的脈絡を敷衍して考えれば、おそらく中国人の抗日心情と戦争の現実を隠蔽してはならないという思いから、彼は『東洋平和の道』を弁護したのであり、彼にとって、むしろ当作品の製作方式こそが、抗日を続ける多くの中国人に接近できる最良の方法だと考えていたに違いない。

ここで筆者が強調したいのは、盧溝橋事件の真意を訴えようとする関係者の意図に反して、川喜多の大陸映画構想の独自性が国内の多くの同業者に理解してもらえなかったことである。中華電影が設立された後にも、大陸映画製作にまつわる議論が続けられていくが、ことの発端はこの『東洋平和の道』であり、後述の、孤島期から占領期へと続く川喜多政策への反発も、『東洋平和の道』をめぐる論争の延長線上の一部だったという位置づけをしてもよかろう。

ここから分かるように、大陸映画のあり方に関する論議は終始一枚岩ではなく、映画における「日中提携」に対する理解は、少なくともこの段階においては統一されてはいなかった。また以上の諸論調の検証を通して気付かされる興味深い事実は、『東洋平和の道』の製作理念をめぐって、岩崎と川喜多との思惑が合致し、ともに少数派であった二人だったが、翌年に実施された映画法に対しては、まるで正反対の立場に立ったことである。映画法に異議を唱えることで逮捕され、発言権まで奪われる破目になった岩崎だが、川喜多は映画法賛成の実績が軍部に見込まれて中華電影を設立する大任を任されたのである。歴史の激流に身を任せるか、それに逆らうかによってその後の運命がまるで雲泥の差になったわけだ。この一例からも「対支映画政策」と大陸映画製作に内包する問題の複雑性を思い知らされることだろう。

ともあれ、『東洋平和の道』を皮切りに、華北では大陸映画製作が始動した。ここですこし満州の映画の動向にまで視野を広げて見よう。満映の娯民映画こと劇映画の撮影は一九三八年に始められ、最初の九本がこの年に製作されている。[28]九本とも脚本と俳優に中国人を起用、監督と撮影に日本人を使った。満映の初期製作の形態は川喜多のそれと期せずして一致していたのであり、一九三八年という時点で、川喜多の考えは満映の製作方針とそれほど違わなかったとも言える。

だが、後に満映は自社の作品が中国の観客に受け入れられないことに悩まされ、監督も含めて製作スタッフになるべく中国人を起用するように方針転換を図った。他方、『東洋平和の道』が国内で反感を招いたと知りつつも、中華電影を設立した後も、川喜多は劇映画製作を中国人に任せ、日本人スタッフには文化映画しか撮らせないという、さらに一歩進んだ政策を実行し始めることになる。言うまでもないが、川喜多にとっての新天地は上海であり、大陸映画を羽ばたかせていく希望を託した中華電影だった。また日本人の誰よりも上海を熟知していた川喜多は、「内地」において、様々な上海の表象、たとえば、『支那の夜』、『上海の月』(29)などが次々と産出されていることももちろんよく知っていた。しかし、それでも彼は上海製の中国映画——孤島期から綿々と続いてきた中国人製作の映画——に拘ったのである。いったい何が彼をそうさせたのだろうか。『新しき土』の二の舞を踏みたくないという思いがあったほか、やはり、『東洋平和の道』の体験を抜きにしては彼の方針を解析できないだろう。『東洋平和の道』によって喫した苦杯を戒めとして銘記したからこそ、川喜多はしばらく日中合作の路線を諦めたのではないかと考えられるのである。

これまで日本国内や川喜多の動向を検証してきたが、その一方で、これまでの研究で看過され、ほとんど言及されもしなかった中国側の動向を見る必要もあろう。とりわけ盧溝橋事件の直後だけに、張迷生らの中国人は、いったいどんな思いを抱いて『東洋平和の道』の製作に関わったのだろうか。次に当時の文献に沿ってその解明を試みてみたい。

当時、撮影のために、張迷生をはじめ、主演俳優の白光《はくこう》、徐聡《じょそう》、仲秋芳《ちゅうしゅうほう》ら一行が日本を訪問していた。『日本映画』誌は彼らに取材するために「支那映画俳優女優を囲んで」と題する座談会を開催している。その時張迷生らはいったい何を語ったのか、この座談会の記録にしたがって見てみよう。

座談会に出席した中国人は張迷生を含む七人だった。主催側の質問に張が代表して答えるような形で進められた。

張を除いて日本語が話せないためか、その他の六人はあまり発言しなかったようである。

張迷生は『東洋平和の道』の脚本作りに参与しただけでなく、ロケ撮影に場所を提供するなど[30]、作品の製作や撮影の進行に関わったことはほぼ間違いない。日本占領下の北京において、周作人ら一部の文化人が傀儡政権に職を奉じ、「対日協力」行為をしたのと同様の観点から、張迷生のこの行動を断罪するのは容易である。しかしそれよりはるかに難しいのは、彼等がどうして協力行為を回避しなかったのかを解析することだろう。ここで筆者はあくまでも本人の言論に寄り添いながら、張迷生の言葉にその思想的根拠を見出すことに努める。

座談会を一読してまず感じるのは、張迷生らが発言する際の慎重さである。例えば、ロケ撮影に同行した東和商事の青山唯一[31]は、人種問題を持ち出して『大地』を論じ、「白色人種の書いた支那映画を見て感心したりなんか非常に馬鹿げた話だと思ふ、これは本当に支那をよく知っていなかったからで矢張り黄色人種同士でもっと突っ込んで行ってお互ひに知り合はなければならぬと云うことを今度初めて深く感じたわけです[32]」と語ったが、張は逆に一歩引いて「日本と支那の両国は地理的には近いが余り深入りして一般には交わっていないのですね」と距離を置くように答えている。また雑誌の記者は「『東洋平和の道』は今度の事変の精神やいろんなことを取り入れて居るのだらうがと思ひますが、おや

「支那映画俳優女優を囲んで」(『日本映画』1938年4月号より)

りになっている方々の気持ちを事変と結びつけてお話願へば結構ですが」と中国側の発言を求めたが、張は「さういう話は難しくなります……」とお茶を濁している。記者がさらに問い詰めると、張は「皆んなに訊いてみませう」と徹底して明確な答えを避けたのだった。そして、彼の代わりに答えた女優の白光も「あまり問題がややこしいので別にこれといふ感想も申し上げることが出来ませんわ[33]」と、一言コメントをしただけである。事変の意義を中国人の口から聞こうとしてまるで誘導尋問のように出された質問は、このように張迷生らにかわされ、婉曲に拒否されたのであった。

出演者はともかく、張迷生はどのような経緯で映画製作に参加したのかについて、交渉の詳細を考証できるような資料はないが、この座談会の終盤に、張が日本文化を中国に紹介する重要さを繰り返し強調したあたりからは、日本への留学経験者だった彼の心情を察知できなくもない。映画を通して悲惨な戦争を終わらせようとした気持ちが彼の中にあり、そうした思惑が中国の事情に明るい川喜多の心情と通じ合ったのだろうか。

ただ日本への留学を経て日本文学を翻訳し日本語を教授する立場にいる張迷生が、中国に愛着を感じる川喜多と似たような経歴を持っていたとはいえ、結局のところは、対峙する立場に立たされていたことを忘れてはならない。お互いの立場の複雑さから生じるこのような不条理さを、張は懸命に文化のレベルで整理しようとしたのではなかろうか。つまり、彼が延々と文化ばかりを語ったのは、眼前の戦時ポリティクスを単純に文化論に持っていき、双方の緩和を図ろうとしたかのように見えるのである。例えば、「事変前に北京なんかも抗日政策一点張りでしたが」という出席者一人の発言に対して、彼は「それは文化的には抗日と云ふことは考えられない[34]」ときっぱりと否定したところからも、その心理状態を垣間見ることができるだろう。

張迷生の披露した文化論は、前述の「隣邦支那大陸の自然、人情、風俗を日本国民に」理解させるという製作者側の期待する第一の目的と図らずも合致していた。両国民が文化レベルでの相互理解を深めていけば、戦争の終結に繋がるだろうと望むのは、日本文化に造詣の深い張迷生ならではの発想ではないか。しかしもっと言えば一概には言えなくとも、これは張迷生のみならず、「対日協力」行為をとった文人たちの行動を支える思想の一つの側面だったとも言えないだろうか。

一九三七年以降、日本から大陸に赴き、そのまま大陸に居残ったために、解放後の反右派闘争や文化大革命においては「対日協力者」という過去が度々問われ、文革後ついに病魔に命を奪われた江文也に対して、戦後、台湾に渡った張迷生こと張我軍に対する後世の評価はやや複雑だったようだ。ただここで張我軍の責任問題を云々するのは、筆者の意図ではない。そうではなく、これまでのように、抗日か親日か、協力か抵抗かという二項対立の方法論によっては、『東洋平和の道』における張の参与を明確に解析できないことを強調したいだけだ。非占領区（解放区、国統区）に移動した人はともかく、占領下に身を置いた文化人、とりわけ日本と縁の深かった文化人にとっては、日本の侵略への抵抗と個人的な体験における「親日」が同居し、それが彼らを苦しめ続けたと解釈できないだろうか。ひとり張迷生のみならず、後述する張善琨がより顕著な一例となるだろう。だからこそ、今日の時点に立って事後的に断罪するより、歴史の文脈に沿って一つ一つの言動の根拠を見据えつつ解析することが、より大切ではないかと思う。

2　北京へのまなざしと京劇映画

『東洋平和の道』が撮影されている間に、華北を訪れた日本の映画人がにわかに増えたことは、前述の通りだ。しかし、一見熱気あふれたような視察には最初から不安の要素が顕在していた。例えば、増谷達之輔は「北支映画視察談議」の中で、自分の見てきた北京を「彼の地の映画界の凡ての事情が内地で想像し、予定していた処とは余り懸け離れて期待に反していること」[35]と語り、憂慮の念を吐露している。彼が言う「期待に反した」というのは、物質と精神の両面を意味するだろうが、何よりも日本国内と異なり、映画を上映させる施設が北京にあまりない上に、映画を見る観客も少ないことが、難題だったようである。一九三八年前後、豪華な映画館がずらりと並ぶ上海と違って、北京には映画館が全部で一一館しかなく、租界のある天津よりも少なかった。しかも、映画館はいずれも東京の場末の映画館に等しいものばかりで[36]、日本映画を放映できる専門館と言えば、華北区域では、北京には皆無で、天津に一館、青島に一館しかなかったという有様だった[37]。つまり、製作と配給体制がともに不備な北京において、観客を招致できるような映画をいかに製作し、どんなルートによって上映すべきなのかが、ここで映画の仕事を開始しようとするすべての人にとっては避けて通れない大問題だったのである。

もしも『東洋平和の道』が華北で成功の道を切り開くことができたのならば、事態はもうすこし違う方向に動いていったかもしれないが、当作品の興行的失敗と不評は、華北で映画工作の局面を打開しようとしていた人々に警鐘を鳴らすことになった。そのためか、新民会が展開してきた映画工作を受け継ぐ形で創立された華北電影は、一九四一年まで文化映画の製作に専念する一方、文化映画の巡回映写を行いながら、華北地域、特に農村地帯の人心を摑むことを企図するところから、スタートしたのだった。

文化映画製作を進めるために、華北電影は日本国内ですでに大陸映画製作に実績のある人材を吸収し、その製作に充てることにした。『東洋平和の道』を撮った後、満映滞在を経て華北電影の専属になった鈴木重吉も、その一人であった。しばらく文化映画監督に転身した鈴木は、相次いで『感激一文字山』(一九四〇)、『我們的公路』(一九四〇)、『胡同』(一九四一)、『棉花』(一九四一)を撮っている。また、『大陸の花嫁』を撮った大都の吉村操が華北電影に招かれて[38]『模範郷日』(一九四一)、『中国遊芸大会』(一九四一)、『快楽的朋友』(一九四一)を作ったのも一例である。

そうしたなかで、華北電影はいよいよ京劇の映画化に踏み切ろうとしたのである。モダニズムを謳歌する上海と対抗するには、北京の特色を活かすしかない。その特色とは言うまでもなく北京の伝統的文化であり、京劇であった。当時、様々な人々の書き綴った北京訪問記はほぼ例外なく京劇について記述しており、華北電影の京劇映画製作の動機が裏付けられる。

飯島正の「北京の演劇[39]」が代表するように、これらの記事は、一様に「京劇と支那映画[40]」との関係性を力説し、

「芝居の北京[41]」というイメージを定着させることに一役買っていた。ここで大陸都市三部作[42]の最終章として撮られたドキュメンタリー『北京』(東宝、亀井文夫、一九三八)を想起しよう。同じ北京を舞台にし、酷評された『東洋平和の道』とはまるきり対照的に、『北京』は「美しい北京案内記[43]」と称され、中でも「戦塵のなか、立ち上がった支那大陸の豊艶な地肌を感ずる[44]」という、まるで北京を女性として形容するような宣伝文句さえもあった。人々に陶酔感に浸らせるこの『北京』のなかにはまさしく京劇舞台を捉える場面があり、「歌舞伎との相似を発見する」ことで、当作品は京劇の存在を観客の脳裏に視覚的イメージとして焼き付け、多くの印刷物との相乗効果でもって京劇の北京を定着させたのだった。

さらに、文学やその他の芸術分野へと視野を広げてみれば、北京の旅から着想を得たという阿部知二の小説『北京』が一九三八年に刊行、村上知行の『古き支那　新しき支那』の全編が細緻に北京を描出し、さらには洋画家梅原龍三郎が濃厚な筆致で『雲中天壇』(一九三九)、『紫禁城』(一九四〇)、『北京秋天』(一九四二)を相次いで創作したのも、一九三八年以降からだった。北京をめぐるこうした一連の文学や芸術創作に見られるように、事変後、北京ブームともいうべき現象が日本に起り、事変前まではもっぱら上海に釘付けになっていた日本人の熱い視線は、占領に伴って北京に転移するようになったことが明らかである。華やかでモダンな雰囲気を漂わす上海と比べて、名所旧跡が散在し伝統文化の色に染められた北京は、日本人にとって異国情緒溢れる都市として上海とコントラストを成すものだった。その異国情緒を成す主な要素とは、『北京』や『東洋平和の道』の映像によって視覚的に伝えられる名所旧跡の数々のほか、伝統演劇の京劇がその一つに数えられるといっていい。

京劇がいかに北京庶民の日常生活に浸透しているのかについては、いくつかの記事が詳細に述べている。例えば、脚本家の池田忠雄は「北京かけ足[45]」で京劇観劇の体験を記述し、時代劇シナリオの名手である八《や》尋《ひろ》不《ふ》二《じ》は「支那人が芝居を愛する事」を例に、「私のやうな、時代映画の作家の眼で見ると、恐らく北京ほど恵まれた所はあるまいと思はれる」と言い、「そのポピュラーな当たり狂言をどしどし映画化すればいい[46]」と、提案もしたほどだった。誰しも一度北京に滞在すれば、たちまち京劇に魅かれるほどだったのである。

だが、京劇と庶民生活との密接な関係や、京劇に対する日本人の好奇心を知りながらも、華北電影がすぐに京劇の映画化を実施しなかったのは、京劇の特質はそれほど簡単に摑めるものではなかったからであり、またいくらそのよさを活かそうと思っても、北京京劇界の協力がなければ、到底実現できそうもない夢でしかないことを認識していたからだろう。それゆえ、先に述べたように、京劇に関する言説がしばしば文字メディアに満ち溢れてはいたものの、その本格的映画化は、太平洋戦争開戦後の映画統制が実施するまで待たなければならなかったのである。

その実現はやはり開戦後になってからだった。一九四二年六月、華北電影の第一回京劇映画『孔雀東南飛』は、この年に設立された華北電影の提携会社である燕京影片公司[47]によって製作されたものである。これを皮切りに、九月に『御碑亭』、一一月に『盤絲洞』がそれぞれ完成、続いて翌年三月に『十三妹』、六月に『紅線伝』が相継いで製作された[48]。

けれども、華北電影が京劇の映画化を実施したのは、ただ単に京劇好きとか、異文化への好奇心によるものではなく、また異国情緒を日本人に伝えるためでもなく、占領下の民心を摑むという、より重要な使命を果たすためであった。華北電影の指導層が京劇の映画化を歴然たる映画工作の一環として推し進め、文化映画を京劇映画と結び付けさせるべく、大陸映画の配給の一本化を図ろうとした意図は次の言説を通して確認できるだろう。

華北電影の専務理事北村三郎は「華北一億の民心を摑まん！」と題する談話で次のように述べている。


この〈京劇映画〉を観に来た大衆には、同時にニュース映画を観せることが出来るので、私のニュース政策は、〈京劇映画〉を得て、更らに、その収穫は拡大された訳であります[49]。

また、奥田久司は「上海の映画は華北に於いても頻りに上映せられ、ある種の階層の間には多大な支持と人気を得ている」という現象に不快感を覚え、京劇映画の製作に乗り出した華北電影の思惑を次のように明瞭に説明している。

これらの京劇映画は如何なる意図の下に企画せられたかと言へば、其の目的は、中国民衆に対し、中国の伝統文化に立脚せる健全娯楽映画を提供すること。従来の映画に親しまざる新観客層を開拓して彼等を映画に吸引すること。大体以上の二点に要約することが出来る。(50)

二人の言葉に沿って言えば、つまり、京劇映画を作れば一石二鳥の効果を期待できるということだ。一つは、プロパガンダとしての文化映画とセットにして中国民衆に提供することが出来るということ。いま一つは上海映画に夢中になっていた観客を奪回できるということであろう。

『東洋平和の道』は北京で失敗を蒙ったが、大陸映画の斬新なジャンルとして生まれた京劇映画は、北京のみならず、華北以外の地域においても、また日本国内においても、おおよそ好意的に迎えられた。また日中合作の『東洋平和の道』の教訓が活かされたのか、京劇の映画化に際して、華北電影は日本人のスタッフを一人も参与させない、いわゆる「提携」という形式をとったのである。結局、このようなやり方によって、日本に対する観客の抵抗感が軽減され、興行的な成功につながった(51)と考えられる。

一九四一年以降、映画製作の方式や映画の表象をめぐり、日本人主体論が次第に消えつつあり、京劇映画化の製作方式を咎めるような声はなかったようだ。それは太平洋戦争開戦後、映画言説がうまい具合に東洋人対欧米人という「大東亜共栄圏」的な人種言説に合流しえたからだ。振り返ってみれば、『東洋平和の道』で躓いたとはいえ、その時の川喜多の言動にも意外にも「大東亜共栄圏」思想を予言するような要素があり、映画法実行の前段階でみずから賛同の意思を表していたのと同様、ここでも彼は国策を先取りしていたことを付け加えておこう。

いずれにせよ、華北において、『東洋平和の道』を起点に発生した、大陸映画の製作形態が次第に修正されていくのにつれて、その配給と上映はより緊密に日本国内の統制に収められていったのである。この一元化によって、日本映画は次第に中国映画に介入することになり、日中映画は配給の面においても関係を深め、およそ分けることのできない歴史的時空間を持つようになる。ただしこのことに関しては、やはり華北より上海の方がより顕著であった。上海において占領側と被占領側がいかに同一の映画史的時空間を共有していったのかを以下で検証しよう。

3　上海——二重構造の中華電影

『東洋平和の道』が完成されてまもなく、中華電影設立という軍部の依頼を受諾し、川喜多長政は上海に赴いた。中華電影の新設により、一九三九年頃から日本人の中国映画に関する活動は、ふたたび上海へと移動することになる。

一九三七年の第二次上海事変は、上海の市街区に大きな戦争の傷跡を残した。そのようななかで、銃撃戦や砲撃によって多くの撮影所が全壊か半壊し、かつてない深刻な打撃を受けた映画界は、麻痺状態に陥ったのである。南下した一部の映画人を除いて、残留組は民衆に混じって我先にと租界に逃げ込むしかなかった。ようやく戦事が鎮まった翌年の前半に、新華影業公司(以下、新華と略)は社長張善琨の指揮下で、一足早く租界で映画製作を再開させている。新華が幾つかの低予算の作品を経て手掛けた時代劇の大作『貂蟬』(卜万蒼、一九三八)が孤島と化した租界で興行的な成功を収め、この快挙に刺激される形で、孤島ではたちまち時代劇映画の製作ブームが隆起した。中でも新華が『貂蟬』の次に製作した『木蘭従軍』(卜万蒼、一九三九)は、興行成績を塗り替え、租界で一大センセーションを引き起こしたのだった。『木蘭従軍』は第七章で詳述するとして、ここでは孤島期の映画の情勢を簡単に説明しておこう。

当時、大手会社の新華以外に、芸華影業公司(略称、芸華)、国華影業公司(略称、国華)があったほか、華新、光明、五星、明華、星光、天声など、規模の小さな会社も次第に映画製作を再開させていった。会社の大小を問わず、互いに競争して作られた数々の映画は、戦乱直後しばらく沈滞した上海の映画マーケットに再び活気をもたらしたのである。製作数から言えば、新華は一九四一年の年末まで四〇本ほども製作、本数の一番多い新華に続き、芸華は一五本、国華は一三本、それぞれ世に送り出したとされる[52]。主要三社に限っていうと、『貂蟬』以降、時代劇製作が中心になったようだ。『木蘭従軍』、『明末遺恨』(新華、陳翼青、一九三九)、『岳飛精忠報国』(新華、呉永剛、一九四〇)などに代表されるように、「借古諷今」(昔のことに託して現代を諷刺する)の作品もあれば、『白蛇伝』(新華、楊小仲、一九三九)、『三笑』(芸華、岳楓、一九四〇)、『孟姜女』(国華、呉村、一九三九)のような古典戯曲の映画化もあった。これらの作品は形式的に復古の形をとったが、実際は、現実逃避と「借古諷今」を混在させた、いずれも映画人の内心に潜む不安と抵抗を屈折した形によって表現したものだった。

川喜多が中華電影の責任者として上海の土を踏んだのは、ちょうど『木蘭従軍』が孤島でマスコミの話題をさらい、前述のように、時代劇が最盛期を迎えた最中だった。しかし、新民会の基礎を受け継いだ華北電影と違って、中華電影は無からのスタートであり、設立当初は、いかに既成の中国映画の製作体制と交渉するか、という問題に直面していたのである。

華北電影と同様、傀儡政権こと「中華民国維新政府[53]」の出資もある中華電影は、名義的には日中共同経営の会社であった。会社が発足した時点から傀儡政権が関わっており、指導部のポストに就いたのも日中両国の関係者だった[54]。『東洋平和の道』への中国人の参与がまだ個人的行為に留まっていたと見るならば、ここに至って傀儡政権が名目上参入したことで、形式的には「日中提携」の政治体制は、ついに上海における映画製作をも取り込むことになったといえる。

とはいえ、「日中提携」と称したこの会社は、いくら日中双方を共に指導部の人事に配する体制だからといっても、両者の関係は決して対等なものではなかった。ただ、上海の場合、少なくとも太平洋戦争開戦までは、日本の占領下に完全におかれた北京と違って、日本の包囲圏の中にありながらも、その干渉をあまり受けず、ある程度自由に発言できる非占領区の租界が残っていた。このような特殊な地理的要素と政治地図は、設立当時の中華電影のあり方に決定的な影響を及ぼしたことをまず念頭におくべきだろう。

したがって、従来の一部の研究が使用する単層的な捉え方では、中華電影の実態を解析しきれないことは明白である。というのも、組織体制が二重に出来ていたがために、中華電影の内部構造に着目しつつ、日中双方の言論を検証する必要があるからだ。したがって、対等ではない関係者の間に見解上の相違があり、何らかの矛盾を抱え込んでいたのであれば、それがどのような形で現れたのか、両者の思惑の食い違いが映画製作にどのように働き、またどのような結果を招いたのかを順次明らかにしていくべきであろう。

ここから出発するのであれば、中華電影の設立当初、日中関係者のそれぞれの言論に、様々な齟齬を見出すのはさほど困難なことではない。

例えば、川喜多は中華電影の抱負を次のように語っている。

> 事変に依って機構と資源を破壊された中国映画界の現状を出来る限り、日支国交の調整の如く恢復せしめ、日、支を打って一丸となした映画市場の建設であり、映画企業の合弁を為すことであった。これこそ、我々映画人が支那事変に際会して為し得る国策的使命の一つであり、斯くしてこそ日本映画界の海外進展を為す最初の階梯とも為り得る。(55)

新聞編集部が「ぜひ川喜多長政氏及社長の原稿と併せて読んで頂きたい」と推薦し、上述の川喜多の文章と同じ紙面に掲載された、傀儡政権教育部の徐公美(56)の書いた「新中国の映画政策―東亜新秩序建設と伝統的欧米圧力への反撃」を、ここで川喜多のそれと比較しつつ検証してみよう。

徐は「両国文化の互助提携」「不遇なりし映画の価値」「欧米圧力蘇生せよ」「東亜新秩序の建設を目標」といった小見出しを配して自論を進めたが、日本側の文部省政務次官が「映画による日支親善の重要性」を「新支那に対する文化工作、それは支那自身に行ふと共に日本もなおそれに対して協力することは大大的に行はなくてはならない」と解釈したのに対して、徐は以下のように強調したのだった。

這様に説明するのは勿論適当であるが、私は道義的日本の為に考へれば、更にこの場合に於て、進んで新中国の映画に対しては須らく経済的支援と技術的補助とを要へ、新中国の映画は日本との提携によって、其の成長することは必ず予言すべきである。(57)

これを読んで分かるように、日本映画の海外進出、特に占領地への進出を図ろうとした川喜多と、傀儡政権を通して中国に関与する文化工作の展開を中心に考える文部省の役人との言葉の微妙なニュアンスはさておき、徐公美は婉曲な形で日本に向けて、中国映画への経済的・技術的援助を要求していたのである。注意すべきは、徐の言う援助とは、経済と技術だけに限定されていたことである。それはつまり、市街戦によって破壊された映画製作の基盤を再建させ、経済的、技術的に援助してほしい、という心情に基づく発言だったと推測できる。その後、日本国内において劇映画用のフィルムなどの機材が欠乏ゆえに制限されるようになった時でも、(58)川喜多がフィルムを中国側に提供し続けたのは、徐の要求に応えるためだったと思われる。後述することになるが、中聯に入り、後に華影入りを余儀なくされた多くの中国映画人の言動を検証しても、大半の人は技術や経済の援助だけを受ける姿勢を堅持していた。言ってみれば、華影に吸収されるまで「日支合作」の作品を一本も撮らなかった中聯の人々は、この初心を忘れることなく、占領下という悪条件のなかでも頑なに譲れないプライドを守りぬいたのであり、また川喜多にしても、文化工作をスムーズに進めたい一心で、国内からの非難を無視してまで、やはり初心を全うしたのだと指摘しておこう。

あらためて強調すべきは、後に汪精衛の南京国民政府の外交部長を務めることになる褚民誼《ちょみんぎ》が(59)中華電影董事長(代表取締役)の座に就いたとはいえ、傀儡政権と日本との従属関係がそのまま中華電影の組織にも反映されたことである。褚民誼の董事長は一種の名誉職に過ぎず、会社の実権は副董事長の川喜多長政に握られていたとされる[60]。川喜多に関しては、すでに第三章に続き、本章でも多く言及してきたので贅言するまでもないが、彼は軍部の要請をしぶしぶ受け入れたとはいえ、それまで二度も破れた中国の夢を中華電影に託して実現させようとした意志がないわけでもなかった。他方では、被占領側にとっては、戦争によって破壊された中国映画の再建を占領側の協力に求めようとする、苦肉の策とはいえ、いかにも矛盾とも言える思惑がなくもなかっただろう。ある意味では、まさに双方のこのような複雑な思惑を繋ぐ組織として、中華電影は機能していたとも考えられる。

ただささきほど引用した川喜多の文章の、中華電影のあり方について述べるくだりをみれば、別の側面も垣間見える。そこで川喜多は、日本を優位に置くような表現を敢えて使用せず、逆に結びの部分で「この会社は国策会社とは謂へ株式会社である以上、社の経済状態や営業方針は出来得る限り公開して、其内容を徹底させることにして行きたい。さうして、支那大陸に於ける市場をより大きく開拓し、そこに東亜独特の国際映画を現出せしむることが我々に与へられた大きな使命である[61]」と説明している。その上で、依然として上海の映画市場を占領し続ける欧米映画に言及するのだが、その際「欧米映画は自由制で」と主張するのである。「自由制」と言ったのは、上海に多数ある欧米映画の支社や出張所の配給権をそのまま維持させ、いわば放任してもいいと認めたのに等しいだろう。中華電影自身が上海の映画市場を開拓することで、欧米映画と自由に競争できるよう成長を遂げるべきだということを川喜多は主張したのである。川喜多のこうした姿勢を、徐公美が文中で繰返し言った欧米映画勢力への追放という論調と比べれば、やはり映画ビジネスを考慮する前者の考え方の柔軟性が際立つだろう。「欧米との自由競争」を重視する川喜多のこの国際的感覚、そして何よりも映画ビジネスを優先させるような柔軟性こそが、その後孤島映画界のリーダー役の張善琨に「転向」を促した不可欠の要素だった[62]といってもよい。

すこし話を戻すと、中華電影がなぜ太平洋戦争の開戦まで、文化映画の製作、巡回上映と劇映画の配給を三本の柱として会社経営を続け、『東洋平和の道』のような日中合作映画を作ろうとしなかったのかについては、以上の経緯に沿って見れば、それは川喜多の熟慮断行にほかならなかったことが分かるだろう。とはいえ、川喜多がみずから決めたポリシーを固持したのは、二回もあった挫折に打ちのめされて、劇映画や合作映画の製作を諦めたことを決して意味しない。彼の残した発言を続いて確認しよう。川喜多自身の定めた計画によれば、中華電影の第一期は「国策的見地から支那事変処理に順応する諸方策を実行する」ことだったが、「第二期以後、会社の陣容の確立と情勢の推移に伴うて、中国映画の市場の指導と繁栄に乗出し、単に記録映画や宣伝映画の製作に終始することなく、一般映画の製作指導に着手、芸術映画、興行映画の振興を計る[63]」というものだった。つまり、孤島映画の配給権の獲得、文化映画、ニュース映画の製作、巡回映写の実行などは、あくまでも彼の考えた第一期の仕事であり、第二期に入るための準備に過ぎなかったのである。

4　中聯——現実からの逃避

では、川喜多の構想した第二期の計画は、いつ、どのように実現されたのだろうか。

先に述べたように、孤島期の時代劇映画の大半は「借古諷今」の手法を用いて、大衆に娯楽を提供するとともに、日本の占領への抵抗をも訴えるものだった。文学、戯曲など他分野にも波及した「借古諷今」は孤島文化ビジネスの景気にも刺激を与え、『木蘭従軍』の後も時代劇ブームが暫く続いた。繰り返すが、まさにこの「借古諷今」ブームが言論空間を賑わしていた最中に、中華電影が設立されたのである。ただその組織に傀儡政権の要人が名前を連ねていたものの、この時点における中華電影は孤島で奮戦する中国映画関係者とはなんら関連性がないばかりか、むしろ占領者対被占領者という対立する立場にあり、言ってみれば、両者は各々占領地域と非占領地域で対峙するように陣取っていたのである。

こうした対峙関係を熟知していたからこそ、川喜多は敢えて中華電影の本社を占領区域ではない共同租界に置き[64]、仕事を開始したのだった。中華電影の事務所を租界に入り込ませることで、そうした対峙関係を地理的なレベルで瓦解させ、中国映画の既成の体制と接触するための地理的条件をまず整えることが、意図されていたと思われる。

地盤をひとまず築いた上で、川喜多は、過去に抗日映画を製作し、今も「借古諷今」によって抵抗し続ける映画人の代表格である張善琨に照準を定めた。後に暗殺された劉吶鷗《りゅうとつおう》(65)の斡旋により、川喜多は張善琨と対面を果たし、秘密裏に会談を積み重ねている。張が次第に中国語に堪能な自分に対する警戒心を解いたのを見て、川喜多は孤島映画の配給権の獲得の件を持ちだし、次の具体的な条件を張に提示したようである。

一、日本軍の検閲は避けられないが、許可された作品について内容の改竄などは絶対に行わない。二、映画代金は前金で支払う。三、租界が孤島化した結果、輸入困難になった生フィルムその他の資材は日本から入手して供給する。(66)

撮影機材が乏しく経済的にも困窮の境遇に陥っていた孤島映画界にとって、以前から占領区域に配給できない状態を改善し、さらには作品の改竄をしないという条件までも付与されたことは、利点のみで損をしない条件だったはずだ。張が最終的に提示された条件を飲んだのは、重慶政府の承認を得たからだとされているが、これを証明できるような史料は入手していない。張善琨の夫人である童月娟《どうげつけん》の口述によると、張善琨に孤島上海に残るように勧めたのは、「中統」(中国国民党中央調査統計局、国民党の特務組織の一つ)の呉開先《ごかいせん》、蔣伯誠《しょうはくせい》と呉昭澍《ごしょうじゅ》たちだったという(67)。ただ、戦後、「漢奸」罪で問われた張が、重慶政府の工作員だったことを証明する資料が裁判所に提出されている(68)ことだけをここに付け加えておく。戦時中、張善琨本人の「対日協力」行為、あるいは「漢奸」をめぐる真相究明が本論の主旨ではないので、ここでは敢えて追究しないことにする。

だが、個人対個人の接触関係があったとしても、中聯が出来るまでは、上海映画界と中華電影の敵対関係が変わったわけではなかった。中聯の設立を促した、より決定的な契機が戦局の進展だったことは論をまたないだろう。太平洋戦争の直前、日本国内で映画新体制[69]、映画臨戦体制が相継いで発足し、さらに開戦後、日本軍の租界進駐によって孤島が消失してしまったという上海における政治地図のめまぐるしい変化が、上海映画界を極地にまで追い込んだものと言える。極言すれば、租界が日本軍に制圧され、身の安全を保障してくれる地盤までも奪われた中国映画関係者は、抵抗するどころか、日本の統制に拒否するのも困難な状況下におかれるようになったのだ。

日本軍が租界に進駐した当日の状況について、川喜多らが孤島映画界と交渉に行った時の当事者の一人である辻久一は、「租界進駐記」の中で細緻に記述している。それによると、一九四一年一二月八日の朝、川喜多、石川俊重[70]、辻の三人は「もっとも平和な手段によって、租界内の有力な支那映画製作者達を、日本側の統制下に置き、彼等の機構を一切破壊せず、内容を入れかへて、今のまま仕事を続けさせやうといふ企図の下に、それらのプロデューサー達と面会する[71]」ために、新華に行った。新華に到着した時に、辻はピストルをコートのポケットに隠し持つほど、両者の間には緊迫した空気が漂っていたという。このエピソードから分かるように、この日を境目に張善琨をはじめ、上海に居残った大多数の映画人は、中華電影に従属するほかに選択肢はなくなったのである。抗日を叫んでいた彼らがなぜ中華電影への協力に「転向」したのかと言えば、孤島の喪失、日本軍の進駐によってもたらされた政治勢力の変化が一番重要な要因だったことは、一目瞭然だろう。むろん、日本軍部、重慶の国民党、傀儡政権、共産党勢力など、錯綜した様々な力関係が相互に作用するなかで、中国通の川喜多とその身辺の尽力[72]が上海残留の映画人を「転向」に至らせた、種々雑多な要因の一つであったことも無視できない。

けれども、このように日本の監視下におかれ、組織上占領政策に屈した中聯は、果たして日本側の望んだ映画製作を行ったのだろうか。次にその製作の実態を明らかにし、中国側が本当の意味での協力をしたのかどうかを検証してみる。

一九四二年四月、新華、芸華、国華の三大映画会社を筆頭に、金星、合衆、美成、民華、光華、富華、華年、華美、

聯星など、あわせて一二の映画会社が統合されて中聯として立ち上がった。汪政権の宣伝部長である林柏生《りんはくせい》(73)が董事長になり、張善琨が総経理に就任することになった。指導部全員が中国人だった中で、川喜多は副董事長の任に就き中国側に信頼される唯一の日本人として中聯の指導部に名前を連ねたのである。孤島に事務所を構えたところからスタートした川喜多の願望がここに至って報われた一方で、個人的な関係に基づいた信頼と組織に対する監視という、二重の役割を川喜多は果さなければならなくなったのだ。かくして事態は川喜多が当初構想していた第二の段階にさらに一歩近づくことが出来たのである。

中聯の発足について、『映画旬報』は次のように報道している。

昨年十二月八日、大東亜戦争勃発に伴ふ我が軍の租界進駐と共に、これらの製作会社もまた、逸早く軍報道部並びに中華映画社の指導下に服するに至り、我が方の好意あるはからひによって、なほ引続きその自主的な製作を許されたが、打続く我が戦捷は彼等をして暫く英米依存の迷夢から醒まさせ、重慶政権の将来を見限らせて、ここに面目を改めての新発足を期することとなり、中華映画社と急速な歩み寄りの結果、遂に去る四月、同社と完全な意見の一致のもとに、中国側各製作会社の大同団結が成って、ここに中華聯合製片股份有限公司の設立を見るに至った。(74)

この報道記事からは中聯が発足した事実を確認できるほか、ここに至った経緯を想像するのも難しくない。「引続き自主的な製作を許された」云々という言葉を、租界で独自に製作を続けてきた中国の各映画会社が日本軍の進駐によって中華電影に服従することになったと、読み換えてもよかろう。したがって孤島における迂回戦術とも言える「借古諷今」式の製作も当然できなくなったのである。

一方、華北電影の京劇映画化は、北京の伝統文化を考慮したものだったが、孤島期上海の時代劇映画に対する民衆の歓迎ぶりに啓発されて生まれたものでもあった。だとすれば、占領側は、被占領側の、過酷な現実からの逃避と反抗心理を共に時代劇に託した方式を、大衆の心を摑むための映画工作に利用したと言っても過言ではない。さらにこれと同じ意味から言えば、中聯が創立後、時代劇(古装片)から現代劇(時装片)の製作へとがらりと方向を転換させたのも、たとえ「借古諷今」によってしても抗日意識を表明することが出来なくなったからにほかならない。監督の朱《しゅ》石麟《せきりん》が(75)『新影壇』主催の対談で語った言葉に、当時中聯にいた映画人の苦渋が滲み出ている。

> 製作に関しては中聯が設立された頃、政治や階級問題に関わる題材を誰もが撮る度胸はなかった……。要するに硬性のものに対して各自気をつけるほかなく、解決法のないなかで解決法を見つける形で、みんながラブストーリーへと迂回する以外、仕方はなかったのである(76)。

朱石麟が言ったように、中聯製作の第一回作品は、『椿姫』を中国劇に仕立てた先述の『蝴蝶夫人』(李萍倩、一九四二)をはじめ、『燕帰来』(張石川、一九四二)、『牡丹花下』(卜万蒼、一九四二)、『賣花女』(文逸民、一九四二)、『香衾春暖』(岳楓、一九四二)であり、いずれも現代劇の恋愛ドラマであった。このような動向に対しては、前述の清水晶の言葉に示されるように、中華電影側が国策にまだ程遠い中聯の製作指向に不満を持っていたとはいえ、その作品の「大体に於いてその赴くところ次第に往年の抗日の悪夢から遠ざかり、むしろ、スタア・システムによる商業主義に向かひつつあった(77)」傾向にひとまず安心し、中聯の誕生を素直に歓迎するのが大勢だった。

過去の人物の口を借りて発信した抵抗的なメッセージが恋愛メロドラマには含まれていないことに対する安堵感からか、日本国内のマスメディアは中聯の踏み出した第一歩を心置きなく評価したのである。当年の『映画年鑑』の記述を見てみよう。

［中聯］その質的な変貌については、情勢の熟するところ、なほ雄渾な国策映画の誕生には途遠いが、［中略］ヒステリックな抗日映画の昔を思ふとき、新会社中聯の志向を如実に示すものとして、まことに喜ばしいものがある。[78]

つまり、日本側にとって「ヒステリックな抗日映画」を無くすことが、孤島が堅持してきた「借古諷今」の抵抗精神を崩す第一歩だった。一九四二年という時点は、日本国内においては、不純な恋愛ものはもちろん、純粋な恋愛劇までもが[79]撮られなくなり、まして李香蘭主演の大陸メロドラマが引きあいに出されて罵倒されることが日常茶飯事だったのである。こうした国内の状況からすれば、中聯のメロドラマ路線への回帰を「喜ばしい」と言わざるを得ない背景には、やはり日本国内と中国、とりわけ上海映画界の複雑な事情があったことを見落すべきではないだろう。

5　「大東亜映画」の両義性――『博愛』と『萬世流芳』

一九四二年五月、日本の劇映画が租界へ進出したのに続き[80]、東宝舞踊隊が前後して上海、南京で公演[81]を行った。映画と舞踊を通して上海に上陸した日本文化は、占領という過酷な現実に目をつぶって、男女の感情的な縺れを描く作品をひたすら作る中聯に一石を投じ、その波紋は映画界に浸透したようである。たとえば、監督の方沛霖《ほうはいりん》は音楽映画『凌波仙子』（一九四三）の中で、東宝歌舞団の舞台をエピソードの一つとして取り入れ、次作『萬紫千紅』（一九四三）[82]において は、東宝歌舞団の出演を軸に、若い男女のロマンスをコミカルに描いた。当作品の終盤にヒロインが子供たちを連れて舞台に登場し難民救済の曲を延々と歌うシークエンスが『萬紫千紅』の見せ場を成している。

このように、一方では占領政策にサボタージュしつつ、もう一方では日本文化に敏感に反応するという両義的現象が中聯の製作に現れ、上海映画のモダニズムが東宝歌舞団の華やかさと遭遇する中で、日本文化が中国映画に浸透し始めたのである。

国策に呼応したとされる作品もついに誕生した。一九四二年後半から撮影を開始した大作『博愛』（張善琨・馬徐維邦・張石川等一一人、一九四三）と『萬世流芳』（張善琨・卜万蒼・楊小仲・馬徐維邦・朱石麟、一九四三）の二本が、それである。[83]

周知のように、従来のこの二作品に対する映画史的評価は、中国と日本とではまるで異なっている。これを「漢奸映画」と見なし中国映画史から丸ごと削除した『中国電影発展史』（程季華編著）がある一方、『中国電影史 1937—1945』（李道新著）はタブーとされてきたこの時期の映画を拾い上げて分析している。ただし、前者はともかくとして、後者は、膨大な資料を駆使した割に、その分析は基本的に従来の政治史の枠組みをふまえて行われており、国策映画か娯楽映画かという二元論の図式から脱出していないように思われる。例えば、『萬紫千紅』、『博愛』、『萬世流芳』、『狼火は上海に揚る』〔『春江遺恨』〕（稲垣浩・岳楓、一九四四）の四本を占領下の上海で製作された国策映画とする李の指摘を見れば、東宝歌舞団の出演を引用したことだけで、『萬紫千紅』を後の三本と同レベルで論じたことに疑問を感じずにいられない。また同書が満映の一連の作品を「直接的国策電影」と呼んだのに対し、『博愛』、『萬世流芳』、『狼火は上海に揚る』の三本を「間接的国策電影」と規定することに対して、異議を唱えるつもりは毛頭ないが、このような定義づけよりもより大切なのは製作の経緯の検証、作品の解析ではないかと考える。こうした問題意識に即して、この節と次節で上述の三本を順次取り上げることにする。[84]

『博愛』の製作開始については、中聯が国策に応える製作についに乗り出したものとして日本国内で報道されていた。しかしここでは国策映画かどうかは問題の核心ではない。日中双方の主張した国策の中味とはどんなものであり、そして製作側が国策に順応する姿勢を示しつつも、いかにその国策を攪乱したのか、ということを考証すべきだ。というのも、両国に流通していた当時の言説を対比することが重要であり、その対比によって当作品に対する両者の言い分の違いが鮮明に見えてくるからである。

フランス革命の名言「自由、平等、博愛」の一句をタイトルに使った『博愛』は、全部で一一話からなるオムニバス映画である。スター俳優が総出演し、中聯の主要な監督が一話ずつ担当した。「人類の愛」、「児童の愛」、「郷里の愛」、「同情の愛」、「子女の愛」、「兄弟の愛」、「互助の愛」、「夫婦の愛」、「朋友の愛」、「団体の愛」、「天倫の愛」というふうに、もろもろの物語をすべて「愛」によって繋げた作品である。

ところが、主題である「愛」に関して、例えば、『映画旬報』は「上海映画界特報」という専門欄で『博愛』と『萬世流芳』(85)の撮影状況を大きく報道し、この二作を「今夏大陸映画聯盟会議」の成果として持ち上げ(86)、なかんずく『博愛』の題名に言及した際に次のように解説している。

> 『博愛』といふ題名は、すこし漠然としていて、なほ多少控へ目な点がないでもないが、要するに、「和平建国」の理念、「全面和平」の理念に、大いに即応して、側面から援護宣伝をつとめようといふ意図を確実に表明している。(87)

このように、「愛」に関する概念の不明瞭さには多少不満を持つが、当作品を「援護宣伝」と称して肯定している点に注目したい。おそらくは愛を叫ぶことによって、占領下の上海にすでに平和が実現されたと見なし、これからは愛の気持ちを込めて「新中国」建設に励むように、と中国の観客への呼びかけを期待する意味で、『博愛』を「援護宣伝」と呼んだのだろう。

しかし、中聯は果たして「援護宣伝」のつもりで『博愛』を撮ったのだろうか。『中聯影訊』に掲載されている次の一節を見てみよう。

「我々はともに空の果てに落ちぶれている—難民問題を根本的に解決せよ［同是天涯淪落人—難民問題根本解決］」と題する短文の冒頭部分は、戦乱から上海に逃げ込んだ難民を助けようとしない一部の上海人の冷酷さを批判し、次のように呼びかけている。

我々は今日難民と同様に落ちぶれたものだと悟らなければならない。一時の平安を求めるのはどうして出来ようか。永遠に安静で平和だと誰が保障してくれるのだろうか。微力ながらも大同博愛の精神でもって難民の生活を助けて、この時代で共に戦うように尽力すべきだ。(88)

この頃、上海周辺の戦乱から上海に逃げ込んだ避難民の数が急増し、社会問題になりつつあったことはまぎれもない事実だった。このような不穏な社会状況に直面し、中聯側は傍観せずに同胞を助けるように、と上海市民に呼びかけたのだろう。だとすれば、この『博愛』に盛り込まれているのは、それまでの中国映画の伝統にある道徳的な教化要素であり、民衆を教化する作品として構想された、一種の美徳啓蒙作だったと考えられる。

とはいえ、孤島期の「借古諷今」と比べてみれば、『博愛』からは抗日の意思を読み取れないということで、「援護宣伝」と見なされたのも仕方はない。ただ決して見逃すべきでないのは、「全面和平」の理念に即応する「援護宣伝」と称した日本の報道とは逆に、「一時の平安」を求めるべきではないとか、「永遠に安静で平和だと誰が保障してくれるのだろうか」とかいう悲愴な表現であり、そこから製作者側の静かな闘志を感じ取れなくもない。少なくとも確実に言えるのは、中聯がやっと国策賛同の姿勢を見せ始めたとして『博愛』を位置付ける日本の言説とはうらはらに、当の製作側は明らかに戦禍を蒙った同胞への愛を託して作ったということである。比較して分かるように、当作品に託した両者の思惑が余りにもかけ離れていたことが、おのずと浮かびあがってきたはずだ。

開戦後、日本の映画専門誌は「共栄圏映画」という専門欄を設けた。この欄には満映、中聯、華北電影の作品紹介や批評が代わる代わる載せられた。国内の大陸映画が開戦を境目に「大東亜映画」の枠組みに組まれていくのと同様、中国の占領区で製作された大陸映画も共栄圏映画に取り込まれていく。したがってマスメディアが『博愛』を「大東亜共栄圏映画」の言説において論じるのは当然だったのである。しかし、上述の『中聯影訊』を読んだ限り、中聯側は「大東亜共栄圏映画」と銘打たれた作品に出来る限り同胞に向けて発したいメッセージを取り入れていたことに気づかされる。つまり、中華電影の監視下におかれても、彼らはその裂け目を潜り抜け、民衆に寄り添う姿勢を捨てなかったとは言えないだろうか。

国策という大義を利用する戦術は、『博愛』と同時に企画され、撮影が一年も要した『萬世流芳』(89)においては、さらなる展開を見せることになる。

周知のように、一九四二年は、ちょうど中国がアヘン戦争に敗れ、イギリスと南京条約を締結して一世紀にあたる年であった。フランス租界、共同租界のある上海において、人々は西洋から伝わった「近代」を享受する一方で、帝国主義のアジア進出の基盤を築き上げるために、上海が半植民地化されるのを余儀なくされたアヘン戦争の屈辱を決して忘れたのではなかった。むしろその記憶は眼前にある日本の占領によって喚起されたと考えられる。

したがって、かくも二重に織り込まれた占領に関する思いが映画に投影された場合、当然二重の意味合いが内包されることになっただろう。殊に孤島の映画人材をそのまま受け継いだ中聯が、「借古諷今」を復活させるべく、『萬世流芳』を考案するのは、順当な結果だったと言える。

だが、もう一方では、アヘン戦争における中国の敗戦により、東アジアにおける国家間の力関係が急速に変わり、それ以来日本は欧米への警戒心を抱き始めると同時に、アジアの領土に対する帝国主義的野望を台頭させつつあったのである。そうした背景下に満州事変、日中戦争、さらに「大東亜戦争」が立て続けに勃発したのだが、日本にとって、太平洋戦争の最中にアヘン戦争の百周年を迎える意義はことさら深く、「鬼畜英米」をアジアから駆逐するためにも、アヘン戦争は恰好の題材だったといっていい。『萬世流芳』とほぼ同じ頃に、『阿片戦争』(東宝、マキノ正博、一九四三)が作られたのも、太平洋戦争のプロパガンダとして、アヘン戦争を題材にした映画がいかに大いに期待されたのかを物語る一例であろう。

それゆえ、「漠然とした愛」の『博愛』と異なり、『萬世流芳』は日本国内で一様に賞賛されていた。例えば、『新映画』誌は『萬世流芳』を「大東亜映画の先駆」と称し、そこに「大東亜映画」のあるべき姿を見出したのである。

これからは、少なくともかうした国策映画に関する限り、上海映画でも、満映作品でもない、両者力を併せて、もっと雄大な規模と構想の、大陸映画へと羽ばたかなければ生けないといふ主旨のもとに、両者の提携が急速に進められ、かくして誕生したのが、この中国と満洲の最初の提携映画『萬世流芳』である。いってみれば、大東亜の映画人自ら手をとり合って、英米打倒、東亜共栄の理念に徹した。その意味で、これこそ、記念すべき大東亜映画の先駆である。(90)

『中聯影訊』特刊に掲載された『萬世流芳』

けれども、『萬世流芳』は、日本国内の言論に期待されたほどの作品になり得ているのだろうか。これを語るには、やはりここに至るまでの日中両国映画史の文脈を無視してはいけないだろう。つまり、孤島期の映画、満映の作品、日本国内の大陸映画製作の道筋をすべて視野に入れて総合的に考えれば、当作品の物語や配役、あるいはそれを裏付けるような言説からは、まったく異なるメッセージが読み取れるのである。

アヘン戦争と言えば、誰もがイギリスのアヘンを果敢に焼き捨てた林則徐《りんそくじょ》を想起するだろうが、しかし『萬世流芳』には林則徐が一応は登場するものの、歴史の表舞台における彼の行動が作品の中軸になってはいない。そのかわりに、林を思い続け、後に反英ゲリラのリーダーになった虚構の人物・張静嫻が主人公であり、彼女と林則徐夫婦との関係、そして彼女の指揮する禁煙活動が、終始物語を運ぶ鍵となる。

もう一人のキャラクターも注目に値する。アヘン窟で飴玉を売る娘である。脇役ながら、ヒロインとのツーショット写真が様々な新聞、雑誌に掲載されたのは、李香蘭がその役柄を演じたからである。そういうこともあって、『萬世流芳』は中華電影・中聯・満映の合作映画として大々的に宣伝されたのだが、実際、満映側がこの作品に関わったのは李香蘭と彼女のアドバイザーを務めた岩崎昶だけだったという。[91] とはいえ、李香蘭の出演にはきわめて重大な意味合いがあった。すでに述べたように、満映映画ばかりに出ていた李は大陸メロドラマ三部作に出演して以来、その地位を確立しつつあった。前述のように、マスコミや専門家に軽蔑されていたにもかかわらず、『支那の夜』は日本国内で興行的に成功を収め、殊に中国で上映された際には、様々な批判を受ける一方、主題歌が流行曲になったりするほど、その他の日本映画を凌ぐ興行効果をもたらしたのである。不本意ではあったが、李香蘭という女優は、満映での活動ではなく、『支那の夜』を通して大衆に認知され、越境的大陸映画表象の代表者となったのである。その彼女を映画の中心地である上海で大作の『萬世流芳』に出演させたことが、「内地」と「外地」の大陸映画、そして満映および中華電影と中聯が互いに歩み寄りつつある一大事件として、内外にわたって話題を作ったのは当然だった。

さらに興味深いことに、ヒロインを演じたのは、日中ともに認知度の高い李香蘭と肩を並べ、やはり日中両方で知られる女優の陳雲裳《ちんうんしょう》だった。陳が選ばれたのは、彼女の知名度を活かして観客動員に導く意図が製作者側にあったからだろうが、それだけではなかったようだ。中聯の雑誌は彼女を起用する意図を次のように語っている。

陳雲裳は木蘭の勇姿で以って、観客に褒め称えられている。〔中略〕陳雲裳は男装して敵を殺し、颯爽としてわが身を捨てるまで国に尽くす。その志が報われるように、国民を激励し、往時の木蘭は今日また現れた。[92]

それはかつて『木蘭従軍』で男装して外敵と闘う女傑を演じ、孤島精神のメタファーとして認知されずみの陳雲裳を、再び女傑役に起用したという意図を隠さずに語った文章ではないか。孤島の消失、日本の占領という歴史的コンテクストをふまえて考えるならば、たとえ一歩譲っても、これは大胆不敵な表現だったと言わざるを得ない。まさに陳雲裳＝木蘭の身体を通して孤島映画の「借古諷今」精神を堂々と継承させようとする製作者側の思惑が手に取るように見て取れる。中聯が『萬世流芳』の陳雲裳の身体を、木蘭の再来として見てほしいという念願を強く抱いていたことは、自明であろう。

以上の解釈が成り立つのであれば、陳雲裳と李香蘭の共演の意味もおのずから明らかになるはずだ。贅言するまでもないが、当初は無名だった陳雲裳は、張善琨によって香港から抜擢され『木蘭従軍』のヒロインを演じたことで一躍孤島映画の寵児となった。もう一方の李香蘭は日本男子と恋愛関係になる中国娘を演じ、「日支提携」、「共存共栄」政策を体現する親日的シンボルとして囃されてきた。それまでは李香蘭がつねに親日的シンボルの役割を与えられていたとするならば、陳雲裳は間違いなく外来の侵略に屈しない代言者として見られていたのである(93)。二人の芸歴を敷衍して言えば、中聯側は『萬世流芳』においてまことに絶妙な配役を行ったと言える。李がアヘン常習者の恋人を説得し勇敢にもアヘン撲滅に挺身する歌姫の鳳姑に扮したのに対して、林則徐にひそかに好意を抱きつつも抗英ゲリラの指導者として成長し最後の戦闘で命を捧げる静嫺を陳は演じたのだった。二人ともに手を取り合って、外来侵略者と戦う役に配したのは意味深長である。上述の短文に即して言えば、木蘭のイメージをそのまま陳雲裳＝張静嫺に投影したのに対して、占領者に征服される姑娘の従来のイメージを消し、李香蘭の身体に染み込んだそのメタファーを反転させたかったかのように、中聯側は李香蘭に鳳姑を演じさせたのだと解釈しうる。もちろん、『萬世流芳』のヒロインは静嫺だった。それは萬世流芳の四文字が刻まれる静嫺の墓を映し出すラスト・シーンや、あるいは「静嫺が犠牲になり、萬世流芳、その名をとこしえに残すだろう(94)」という作品の解説からも裏付けられる。そしてこの張静嫺は実在の林則徐に代わって主人公となった。いわば虚構の存在であることを利用するように、陳雲裳の身体を介して彼女に木蘭のイメーが重ねあわされていたのであった。これこそ映画の表象をうまく利用した人物だったと言えよう。

ここにおいて中聯は国策という名の下で、親日娘のイメージを反転させると同時に、抗日女傑のイメージを維持させることに成功したのである。『博愛』に滲ませた製作側の悲愴な気持ちは、『萬世流芳』の製作に際して、より戦闘的になったのだ。そうした意味では、『萬世流芳』は「大東亜共栄圏映画」政策に応じつつも、孤島映画の抵抗精神を巧みに取り入れた作品で、占領側と被占領側の狭間に生まれた、まさに戦時イデオロギーのパラドックスを孕んだ代表作にほかならなかったと言えよう。

6　協力か抵抗か――『狼火は上海に揚る』(『春江遺恨』)

いずれにせよ、李香蘭の出演を除いて、『萬世流芳』は畢竟中国映画人の主導によって作られた。この時期、日本国内においては、川喜多路線をめぐる攻防戦が続き、中華電影、ひいては川喜多本人に対する不満や怒りの声が増えるばかりで、中でも国策色の薄い中聯作品に対する焦りやアメリカ映画の上映への放任に対する鬱憤を露にした記事が見られた。例えば、評論家でもある清水千代太は「対支映画工作に望むことあり」と題する文章の中で、次のように語っている。

私は私なりの卑見を述べたいといふ欲望の強いものを抑へ難い気持ち[をもって]上海で最も驚き且つ言いやうのない憂鬱を覚えたのは、アメリカ映画が多くの映画館に上映され、それが程度の差こそあれ、それぞれ観客の賞賛と拍手を受けている事実だった。(95)

清水千代太はまた「中華拡大の要あり」と呼びかけ、「資本金の増額」「人的陣容を強化」などを挙げつつ、特に中聯映画人が日本映画を見ないばかりか、未だに「アメリカ映画の模倣から一歩も出てはいない」傾向を指摘し、「このアメリカ映画模倣主義は、取材の上にも表はれ、彼等が書く脚本の大部分はアメリカ映画の焼直しと言ってよい」と憤慨しもした。「中聯設立後、彼等は重慶との関係は清算したが、大東亜共栄の大義をあやまりなく把握し得ているものは果たして幾人あるであらうか」[96]と、さらにその批判の矛先を中聯に向けたのである。

最終的に中聯への怒りは中華電影の責任者である川喜多にまで波及することになる。清水は言う。「彼［川喜多長政］が如何に支那通であり、支那映画通であるとしても、恐らく現在の中華電影の資本的ならびに人的内容をもって、対支映画工作を遺憾なく完遂し得るとは考へ難い」[97]と。「対支映画工作」の大義に言い及んだこの発言は、川喜多の既成路線への懐疑を示すものであり、『東洋平和の道』をめぐる議論を連想させずにいられないものであった。

清水の文章は一九四三年初頭に掲載されており、『萬世流芳』が公開する前だったが、映画の撮影は一九四二年にすでに開始されていたことを清水が知らないはずはないということを考えれば、彼は、ここで明らかに中聯の体制と製作に関与しようとしない川喜多を批判していたのである。

しかし、その一方で、設立当初と比較すれば分かるように、太平洋戦争が勃発後、批判を受ければ受けるほど、中華電影の注目度が日本国内でますます高くなったのも、事実だった。中華電影の職員らが「映画国策」、「大東亜映画」と銘打った、様々な雑誌の座談会に参加し、中聯の作品を日本映画工作の一環として語る記事が数多くあり[98]、川喜多自身も頻繁に各種の座談会でみずからの方針を世論に訴えていた。彼は一方では「ミイチャン、ハーチャン」[99]のような大陸映画に対する反感を露わにしつつ、もう一方では、上海の映画体制を温存させる大切さを繰り返し強調し、自分が取り組んできた中華電影の柔軟な政策について次のように説明する。「［中国側を］表面には何もやらないやうにして支持してきた。［中略］だからわれわれからお金を貰っていても偶には抗日映画を作っていた。それも我慢してやらう。お前達は苦しい立場にあるのだから黙認してやらう。だが、いつまで［も］長続きするものぢゃないので、ちゃんと縛ってきた」[100]と。川喜多はマスコミを利用して自分の考え方を再三主張し、反対の声と辛抱強く拮抗していたのである。「対支映画工作」が次第に大東亜映画製作の一環として編成され、その議論がますます白熱化するなかで、川喜多と中華電影の職員は、頻繁にマスメディアに登場し日本映画の言論の中枢に接近していくようになったのだった。

『萬世流芳』と『博愛』が記録的な興行成績を収めた翌年の一九四三年五月に、日本国内の映画新体制と歩調を合わせた結果、中聯が中華電影、上海影院公司と合併させられ、新しい会社が「中華電影聯合股份有限公司」(以下、略称の「華影」と表記)という新名称で再出発することになる。新会社は中華電影と中聯の役員をそのまま吸収、国民政府宣伝部長の林柏生が引き続き董事長を担当、名誉董事長に陳公博《ちんこうはく》、周仏海《しゅうふつかい》、褚民誼がそれぞれ就き、川喜多が副董事長、張善琨と石川俊重が副総経理に就任した。中華電影の掲げた理想、川喜多本人が当初から構想した映画の「日支合作」は、ここに至りようやく体制的に整えられたと言えよう。

辻久一の回想によると、当時三〇〇〇人に達した華影の職員の中に、日本人の比率は約一〇パーセントの三〇〇人に過ぎなかった。とはいえこのように中国人職員が圧倒的に多かったにもかかわらず、双方は決してつり合った関係ではなかったことを当事者だった辻本人も認めていた。

対華新政策の方針にしたがうとか、汪政府にてこ入れするとかの建前について公然と反対はできないが、その裏側では、どこまでも日本側が主導権を持ち、中国側の面子は立てても傀儡扱いにするというのが、従来からの手口であった。[101]

こうした状況下において、いよいよ日本映画が本格的に中国映画に介入してくる企画が出来たばかりの華影に持ち上がってくることになる。映画統制によって元日活、新興、大都を統括して生まれ変わった映画会社・大映からの企画『狼火は上海に揚る』が、それであった。

ただ、『狼火は上海に揚る』の企画は、必ずしも順調に通ったものではなかったことが、大映の永田雅一の次の言葉から見て取れるだろう。

合作ではなく、上海における憲兵隊の活躍のものを一本撮りたいと思っている。〔中略〕これはいま憲兵隊と折衝中であるが、これが私の今度の上海土産である。善良なる中国人はその映画を見たならば、日本の憲兵隊に感謝することと思ふ。(102)

つまり『狼火は上海に揚る』のような時代劇よりは、日本の占領をテーマにした現代劇を、合作という形をとらずに撮りたいと、永田が考えていたことを明らかにしてくれる証言である。(103)

永田が軽々と語ってみせたその思いは、これまで筆者が指摘してきた、国内の一部の映画人と川喜多との感覚上のズレ、中国映画人との心の隔たりの大きさを表すものであり、双方の齟齬を明かしてくれる、まさに日中映画史の記憶されるべき細部の一つである。上海に赴き占領地の「治安保全のために挺身している憲兵の姿」(104)に感激し、直ちにこれを大陸映画として製作させたいと思いつく永田の、まさに被占領側の気持ちを踏みにじるような傲慢さを垣間見ることができるだろう。その永田とは対照的に、日々中国人に囲まれつつ仕事をしてきた川喜多は、同じ年に「その辺の国家的民族的自尊心は大きな心で容れてやらなければならない(105)」と語ったことをここに付記しておこう。

結果的には、日本国内では憲兵物語は実現できず、本格的な日中合作映画は『萬世流芳』を受け継ぐ時代劇に決まった。その間の紆余曲折はいろいろあったに違いないが、『狼火は上海に揚る』に至るまでの経緯を検証して興味深く思うのは、日本なら大して問題にならないような映画の企画が上海では通用しなかったし、「大東亜国策」を訴えるには、孤島路線の「借古諷今」を形式的に借用するほかに方法はなかったということだ。

ここで『狼火は上海に揚る』のあらすじを簡単に概説しておこう。

一八六二年、武士高杉晋作とその仲間の四人は、千歳丸に乗って上海に到着した。上陸した彼らが目の当たりにしたのはアヘンに苦しむ中国人の姿であり、上海で横暴に振舞うイギリスの軍人の行為だった。ある日、高杉は太平軍首領の沈翼周一家と知り合うが、清朝政府に追われる沈を助けたことがきっかけになり、高杉はその一家の信頼を得ることになる。家宅がイギリス兵に奪われた上に父親が射殺され、沈自身の率いる太平軍もイギリス領事に裏切られ、壊滅の危機に直面する。英米は東亜人の友人ではあり得ないという高杉の訴えにずっと耳を傾けようとしなかった沈は、ついに覚醒し太平軍の騎馬隊を指揮して敵と戦う決心を新たにする。

『新影壇』によると、当作品の企画は『萬世流芳』のクランク・インの時から提起されており、そのために、大映製作部長の服部静夫と脚本家の八尋不二[106]は上海に視察に訪れている。日本側の監督が五所平之助から稲垣浩に変わり、後に脚本作りに陶秦《とうしん》が[107]、共同監督に岳楓が加わった[108]という。見て分かるように、当作品の主要メンバーはいずれも日中双方からなっており、『萬世流芳』と異なった製作体制が整えられることになった。言ってみれば、『東洋平和の道』以降、日中による再度の合作を実現させる組織的地盤は華影にほかならなかったのである。孤島から中聯への移行は上海映画界にとって確かに大きな転換点ではあったものの、中聯は畢竟中国人による製作の一点を死守する組織だった。華影に統制されたことこそが、本格的合作映画を生み出す条件であったのである。

とはいえ、中聯から続いた非協力の意思がなければ、また、たとえ懐柔しようと思ってもその意思を考慮するような人物がいなければ、憲兵ものでも何でも滞ることなく作られたのではないか。しかし、そうならなかったばかりでなく、孤島期に大活躍した「借古諷今」の手法は、『萬世流芳』で開花した後に、『狼火は上海に揚る』にも適用されたのだった。前節で述べたように、『萬世流芳』が孤島精神を発揚したものだったという説をふまえて言えば、『狼火は上海に揚る』は、日中がそれぞれ違った思惑を「借古諷今」に託した結果、両義的に解釈しうる作品になったと見なしてもいいだろう。

というのも、『狼火は上海に揚る』を改めて検証すれば、その製作過程においては、日中双方の間に協調しえない事例がしばしば起こり、両者の主張が衝突したりしたことが、容易に分かるからである。撮影現場に発生した双方のせめぎ合いについては、たとえば好並晶が『新影壇』の資料に基づく考察を行った論文[109]に詳しいが、筆者は別の角度から考えてみることにする。

周知のように、『狼火は上海に揚る』の中国語題名は『春江遺恨』であり、両者の意味は微妙にずれている。遺恨とは太平天国の敗北への悔恨の情がいまだに根強く残るというニュアンスが含まれ、かつての孤島期のヒット作『明末遺恨』[110]と同様、政権や領土が奪われた側の心情を体現するために選ばれた用語だった。おそらくはこれをただ単に一作品の邦題と中国語題名の違いとして片付けるべきではないだろう。レトリックに込められたメッセージは、やはり孤島期の時代劇から『萬世流芳』に至るまでの映画の主題に通底するものだったように思える。

『狼火は上海に揚る』(『春江遺恨』)の阪東妻三郎(左)と梅熹(『新映画』1944年10月号より)

タイトルのみならず、そうした情念が読み取れる資料としては、例えば、主役の高杉晋作に一言も言及せずに、当作品を「民族革命と反英米の意識を強調した[111]」ものと見なし、あくまでも中国の太平天国革命対英米侵略の視点から論じた批評文があったほか、『狼火は上海に揚る』を「もう一つの側面から太平天国の目的を力強く描写した[112]」と称え、孤島期に上海劇芸社によって上演された話劇(新劇)『李秀成殉国』〔別名『李秀成之死』[113]〕と同列に論じた『新影壇』の巻頭文などが挙げられる。

孤島期から占領下に至るまでの上海話劇の実態については、これまで邵迎建《しょうげいけん》の発表した幾つかの論考[114]があるので、ここでの詳述は省く。ただ話劇『李秀成殉国』とほぼ同じ時期に、映画『太平天国』（王元龍、一九四二）が撮られたこととあわせて考えれば、太平天国を外来侵略に抵抗する勢力として捉えるような視座が孤島期から占領期へと受け継がれていたと考えられる。それは辛亥革命期の排満思想の継承というより、やはり「借古諷今」から生まれた知恵であり、手法だっただろうと思われる。だとすれば、中国側の張善琨が『春江遺恨』という題名に拘った理由[115]もここにあり、さらに話劇で李秀成に扮した中聯の俳優の厳俊《げんしゅん》に、『春江遺恨』の李秀成役をふたたび務めさせたの[116]も、単なる偶然ではなく、先述の陳雲裳起用と同工異曲だったと解釈できる。ちなみにこのことは、孤島期以降、映画は対日協力に転じ、話劇は抵抗運動を行ったという歴史研究における通説を覆し、映画と話劇が暗に連関的に活動を展開していたことを示唆する好例であろう。

　映画と話劇との連関関係については、次の例証からも明らかだ。辻がその回想記において言及したように、張善琨は映画と話劇の両分野でプロデューサーの仕事をしていた。『春江遺恨』の製作とほぼ同じ頃、張の出費による話劇『文天祥』[117]は八カ月にもわたって中華電影の管轄下の蘭心大戯院[118]で上演され、上海民衆の愛国の気運をさらに一段と昂揚させたのだった。そのことに関連して張善琨が狙われ、重慶政府と連携した容疑で日本の憲兵隊に逮捕されたこと[119]は、辻の著書に述べられた通りである。

　さて『狼火は上海に揚る』の撮影過程を見てみよう。中国側の屈折した抵抗にぶつかり、日本側は着想の変更、脚本の改訂などしてある程度の譲歩をしたが、撮影中においても、やむを得ず計画を変更したりするケースが起きていた。その経緯を辿った好並晶の論文[120]が語るように、撮影現場における日中双方のせめぎ合いはとりもなおさずフィルムに痕跡として残り、両者の思惑が映像に刻み込まれることにもなったのである。それを明らかにするために、映画完成後の監督稲垣浩の言葉を引用しよう。

　『狼火は上海に揚る』は日本人が中国人に作らしめたぢゃ意義がない。お互ひが肩を並べて一しょに作ったと

日本占領下の上海で活躍した中国人監督

ころが意義がある。岳楓の意見を素直にきいて、例へば高杉が羽織を翼周にかけるところもやめたし、ラストの船上の日の丸の旗で絞るのも太平軍の進軍に変更した。そう云ふ点、双方納得づくて気持ちよく手をとり合って進まないことには……[121]。

フィルムを見れば明らかなように、主人公の沈翼周が先頭に立って太平軍の騎馬兵を指揮して全力疾走するショットに続き、高杉が帰国の船に立つ場面が映されたところでエンドマークとなる。かつて中国映画人に愛好されたソ連映画『アジアの嵐』(フセヴォロド・プドフキン、一九二八)のラスト・シーンを彷彿させ、一九三〇年代前半の左翼映画のワンカットと錯覚させたりもする、この太平軍騎馬隊の突撃場面はともかく、最後のシーンでは、高杉のバスト・ショットの背後に、風に翻る日の丸が辛うじて識別できる程度に斜めに映っている。これを上記の稲垣の証言と繋げてみれば、中国側からのわずかな抵抗の事実がおのずと浮かび上がってくるだろう。これが周知の『木蘭従軍』の日の丸事件[122]に通じる出来事であり、非協力による抵抗は全く無力ではなかったと知らしめてくれるものである。歴史の大義の断罪によって葬られた歴史の真相を再現してくれるのは、まさしく作品をめぐる言説であり、フィルムに刻印された微細な痕跡なのである。

ともあれ、『狼火は上海に揚る』の完成前後、前述の永田の構想による憲兵ものは実現されなかったものの、「日支合作」の現代劇を手がけようとする動きがなかったわけではない。例えば、東宝と華影の合作で片岡鉄兵の原作『運河』を撮る企画や、溝口健二を監督に日本軍の奮闘ぶりを描く『同生共死』[123]を撮影する計画、さらに衣笠貞之助監督が『汪精衛』[124]を企画するなど、様々な構想や、進行中の企画が幾つかあったが、いずれも実現に至らなかった。

では、『狼火は上海に揚る』以降、華影はいったいどんな作品を製作していたのだろうか。製作一覧表を調べてみれば、例えば、主要な監督たちは次の作品を撮っている。『天外笙歌』(李萍倩、一九四四)、『鳳凰于飛』(方沛霖、一九四四)、『恋之火』(岳楓、一九四五)、『火中蓮』(馬徐維邦、一九四五)、『還郷記』(卜万蒼、一九四五)。各々の題名からも想像がつくように、日本側の企画と嚙み合うどころか、まるで中聯発足当初の振り出しに戻ったかのようなものばかりだった。

かつて清水晶が「方々たる無思想な恋愛物や新派悲劇の域を超えて、大東亜映画としての堂々たる装ひをこらすことも出来る」(125)といった、中国映画に寄せた熱い期待に反して、日中合作による二度目の「大東亜映画」が実現されないまま、華影は敗戦の日を迎えた。この日を境に、川喜多の「大陸雄飛」の夢はまたしても幻滅に終わり、日中の職員を数千人有する華影もあっさりと崩壊したのだった。

(1) 最初の中国映画である、京劇の舞台を撮った短編の『定軍山』(一九〇五)をはじめ、北京豊泰照相館(写真館)は京劇映画を数本製作したが、華北電影が設立されるまで北京には本格的な映画製作の地盤がなかった。
(2) 桑野桃華は『ジゴマ』の翻訳者として知られていた。桑野プロダクションを創設し、帰山教正監督の『噫 祖国』(一九一二)を製作した。戦時中、『東京日日新聞』編集局に所属。
(3) 『東和の半世紀』、東宝東和、一九七八年四月、二六八頁を参照。
(4) 原節子がドイツで受けた歓迎ぶりについては、「日本最初の国際女優として多忙な挨拶旅行を続けなければならなかったが、どこへ行ってもたいへんな人気だった」と、前掲の『東和の半世紀』に記載されている。同書二六八頁を参照。
(5) 川喜多長政「十周年の感想」『新映画』一九三八年四月号、四八頁。
(6) パール・バックが一九三一年に上梓した小説『大地』が、戦時中、日本知識人の愛読書だったことについては、例えば、加藤武雄の『上海その他』に次のような記述がある。「日本の読書界では、客観的に支那を描いた殆ど唯一の作品としてパアルバックの『大地』が盛に読まれた」。前掲、谷川徹三・三木清ほか『上海』一三三頁。
(7) 『東洋平和の道』と『大地』の関連性については、例えば、岩崎昶らの「『東洋平和の道』合評」で(『キネマ旬報』一九三八年四月一日号)論じられていたし、来島雪夫の「『東洋平和の道』と支那大陸映画」の中でも論及されている(『映画評論』一九三八年六月号)。
(8) 前掲、加藤厚子『総動員体制と映画』一九〇頁を参照。

（9）新民会の全称は中華民国新民会。一九三七年一二月二四日に北京で創設された。王克敏と張燕卿はそれぞれ会長と副会長に就任。日本軍華北司令官が顧問を務めた。張憲文・方慶秋・黄美真編『中華民国史大辞典』（江蘇古籍出版社、二〇〇二年八月）一八二〇頁を参照。

（10）「『東洋平和の道』のメモ」『新映画』一九三八年四月号、八六頁を参照。

（11）同前。

（12）この点については、藤井仁子「上海・南京・北京　東宝文化映画部〈大陸都市三部作〉の地政学」岩本憲児編『日本映画史叢書2　映画と「大東亜共栄圏」』森話社、二〇〇四年六月、一一六―一二二頁を参照。

（13）張迷生は別名張我軍、張栄清。台湾出身の文学者。一九二九年、北京高等師範大学を卒業後、北京大学、北京師範大学、中国大学で日本語を教えるかたわら、日本文学の翻訳を数多く行った。一九三七年以降、北京に残り、教職と執筆を続けた。一九四二年、東京で開催された第一回「大東亜文学者大会」に出席し、島崎藤村、武者小路実篤と親交を深めている。一九四六年に台湾に戻って、一九五五年に逝去するまで、執筆活動を続けた。「張我軍年表」彭小妍主編『漂泊与郷土』行政院文化建設委員会、一九九六年五月、三三―四五頁を参照。

（14）実際には、脚本は鈴木重吉の主導になるとされる。「『東洋平和の道』合評」『キネマ旬報』一九三八年四月一日号、八五頁を参照。

（15）江文也は台湾生まれの作曲家。一三歳で日本に留学、作曲家の山田耕筰に師事。一九三六年、ベルリンで開催された第十一回オリンピック音楽コンクールで自作の曲を発表。一九三八年に大陸に渡って北京師範大学の教授になり、日本と中国を往復する日が続いた。一九四五年に漢奸罪で問われ、一〇カ月の刑務所生活を過ごした。一九四七年以降、北京中央音楽学院の教授を務めるが、文革中、日本に協力した罪がふたたび問われ、農村に下放させられた。一九八三年に逝去。楊碧川著『台湾歴史辞典』前衛出版社、一九九七年八月、一一〇頁を参照。

（16）『東洋平和の道』の出演者公募は北京で行われた。応募者数は三五〇人にも達したという。「支那映画俳優女優を囲んで」『日本映画』一九三八年四月号、一〇三頁を参照。

（17）前掲、辻久一『中華電影史話――一兵卒の日中映画回想記 1939―1945』四二頁を参照。

（18）浅野晃「大陸映画の道」『映画評論』一九三八年六月号、七七頁。

(19) 来島雪夫「『東洋平和の道』と支那大陸映画」『映画評論』一九三八年六月号、七九頁。
(20) 前掲、浅野晃「大陸映画の道」七七頁参照。
(21) 滋野辰彦「東洋平和の道」『キネマ旬報』一九三八年二月一一号、八二頁。
(22) 北川冬彦「大陸映画製作論」一九三八年五月。この文章は北川冬彦の『散文映画論』(作品社、一九四〇年一月、三〇—三三頁)に収められている。
(23) 岩崎昶・水町青磁・北川冬彦・飯田心美・友田純一郎「『東洋平和の道』合評」『キネマ旬報』一九三八年四月一日号、八五頁。
(24) 前掲、滋野辰彦「東洋平和の道」。
(25) 前掲、岩崎昶・水町青磁・北川冬彦・飯田心美・友田純一郎「『東洋平和の道』合評」八六頁。
(26) 同前、八八頁。
(27) 同前。
(28) 一九三八年の一年間における満映製作の劇映画は次の九本である。『壮志燭天』、『明星的誕生』、『七巧図』、『萬里尋母』、『知心曲』、『大陸長虹』、『蜜月快車』、『田園春光』、『国法無私』。
(29) 『上海の月』のロケ撮影には中華電影が協力したことを付け加えておく。
(30) 山口守氏のご教示によると、『張深切全集』一二巻、一三六頁に次のような記述がある。「我軍は私の毎日の出勤が遠いのを見て、西城区にある東和商事映画会社の部屋を貸してくれた。この会社は看板だけがあって、誰もいなくなった。というのは日本人が『東洋平和の道』を撮り終えてすでに帰国したからである」。
(31) 青山唯一は東和商事の社員だったが、のちに中華電影の職員になった。敗戦前に上海で病死。
(32) 前掲「支那映画俳優女優を囲んで」一〇五—一〇六頁。
(33) 同前。
(34) 同前。
(35) 増谷達之輔「北支映画視察談議」『日本映画』一九三八年五月一日号、三八頁。
(36) 同前。

(37) 浅井昭三郎「中国人と日本映画」『映画旬報』一九四二年一一月一日号、二二頁を参照。
(38) 吉村操は大都の映画監督。作品には、『大陸の花嫁』(一九三九)などがある。
(39) 飯島正「北京の演劇」、前掲『東洋の旗』一六一―一八四頁。
(40) 北京駐在の村尾薫は「燕京影片片々」で「支那映画は京劇と密接な関係を持っている」と指摘している。『映画旬報』一九四二年六月一一日号、四二頁。
(41) 東宝映画計画部長の江口春雄は「中支・北支随想記」の中で、北京のことを「芝居の北京」と語っている。『国際映画新聞』一九四〇年六月上旬号、一四頁。
(42) この説は前掲の藤井仁子「上海・南京・北京――東宝文化映画部〈大陸都市三部作〉」の題名を借用している。
(43) 大塚恭一「北京」『映画評論』一九三八年一〇月号、一五三頁。
(44) 「北京梗概」『東宝プレス』一九三八年、一一頁。
(45) 池田忠雄「北京かけ足」『映画評論』一九四一年三月号、一二一頁。
(46) 八尋不二「ハルピンから北京へ」『映画評論』一九四一年一二月号、八三頁。
(47) 燕京影片公司は中国人による映画製作機関。一九四一年二月に設立。社長は宗威之、製作部長は于夢、北京京劇の重鎮である王瑤卿は顧問を務めた。
(48) 奥田久司「京劇映画小史　並に華北の京劇映画」『映画旬報』一九四三年七月二一日号、一三頁を参照。
(49) 北村三郎(談)「華北一億の民心を摑まん!」『映画旬報』一九四二年一一月一日号。
(50) 前掲、奥田久司「京劇映画小史　並に華北の京劇映画」一三頁。
(51) 当時、『映画旬報』において「華北映画通信」が定期的に掲載されていた。例えば、同誌の一九四三年五月一日号、三〇頁によると、『盤絲洞』は封切の際、「数千の中国民衆が殺到して劇場前の大通りは、ために交通杜絶、市電も立往生し、これまでの日本映画・上海映画のあらゆる記録を打ち破って、北京興行以来の超記録を樹立」したという。
(52) 製作本数の数字は、前掲、李道新『中国電影史 1937―1945』によるものである。
(53) 「中華民国維新政府」は日本が日中戦争期に樹立した傀儡政権。一九三八年三月二八日に南京で成立した。行政院院長は梁鴻志。一九四〇年に汪精衛が「南京国民政府」を樹立すると、そこに吸収された。

(54) 中華電影の組織については、付録資料(映画会社)を参照。
(55) 川喜多長政「中華映画会社の使命茲にあり」『国際映画新聞』一九三九年八月上旬号、二頁。
(56) 徐公美は北京人芸戯劇専門学校出身の劇作家。「中華民国維新政府」の教育部社会教育司代司長を務めた。演劇の台本のほか、演劇論、映画論をも著した。代表的な著作は徐公美編『演劇概論』(商務印書館、一九三六)。
(57) 徐公美「新中国の映画政策」『国際映画新聞』一九三九年八月上旬号、七頁。
(58) 日本国内では、映画臨戦体制が確立された後、もともと映画撮影に使用されていたアメリカのイーストマン・コダック社の生フィルムの輸入が制限されたため、満州、中国向け輸出のための生フィルム不足も悪化し続けていた。前掲、加藤厚子『総動員体制と映画』一〇一頁を参照。
(59) 褚民誼の本名は褚明遺。日本やフランスに留学し、中国同盟会のメンバーでもある。一九二四年に帰国後、国民党中央委員会候補執行委員に選ばれる。一九三九年汪精衛主導の国民党中央監察委員会常務委員、広東省長を歴任。一九四〇年から、汪精衛政権の外交部長を務めた。昆曲通であり、一六ミリ映画を撮ったこともある。一九四六年に漢奸として処刑された。
(60) 中華電影の実権は川喜多長政が握っていたことについては、当時でも報道されていた。例えば『映画旬報』は褚民誼に取材した時の報道に、「中国の要人を社長の椅子に据えたところは、国策会社としての中華電影の存在理由を形式的に表明して遺憾なしと言ってよろしい。事実上は副董事長川喜多長政氏が董事長事務を執っているのであるから、中華電影董事長褚民誼氏は名目だけに過ぎないのかもしれない」との叙述がある。『映画旬報』一九四三年新年号、二六頁。
(61) 前掲、川喜多長政「中華映画会社の使命茲にあり」四頁。
(62) これについて、辻久一は「中国映画人評伝　張善琨」の中で、張の「資性と属性と才能とが彼を今後の中華聯合製片公司の総経理に押し上げたのだが、彼の持っているものをひっくるめて、最高に評価をしたものは、中華電影公司の川喜多長政である。中華聯合といふものは、文字通りこの二人の力で出来上がった」と述べている。『映画旬報』一九四二年一一月一日号、七〇頁。
(63) 前掲、川喜多長政「中華映画会社の使命茲にあり」三頁。
(64) 中華電影本社のオフィスは共同租界の江西路一七〇ハミルトン・ハウス内に置かれた。

(65) 劉吶鷗の本名は劉燦波。慶應義塾大学を卒業後、上海震旦大学でフランス語を学び、一九二八年に第一線書店を創設。一九三九年に文滙報社長を担任。同年に暗殺された。前掲『台湾歴史辞典』一六一頁を参照。

(66) 前掲『東和の半世紀』二八六頁を参照。

(67) 左桂芳・姚立群編『電影家系列2 童月娟』台湾行政院文化建設委員会、財団法人国家電影資料館、二〇〇一年一二月、六六頁を参照。

(68) 戦後、張善琨が「漢奸」罪で問われた際、呉開先、蔣伯誠、呉昭樹ら三人が上海高等法院検察署に提出した証明書によると、張は国民党重慶政府の秘密工作員として、中華電影に関わったという。前掲『電影家系列2 童月娟』八六頁を参照。

(69) 映画新体制は一九四〇年九月に発足した。

(70) 石川俊重は中華電影の総経理を経て、華影の副総経理に就任した。

(71) 辻久一「租界進駐記」『新映画』一九四二年二月号、五二頁。

(72) 川喜多が中華電影の業務を開始した七月に、迅速に『木蘭従軍』を南京で特別に公開させたことを一例として挙げることができる。これについては第七章で検証する。

(73) 林柏生は戦後、「漢奸」として処刑された。裁判で死刑の宣告を受けた後、周作人と同じ監獄の同じ部屋に収監されていた。木山英雄『周作人「対日協力」の顚末　補注『北京苦住庵記』ならびに後日編』岩波書店、二〇〇四年七月、二九二頁を参照。

(74) 「中華聯合製片公司の設立と現況」『映画旬報』一九四二年八月一一日号、二二頁。

(75) 朱石麟は映画監督。一九三四年、聯華影業公司第三撮影所所長兼監督を務めた。監督作品には『征婚』(一九三五)、『慈母曲』(一九三七)、『新旧時代』(一九三七)がある。孤島期、占領下の上海で映画を撮り続けていたが、戦後、香港に移り、『玉人何処』(一九四八)、『清宮秘史』(一九四八)などを撮った。『清宮秘史』はのちに毛沢東から売国主義の映画と名指しで批判された。文革が勃発した直後の一九六七年に香港で死去。

(76) 「朱石麟先生対談—製作傾向及其他」『新影壇』六期、一九四三年四月一日号、三〇頁。

(77) 前掲『映画年鑑』六五〇頁。

(78) 同前。

(79) これについては、筆者は拙論「母である女、父である母—戦時中の日本映画における母親像」の「母になるための恋愛」という一節で、恋愛映画の変遷を詳述している。斉藤綾子編『映画と身体/性』森話社、二〇〇六年一〇月、一五四—一五六頁。
(80) 日本映画の進出については、第六章で詳述するが、日本劇映画の租界での公開は一九四二年五月からだった。
(81) 『中聯影訊』一九四三年三月二四日号には「東宝歌舞団来滬　方沛霖利用機会撮製電影」と題した報道がある。
(82) 前作『凌波仙子』が好評を受けたことで、更なる興行収益を期待して、方沛霖は『萬紫千紅』を撮ることにしたという。『中聯影訊』一九四三年四月一四日号を参照。
(83) 『萬世流芳』の監督は五名だったが、実際、作品の最後の仕上げを担当したのは楊小仲だったという。「『萬世流芳』功徳円満　楊小仲総其大成」『中聯影訊』一九四三年一月二七日号を参照。
(84) 前掲、李道新『中国電影史　1937—1945』二七七頁を参照。
(85) 『萬世流芳』の最初の題名は『鴉片之戦』だった。『映画旬報』一九四二年一〇月一一日号、一八頁を参照。
(86) 「上海映画界特報」『映画旬報』一九四二年一〇月一一日号。
(87) 「中聯作品批評—『博愛』」『映画旬報』一九四二年一二月一一日号、四四頁。
(88) 新片特刊「博愛」「同是天涯淪落人」『中聯影訊』一九四二年。
(89) 『中聯影訊』一九四三年三月二四日号には、次のような記述がある。「この映画[『萬世流芳』]は中聯設立の昨年四月一二日にクランク・インしたが、中聯の設立から一年になろうとする現在、ようやく完成された。撮影には丸一年もかかったことから、中聯がこの作品を重要視していることが分かる」。
(90) 「『萬世流芳』特輯」『新映画』一九四四年六月号、八頁。
(91) 山口淑子(李香蘭)・藤原作弥『李香蘭—私の半生』(新潮社、一九八七年七月)によると、日本人として『萬世流芳』に関わった人は、李香蘭以外に岩崎昶が支援体制の一環として満映側の企画を担当したという。
(92) 「演員介紹—陳雲裳飾張静嫻」「『中聯影訊』新片特刊『萬世流芳』」一九四三年。
(93) 陳雲裳の身体性については、第七章でより詳しく分析する。
(94) 「『萬世流芳』本事」「『中聯影訊』新片特刊『萬世流芳』」一九四三年。

(95) 清水千代夫「対支映画工作に望むことあり―中華電影の事業を見て」『映画旬報』一九四三年一月一日号、二八頁。
(96) 同前、三一頁。
(97) 同前、二九頁。
(98) 例として挙げられるのは次の二つの記事である。大政翼賛会文化部長を担当した作家の岸田國士は「統制と映画の質について」で大陸映画への統制を論じた(『映画旬報』一九四二年一月一日号)。また、津村秀夫は「戦争と日本映画」で、戦争映画のあり方について述べる際、大陸映画と東亜映画を日本映画として扱った(『映画』一九四二年二月号)。
(99) 森岩雄、永田雅一、池田義信、茂木久平、牧野満男、川喜多長政、筈見恒夫による座談会「大東亜映画建設の前提」『映画旬報』一九四二年三月一一日号を参照。
(100) 同前。
(101) 前掲、辻久一『中華電影史話―一兵卒の日中映画回想記 1939―1945』二五三頁。
(102) 永田雅一「大東亜映画人大会を提唱す」『映画評論』一九四四年一月号、一五頁。
(103) 八尋不二は「『狼火は上海に揚る』の企画に終始一貫やるべしと賛成してくれたのは菊池(寛)社長だった」と語っている。永田雅一・稲垣浩・阪東妻三郎・八尋不二等「製作雑記」『新映画』一九四四年一二月号、二三頁。
(104) 同前。
(105) 川喜多長政「日華合作映画の意義」『新映画』一九四四年八月号、六頁。
(106) 記者と八尋不二の対談によると、八尋が『狼火は上海に揚る』の脚本を執筆した当時、太平軍の問題をめぐって、何回も脚本を改訂したという。前掲「製作雑記」二三頁を参照。
(107) 陶秦は脚本家、監督。本名は秦復基。日本に留学した経験があり、一九四〇年代に上海でシナリオライターとして活躍。戦後、香港に赴き、一九五二年に監督デビューを果たし、『一家春』(一九五二)、『四千金』(一九五七)など、約五十本の作品を手がけた。一九六九年に香港で病死。前掲『世界映画大事典』四八〇頁を参照。
(108) 「国際合作影片春江遺恨」『新影壇』一九四四年三月一日号、二四頁を参照。
(109) 好並晶「戦中合作映画の舞台裏―『狼火は上海に揚る』における日中映画人」『野草』七六号、二〇〇五年八月、四九―七五頁を参照。

(110)『明末遺恨』は話劇としても上演され、孤島で大歓迎を受けた作品であった。辻久一はこれについて、次のように語っている。「新劇の方で『明末遺恨』といふのがあります。［中略］これはエドワード路の旋宮劇院で三十何日続けてやったんですが、見せ場へ来ると観客がワァーといって喝采する。つまらないけれど、とにかく不愉快でね」。前掲、「上海映画界の現状を語る」六七頁。
(111) 楊光政「令人慶賀的事」『新影壇』第三巻第五期、一九四五年一月二〇日号、二四頁。
(112)「紅楼夢与春江遺恨」『新影壇』第二巻第五期、一九四四年三月二五日号、一五頁。
(113)『李秀成殉国』は陽翰笙の脚本、呉琛の演出による話劇である。当時三五日間も連続上演されたという。辛墾編『中国話劇書目匯編初稿 1922―1949. 9』話劇研究社、一九七七年一月、六七頁を参照。
(114) 例えば、邵迎建の「上海「孤島」末期及び淪陥時期の話劇―黄佐臨を中心に」は、この時期の映画界と演劇界をともに巻き込んで展開した一連の話劇活動が日本の遂行する映画戦と対抗して行われたものだったと見なしている。高綱博文編『戦時上海――1937―45年』研文出版、二〇〇五年三月、二三一―二七一頁。
(115) 前掲、辻久一『中華電影史話――一兵卒の日中映画回想記 1939―1945』二八二頁によると、張善琨は打ち合わせの会場で「この作品の中国題名を『春江遺恨』としたことを非常に満足そうに話し始め、日本側に、いい題名だろう、そう思わないか、という意味のことをくり返していた記憶がある」という。
(116) 前掲「紅楼夢与春江遺恨」を参照。
(117) 話劇『文天祥』は孤島期に上演されたが、一九四四年に聯芸劇団が蘭心劇場で再演した。その公演は一九四四年一月一日から五月一三日まで、二〇〇回ほどに達した。邵迎建「没有硝煙的戦争―上海淪陥時期的話劇」楊昭林・姜学貞編『百年回眸看佐臨』二〇〇六年一〇月、三五三頁を参照。
(118) 蘭心大戲院は開戦後、中華電影に接収された英国系の演芸館。これについては第六章で言及する。
(119) 前掲、辻久一『中華電影史話――一兵卒の日中映画回想記 1939―1945』二七五頁を参照。
(120) 前掲、好並晶「戦中合作映画の舞台裏――『狼火は上海に揚る』における日中映画人」を参照。
(121)「製作雑記」『新映画』一九四四年一二月号、二四頁。
(122)『木蘭従軍』が重慶で上映された時に、挿入曲の歌詞にある太陽が日の丸を意味するとして、フィルムが焼かれた事件が起きた。この事件については、第七章で詳述する。

(123) 野口久光「上海映画界の近況」『映画の友』一九四三年六月一日号、三七頁。

(124) 茨木美津治「支那救国の志士『汪精衛』を描く—巨匠衣笠貞之助監督」『映画』一九四三年五月号、二八頁を参照。

(125) 清水晶「中華聯合製片公司の増資に寄せて」『映画旬報』一九四二年一一月一日号、七一頁。

第六章　映画進出のジレンマ

1　上海

1―1　進出と反進出の鬩ぎ合い

一九三七年八月以降、上海映画界は再編成を余儀なくされた。一九三〇年代前半の映画黄金期を支えた中堅映画人の一部は武漢、重慶、あるいは香港に赴いたが、前述のように、租界では、居残り組が戦火を免れた十数個のプロダクションで映画製作を続けることになった。孤島期の四年間は、二三〇本前後の映画が製作されて各映画館に供給されている。平均して年間に六〇本という数字は決して少なくはなく、逆に一つの映画繁栄期を作り出していたと言ってもいい。(1)

ここで先行研究をもとに、外国映画の興行の状況を概観しよう。第二次上海事変直前の配給を例にとれば、例えば、一九三六年は、上海で上映された外国映画三六七本の内、アメリカ映画が三二八本もあり、圧倒的な優勢を示していた。(2) 一方、中国映画は製作され公開もされていたが、一流映画館を支配していたのはアメリカ映画だったのである。そうした格段に違う配給のプライオリティーを持っていたアメリカ映画と比較すれば、日本映画は公開のルートさえも保証されず、もっぱら日本人居留民のための日本映画常設館でのみ上映されていたのである。

日本映画常設館といえば、東和劇場と第二歌舞伎座(3)の二軒だけであり、前者は松竹、日活の作品を、後者は東宝と新興の作品を五日間制の興行で上映していた。観客の多くが日本人であり、中国人観客はほとんどいないと伝えられていた。ただ、相対的に中国の観客を集客した例外もあった。例えば、『支那の夜』と『熱砂の誓ひ』が上映された際は、全入場者の内、二〇％から三〇％ほどが中国人だったという。(4) しかしやはり、それを除いては、事変以降、とりわけ外国映画の興行を支えている中国インテリ層の観客が蘇州河の橋を渡って日本人居留民が大勢住む虹口サイドの常設館で日本映画を見ることは絶無だったのである。(5)

このように、一九三七年以前は、アメリカ映画が上海映画の興行を支配しており、中国の観客は喜んでアメリカ映画を鑑賞していたのである。ただ、人々がなぜ日本映画を見ようとしなかったのかを語るには、もうすこし歴史を遡って考える必要があろう。

一九三二年、東和支社が閉鎖されたのに続き、川島芳子をモデルに撮った、大陸映画の先鞭をつけた『満蒙建国の黎明』（新興、溝口健二、一九三二）が東和劇場での上映が決まった直後に、「満洲事変の導火線以来の内容を含む故不許可となり」という理由により、上海租界電影検査委員会によってその上映を差し止められることになった。(6) それから数年後、さらに上海の人々に日本映画への反感を抱かせる出来事が起こる。前述した『新しき土』の上映である。『新しき土』の公開に抗議する署名運動が起こり、映画人を含む三〇〇人余の中国文化人が「上海映画戯曲界が『新しき土』の公開に抗議する宣言」に署名したのである。(7) つまり、『満蒙建国の黎明』の時の記憶が『新しき土』をきっかけに再度喚起され、日中間で映画をめぐる政治的応酬をふたたび引き起こしたわけだが、『新しき土』が川喜多長政のみならず、日本映画への悪い印象を徹底的に中国人に植え付けたことはいうまでもないだろう。事変後、中国人の対日感情はますます悪化し、上海において日本映画には払拭できない政治性が付与され、人々に歓迎されない基盤を作ってしまったと考えられる。

このような事情に鑑み、中華電影は設立当初、上海での劇映画製作を断念、上海郊外を始め、南方の農村地帯を中心に巡回映写を行い、宣撫工作に力を入れていた。記録によると、ただ二つの班によって一九三九年九月からスタートした巡回映写は、各地で好成績を収め、一九四一年末には十二班にまで拡大し、その巡回網も上海、南京の近郊はもとより、武漢、沙市、宜昌等の長江中流地方及び広東、福州にまで広げられたのである。一例を挙げると、一年間余りで映画の上映回数は一三五〇余回、観客数は延べ一四〇万にも達したという(8)。中華電影文化映画撮影所の製作による科学映画や、汪精衛政権の製作による記録映画などが巡回映写に使われたほか、日本映画社製作のニュース映画と文化映画、ドイツ映画『美の祭典』(ドイツ、レニ・リーフェンシュタール、一九三八)、『民族の祭典』(ドイツ、レニ・リーフェンシュタール、一九三八)なども使用されたという(9)。

だが、上海を囲む形で進められていた文化映画の進出は、太平洋戦争の開戦まで上海租界内には全く浸透できなかった。当時の資料によると、租界においては、まるで別世界のように中国映画人自身による映画配給が行われており、日本のニュース映画ですら上映されていなかったのである(10)。

1―2　ニュース映画の進出と劇映画進出の準備

一九四〇年、日本と汪政権との間で「日支基本条約」が締結されると、中華電影は年末に会社を改組する決定を下した。出資額の変更と重役の調整などが行われたが、一番重要なのは上海における映画配給の独占権と新規の会社設立の否認権が認定されたことである。かくして太平洋戦争勃発の前夜、比較的柔軟な政策をとってきた中華電影が製作、配給の一元化へ向けて体制的に整備され、日本映画はいよいよ上海租界への進出を果たす準備を整えたのである。

日本映画の進出は、大体二つの段階に分けて行われた。第一の段階は、開戦の翌日から開戦後一年の一九四三年一月までで、つまり、日本の租界占領を報道するニュース映画の最初の上映から映画館の大華大戲院(ロキシイ)が日本映画専門館としてスタートする直前までである。第二の段階は、英米映画の駆逐によって大華が日本映画専門館に指定され、その定期公開が確立する時期から始まり、中華電影が中聯と上海の主要映画館一一館を経営する上海影院股份有限公司と合併し華影としてスタートして敗戦にいたるまでである。次に当時の資料によってその経緯を概説する。

一九四一年一二月八日に、太平洋戦争が勃発。暁の黄浦江での砲撃戦が終了後、午前一一時頃、日本軍は租界に進駐した。中華電影の撮影隊はその時の様子を迅速にカメラに収め、ニュース映画に仕上げた。そして翌日には、租界の主要映画館で世界映画号外『日本軍隊が上海租界に進駐する』〔『日軍進駐上海公共租界　世界電影新聞号外第一号』〕が一斉に上映されたのである。[11]ニュース映画とはいえ、これは常設館以外の映画館における日本映画の最初の公開であった。

むろん、占領という武力に守られた状況下で、中華電影によるすべての映画館の接収がなければ、それまで上映ルートが一つもなかった、租界における日本のニュース映画の一斉公開というのは、全く考えられないことだった。実際、開戦当日に、興亜院華中連絡部長官の指令により、中華電影は軍部管理下におかれることとなったアメリカ映画配給会社の八社を接収、また興行会社四社の管理とその管轄下にある一流映画館六館の直営を命じられたのである。[12]ここから明らかなように、日本映画が租界への進出を果たすことができたのは、言うまでもなく日本軍が租界を制圧することによって、中華電影が映画の配給権を全部手中にした結果であった。

こうしていよいよ日本映画が上海租界に上陸することになるのだが、その進出を推進する中心的存在はほかでもなく中華電影であった。それまで文化映画の製作をするかたわら主に中国映画を占領区域に配給していた中華電影は、この八日から租界の中国人に日本映画を見せることを占領工作の一環として取り掛かり始めた。開戦直前まで中華電影は「中南支」において、日本映画館一四、中国映画館四〇、日華混合上映館一一、合計六五館（そのうち、直営館二館）[13]の配給権をすでに有していたにもかかわらず、上海租界の洋画館には手をつけることが出来なかったが、八日を境目に、軍当局から次の洋画館を接収しかつ管理と経営を委託されることになる。すなわち大光明戯院（グランド・シアター）、南京大戯院（ナンキン・シアター）、大華大戯院（ロキシイ）、国泰大戯院（カーセイ）、美琪大戯院（マジェスティック）、麗都大戯院（リアルト）、平安大戯院（アップ・タウン）、蘭心大戯院（ライシャム）[14]（以上は元英米国系洋画館）、滬光（アスター）、金城（リリック）、金都（ゴールデン・キャッスル）、国聯（ユニオン）[15]である。それまで僅か二つの直営館のみで日本人居留民のために日本映画を上映していた状況からしては、日本映画の租界への進出は、まず配給ルートの確保に始まったと言える。

配給権獲得の次の課題は、既成の中国映画体制を吸収することである。開戦一カ月後の一九四二年一月一〇日に、中華電影は上海残留の主要映画人を一二〇名もパーク・ホテルに招き在上海の軍人、民間人を二〇〇余名交えて、映画による「平和建国」、「大東亜建設」への挺身を宣言する会合を設けた。その際、名義上の取締役の林柏生も南京から駆けつけている。[16]三月下旬、中華電影から派遣された上海映画界首都観光団が南京に赴き汪精衛と面会し、続いて四月に入ると、開戦前の一二の撮影所が合併され、五つの撮影所を有する中聯が発足した。このように、中華電影によって行われた一連の「日中親善」、「日中提携」を掲げたキャンペーン活動は、日本軍の租界進駐によってもたらされた人心の混乱と不安をいくぶんか解消し、日本映画を租界に進出させるための基盤をひとまず築き上げたと考えられる。こうしてニュース映画の上映が実現されて四カ月経った後に、劇映画上陸の条件もほぼ整えられたのであった。

一九四二年五月二一日、租界のセンターといわれる大光明戯院で『指導物語』(東宝、熊谷久虎、一九四一)が上映された。日本劇映画の端緒となるこの上映は、一般公開ではない試写会形式によるものだった。

では、なぜ『指導物語』が租界進出劇映画の第一号に選ばれたのだろうか。それを解明するために、まずその内容と製作背景から考えてみよう。

上田廣の同名小説による『指導物語』は、ある老鉄道機関士が出征前の若い鉄道兵に操縦の指導を行う過程を追う、シンプルな物語である。ほぼ小説通りに脚色された同作品には、原作にない老機関士の三人の娘が登場し、原節子がその一人を演じた。一九四一年の『キネマ旬報』ベスト・テンの第一〇位に選出されたものの、しかし『指導物語』に対する当時の評価はそれほど高いとは言えないものだった。一例として次の批評を見よう。

少なくとも映画の題名としては、しっくりしない。指導といふ堅苦しい原題用語に物語といふ古風な軟い語韻がぎこちなく感じられるのだらう。さうして、この題名から来るニュアンスのぎこちなさは、同時に、その内容、例へば老機関士瀬木をとりまく三人の娘との家庭生活と、機関士佐川などの鉄道操縦修練の生活との繋りにも、なんとなく取ってつけたやうな不自然なぎこちなさを感じさ[せら]れる(17)。

これまで述べてきたように、当時すでに量産されていた大陸映画の中で佳作と見なされる作品は僅かだった。ただ世論にも専門家にも認められた一作に、たとえば前述の『上海陸戦隊』がある。だからともすれば、『上海陸戦隊』の監督であった熊谷久虎、脚本の沢村勉と主演の原節子の三人が『指導物語』で再度コンビを組んだことが、当作品選定の一つの要因だったと考えられる。実際『上海陸戦隊』の文脈を踏まえて『指導物語』を論じる批評もあり、その批評を書いたのは、作品の選定に関わったのであろう筈見恒夫だった。

しかし、前記の批評と同様、筈見も『指導物語』の完成度についてはそれほど評価しなかった。ただ、彼は「少数の支持者の他は支離滅裂の凡作だといふところへ傾いているかのやう(18)」といった有様だった様々な批判に対して、次のように『指導物語』を擁護している。

> 凡作と言はふが、愚作と言はふが、そんなことの評価は自由である、しかし、ここに現はれている時局的なもの、一種の魂がかり的な感じの伴っている時局的への関心が真物か、偽物かを見きわめてほしいことである。[中略]この満身創痍の作品の中に、時《[ママ]》すると、作者の良識さへ疑いたくなるやうな映画の中に、しかも今日の映画作家の心のありかたについて、何かの示唆を見出すことはできないであらうか(19)。

ここから明らかなように、筈見は作品としての完成度よりも何よりも、時局に見合った「作者の良識」を買ったのだ。その良識とはおそらく『上海陸戦隊』を受け継いだ作者の思想であり、「シナリオが、愛国精神的なもので終っているのに引更へ、熊谷久虎は、政治的なものに一歩前進しようと志したに違いない」[20]ということを指しているのだろう。『指導物語』を進出映画の第一号に選定したことに関しては、筈見の次の言葉がその回答になるだろうか。

これなら、どう間違っても、文化映画の出来損なひと見てもらへるであろう。日本の鉄道技術の優秀とその献身を紹介するのに役立つだろう。その意味でどんなことがあっても卑俗なお涙や、お笑い映画は見せたくないものだ。所謂、娯楽映画とか、大衆映画といふものの製作動機や、低い妥協が、上海のやうな街の観客にぢかに触れたら軽蔑をまねくだけである。[21]

娯楽映画、大衆映画、具体的に言えば、メロドラマや喜劇に代表されるような通俗的な作品は、上海の人々に軽蔑される恐れがあるとして、進出映画のリストからはずされていただろうということを上述の言葉は立証している。輸出向きの映画は、少なくとも「大東亜戦争」の時局を正面から訴えるものでなければならないわけで、「東亜民族解放」を目指す日本の盟主としての地位や、占領地の人々との一体感をアピールできるような映画だけが、租界進出に適格だと考えられていたのではなかろうか。

そういうわけで、映画にしては「不自然なぎこちなさ」があると評された『指導物語』だったが、まさに通俗作品の対極にあるものとして選ばれたのである。少なくともこの時点では、直営館で『支那の夜』を見た中国人観客がいたというデータは無視されており、大陸メロドラマが進出映画の主軸から排除されていたことは明らかである。結局のところ、メロドラマへの攻撃が日本映画の進出を議論する際にも引き継がれていたわけであり、そのことは、次の例証からも分かるだろう。

たとえば、劇映画の進出がいよいよ実現されようとする直前に、雑誌『新映画』が開催した「大東亜戦争と日本映画南下の構想」という座談会において、参加者の内田吐夢、筈見恒夫、南部圭之助らがどんな映画なら受け入れられるかについて語った際のことだったが、時代劇は不可、日本人と中国人の恋愛を描いた大陸映画は代用品だという意見が一部あり、日本映画が政治性をもたなければならないことに関しては、満場一致の賛同があったのである。「いままでの『上海の月』『支那の夜』のやうな大陸映画は、殆ど代用品で、これは向ふに持って行くものでない[22]」と筈見が語ったように、関係者たちに『指導物語』に目を向けさせた主な理由は、それまでの日本映画が持たなかったもの、代用品としての一連の大陸映画を越えた主題を『指導物語』が持ち合わせていたことにあったことが分かるだろう。「文化映画の出来損ない」という筈見の言い方は、戦時中、風雲児として持て囃された文化映画への別格扱いを証明する一方、文化映画風の劇映画を求める空気が高まりつつあったことをも物語っている。これについては、同座談会に出席した情報局の不破祐俊の次の発言からも窺える。

記録的な映画、いはば文化映画、さういうもので日本の文化の力、産業とか、武力とか、つまり、海軍力陸軍力といふものを見せて、日本といふものに信頼感を与へる映画、政府の啓発宣伝映画、政府の文化宣伝、さういう点に日本から出すべき映画に対して主力を注ぐべきものだ[23]。

つまり、『上海陸戦隊』への絶賛に続いて、沢村、熊谷、原の三人が再度コンビを組んだ『指導物語』こそが「作者の良識」を持ちあわせているのであり、日本の産業力を見せびらかすことができて、しかも「政府の文化宣伝」にも有利だという見地から、関係者は『指導物語』を選択したと考えられるのである。

1―3　統合の喜悦と苦悩

いずれにせよ、『指導物語』の試写会を皮切りに、上海において、日本映画は順次一流の洋画館で公開されるようになっていく。同年六月二七日、二八日に大光明戯院でドキュメンタリー『帝国海軍勝利の記録』〔『撃滅英米大海戦』〕

（日本映画社、一九四二）が中国語アナウンス付で公開された[24]。前回の『指導物語』の招待試写と違って、これは一般公開による最初の日本映画であった。記録によると、二日間の観客数は一一〇一三名に達している[25]。しかし、こうした盛況をみせた大光明戯院での次回の公開作は、日本映画ではなく、設立されたばかりの中聯製作の第一回作品、マダム・バタフライのシチュエーションに椿姫の挿話を付け加え、男女の自由恋愛が封建的因習によって悲劇を招いたメロドラマ『蝴蝶夫人』（李萍倩、一九四二）だった。この公開は川喜多がかねて望んでいた「日中提携」を配給に体現させる一方、中国映画と日本映画との緊密な関係を租界の人々に示すためのものだった。性急に日本映画の進出だけを進めるのは逆効果を招く恐れがあるため、中国映画も同等に上映させていくなかで、徐々に日本映画の市場を打開する方が上策だという考えに基づくものだったように思われる。

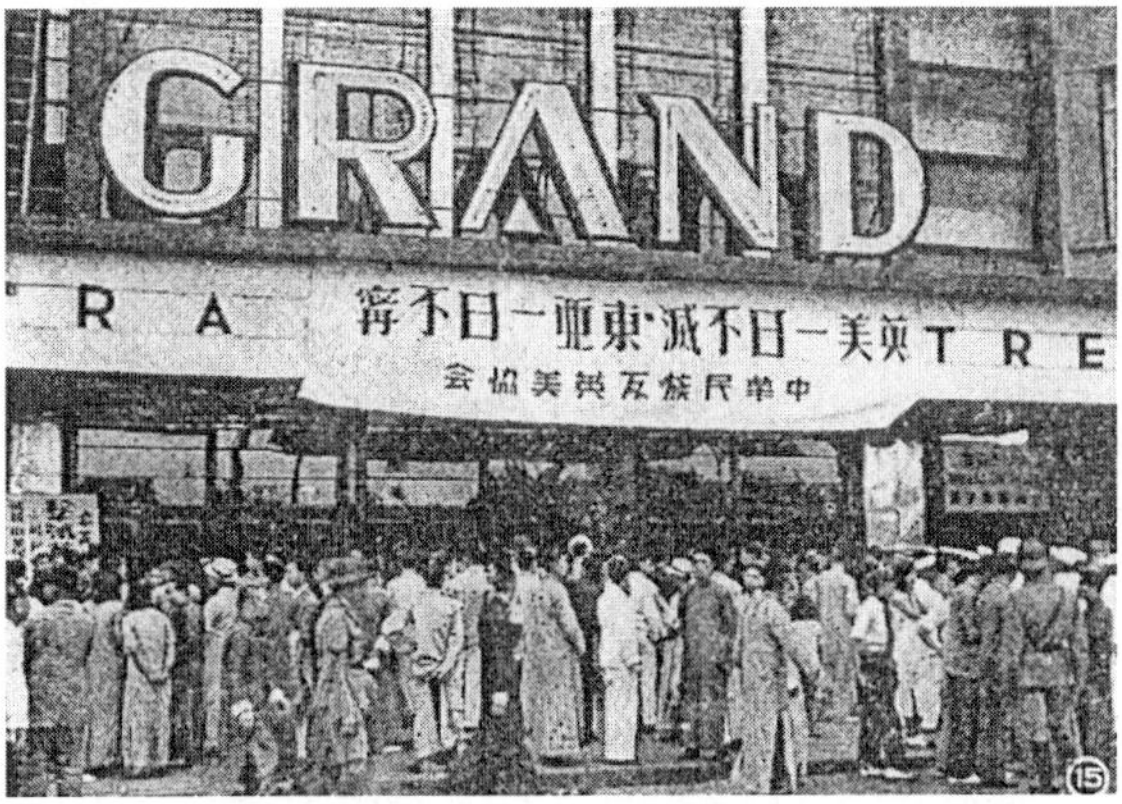

1942年6月27日，上海大光明戯院で『帝国海軍勝利の記録』が公開される（『映画評論』1943年2月号より）

『蝴蝶夫人』は一流洋画館で上映される初めての中国映画であり、それまでいくら努力しても到底アメリカ映画に勝てなかった中国映画の興行の常識を打破し、中聯映画人のプライドを高めたことが容易に想像できる。これに続いて、『恨不相逢未嫁時』（王引、一九四二）、『牡丹花下』（卜万蒼、一九四二）、『春』（楊小仲、一九四二）、『秋』（楊小仲、一九四二）、『博愛』、『芳華虚度』（岳楓、一九四二）、『四姉妹』（李萍倩、一九四二）などの中聯作品が続々と公開され、その中で『蝴蝶夫人』と『恨不相逢未嫁時』の二本は、孤島期以来となる興行記録を打ち出したという[26]。

日本映画はと言えば、『指導物語』に続いて租界進出を果した二回目の劇映画は、一九三九年の『キネマ旬報』ベスト・テン七位、

1942 年 8 月 14 日，上海南京大戯院で『暖流』が公開される（『映画評論』1943 年 2 月号より）

新人監督吉村公三郎の『暖流』（松竹、一九三九）であった。八月一四日から五日間にわたって、元フランス租界にある南京大戯院で中国語題名『暖流』に英語題名『Warm Currents』をつけて英語版による上映が行われた[27]。しかし、「大東亜戦争」をストレートに謳歌する『帝国海軍勝利の記録』を上映した直後だけに、突然、開戦前に製作された女性映画に切り替えたことについては、当事者たちの戸惑いの証言が残っている。

例えば、筈見恒夫は「『暖流』が日本の近代生活を扱った作品の中で、代表的なものであるといふことに疑ひの余地はないが、心理描写のゆとりのなさがある。われわれ日本人にも素直に理解できない独善さがある。私は、それを危惧しているのであるが、これを近く支那の映画人たちに見せて、批判をさせてみたいと思っている[28]」と懸念を示しつつも、あくまでも中国映画関係者の反応を知りたい一心で選んでみたと述べている。

他方、清水晶も「これこそ最初の劇映画の進出として注目されたが、それにしてはその選定がいささか切磋の思ひつきにすぎたきらひもあり、宣伝期間も充分ではなく、その結果のほど正直なところ、まるで見当もつかなかった[29]」と、やはり懐疑の気持ちを吐露していた。

実際、五月の始めには『将軍と参謀と兵』と『父ありき』（松竹、小津安二郎、一九四二）が関係者の選択肢として視野に入っていたらしい。ただ、「流石に支那の野に闘っている兵士を描いている前者は、いかに優れた作品であると言へ、問題にはならない。若し『将軍と参謀と兵』が、大東亜戦争のマレーなり、フィリッピンなりの戦線を背景としているものなら、私たちは躊躇なく、これを租界に持ち込んで封切りする義務がある[30]」と、奇しくも筈見が語ったように、このとき関係者は中国の戦場を背景にした作品が中国観客の民族感情を刺激するのを回避するために、『将軍と参謀と兵』を割愛したことが分かるだろう。

しかし、それに代わる作品として意識的に『暖流』を選択したのかというと、そうでもなかったらしい。筈見が言うように、「高峰三枝子や水戸光子のやうな第一線の人気女優を、租界のインテリたちに印象づけるのは得策だと思われる(31)」し、しかもタイミングよく英語字幕付のフィムルがちょうど手許に来ていたところだったため、関係者は不安を抱えながらも公開を決めたのだと思われる。つまり、『暖流』を決めた時点では、筈見を始め、関係者一同は『暖流』に対して大して期待をしていなかったと考えられる。しかし、南京大戯院で公開してみると、『暖流』は「当初の一部の危惧を尻目に堂々と成功裏に終了した(32)」のだった。清水は事後報告で次のように語っている。

いざ蓋を開けてみると、[『暖流』は]予期以上の好評で、当初三日間の予定を、次なる米国映画を犠牲にして、五日間に日延べするやうな始末に我々はここに暫く今後の日本映画の租界進出に対して或る種の確信を得ることが出来たのであった(33)。

すなわち、『暖流』公開の収めた成功は、関係者の、日本映画を進出させていく更なる自信につながったのだった。清水が伝えた中国の観客の反応を読めば分かるが、そこでは高峰の役柄より、水戸が演じた貞淑な女性像が喝采を博したようである。

この映画に対する中国人の一般的な反響に於て、特に注目されることは、水戸光子の演ずるぎんの控へ目な、暖かな態度が、何にもまして、中国人ひとしく絶賛の的であったことである(34)。

一般観客のみならず、中聯映画人からの反響も高く、「監督でも俳優でも、この映画だけは殆ど全部の者が観ている」[35]と、清水は証言している。なかでも特に女優たちは水戸の役柄を称賛する記録を残している。例えば、女優の周曼華《しゅうまんか》[36]は「『暖流』を見た後、美しい日本女性の情感に感動した」[37]と語っているし、『木蘭従軍』に主演した陳雲裳も、『暖流』の撮影、物語、演技を認め、とりわけ「看護婦に扮した水戸光子が最も好きで、含みのある表情をしている彼女の顔から尋常でない美しさが放たれている」[38]と褒め称えたのだった。

かくして、眼前の戦争のポリティクスから遠く離れていただけに、『暖流』は予想外の好評を博し、『満蒙建国の黎明』以来の、中国人が抱き続けた日本映画に対する反感を緩和して関係者たちを大いに励ましたのである。

そもそも、松竹の多くの作品がかもし出すモダニズムを受け継いだ『暖流』は、一九三〇年代後半の日本女性映画の水準を代表する一作として国内で評価されていた。男女の恋愛三角関係を軸にしたこの作品は、自我が強くけっして男性に依存しようとしない高峰三枝子の演じる令嬢に対して、愛する男性に従順で献身的に振舞う、水戸光子の扮した看護婦という、まるで対照的な女性キャラクターを作り出している。しかし、当時は恋愛映画が軽蔑され、映画戦が声高らかに叫ばれていた時代である。そんななかで、言わば「大東亜戦争」の文化政策と無関係な『暖流』が不本意ながらも選ばれたもう一つの理由があるとすれば、それは、上海の洋画ファン――インテリ観客層を獲得しようとする意図が進出側にあったことが推測できる。つまり、日本的「四畳半」趣味と言われる小市民映画[39]、中国人に難解な時代劇と比べれば、『暖流』の背景になる都会、ヒロインの家庭をめぐる環境、物語の舞台となる病院などは、いずれもモダンで近代の匂いを感じさせ、上海映画のモダニズムに匹敵できるその強さが買われたのだと考えられるのである。

しかし、『暖流』の成功はあくまでも予想外のことであり、当作品が上映される前には、実際のところ関係者はどんな作品を進出させるべきかと様々な議論を交わして右往左往していたのである。たとえば、日本映画の進出を語るある座談会において、『馬』（東宝、山本嘉次郎、一九四一）と『土』（日活、内田吐夢、一九三八）を日本人の感情をうまく捉えたことで強く薦める筈見に対して、情報局の不破祐俊[40]は「まだ大東亜共栄圏の内部においては、文化程度というものがさういう日本人の気持ちに訴へるやうな芸術文化まで達していない[41]」と語り、日本人の目から見た傑作でも、文化程度の低い東南アジアの人々や、中国人には分かってもらえないと説明する。それに昔の日本を描く時代劇、剣戟映画は尊敬されるどころか、逆に中国人から馬鹿にされかねず、進出に不向きだという意見も出されていた。そうした中で『暖流』の名前は一度も言及されなかったが、参加者が口々に語ったメロドラマの軟弱性、時代劇の後進性、農村を背景とする映画の不適応性などの条件にどれもあてはまらないためか、それともアメリカニズム[42]の中心地である上海の特殊な地理的要素が考慮されたためなのかは判然としないが、少なくとも『暖流』なら、上海映画に馬鹿にされそうもないし、また筈見の言うように、ちょうど手許に来ているからということもあろうが、いずれにしても、上海を熟知する映画評論家たちの勘がいい具合に働いたと考えるべきだろう。

南京大戯院での反響に続いて、『暖流』はその後、平安大戯院で安価な料金による上映も行われ、さらに大華でも再上映が行われた。「大華の再映は吸引力不足し、甚だしく低調。然し、本映画が優秀作品であることは、観賞の中国人が斉しく認めている[43]」と報道されたように、二度も再上映を行ったほど、『暖流』は当時上海の多くの観客に見てもらえた日本映画の一本になったのである。

1—4 プロパガンダの行方

一九四二年九月二四日、『南海の花束』〔『南海征空』〕(東宝、阿部豊、一九四二)は大光明戯院で初めて中国語字幕付の作品として公開された。その一週間前の九月一六日に、中華電影が中日文化協会との提携により、キャセイ・ホテルで『南海の花束』の特別試写会を開いていた。その試写会は「今までになく盛況で、撮影の合間を見て駆けつけた三十余名の監督、俳優達から、口々に絶大な賛辞を聞きつつ、中国人の間に膨拜〔澎湃〕として昂まりつつある日本映画への関心をそら恐ろしいまでに身を以て感じながら、この映画の前途を祝して乾杯した[44]」と、清水は試写会の盛況を報道している。このように試写会で確かな手答えを得た後に、関係者は中国語字幕付の『南海の花束』を日本映画常設館と同時に公開することに踏み切ったのだった。

『暖流』の次に『南海の花束』を持ってくるのは、『指導物語』の路線へ回帰しようとする意図があったのだろう。野口久光の書いた批評の冒頭部分を見てみよう。

> 『南海の花束』は大東亜戦争勃発以前に企画された映画であるが、決戦体制下の今日なお、その精彩ある題材と、かつて日本映画にみられたことのないその大きな舞台とによって、凡百の映画を引き離した魅力を持っている。［中略］この映画は、大東亜の盟主日本が共栄圏におくるに相応しい構想と規模を持っている事は喜ばしい[45]。

いくら受けがよくても、『暖流』は内容的には時局とかけ離れすぎており、眼前にある戦争の大義名分にふさわしいものではなかった。したがって、『南海の花束』のような「東亜共栄圏内の諸民族に日本の実力と真意を理解させることの出来る映画[46]」を選択しないと、日本映画進出の使命をうまく果たせないことを関係者は心得ていたのである。公開にあたっては中国映画人向けの試写会を行い、座談会を開き、関係者は『暖流』の時には見られなかった、並々ならぬ熱意を『南海の花束』の公開に注いでみせたのだった。そのような情熱は報われたのだろうか。この頃創刊された『新影壇』の、丁尼《ていに》が書いた「『南海征空』雑感」や、『東亜影壇』に掲載された女優の周曼華の書いた「印象記」を読むと、感想らしきものが僅かにあったが、『暖流』ほどの反応は得られず、『暖流』効果はけっきょく『南海の花束』へと繋いでいくことが出来なかったようだ。「蓋を開けてみた挙句は少なくとも私自身の予想に関する限り、あまりにも意外なことに、この映画はいままでの租界進出を通じて、もっとも淋しい結果」になった[47]と、清水が嘆いたように、上映日数七日間で観客総数は一〇一七九人だった[48]。『暖流』の五日間で観客数一三六二三人と比べたら、一日当たりの観客はずっと少なかったことになる。

『南海の花束』を九月二四日に公開させたのは、中国の旧暦の中秋節効果を狙う意図もあっただろうが、その苦心も惨敗に見舞われた。というのも、洋画映画館への進出を果たした中国映画に客足が奪われることを誰も予想しなかったからだ。資料の記載によると、当日、南京大戯院で巴金の原作による文芸映画『秋』(楊小仲、一九四二)が、インテリ層の観客を集め、『薔薇処処開』(方沛霖、一九四二)を上映する大上海大戯院と『慈母曲』(朱石麟、一九三七)を公開する滬光大戯院は、いずれも観客でごった返していたという。[49]

それだけではなく、『南海の花束』の人物像やプロパガンダ性に対して難色を示した観客がいたのである。例えば、ある記事は「祖国に献身的で、勇敢に前へ進める鉄鋼のような精神力を学ぶべきだ」と肯定しておきながらも、「主人公の五十嵐が頑固の性格描写、或いは物語前半のリズム、時間、空間の不明瞭さなどかなり批判的な意見が」あったと、中国人観客の意見を伝えている。[50] また、清水がある記事でふれたように、試写直後に開かれた座談会においては「早くも、この映画に於ける大日方伝の所長の強引きはまる性格をはっきり不快であると明言する映画人が現われた。これは日本の宣伝映画であるといふところで片付けられさうな気配であった」という意見があった。[51] 見方によっては、主人公に対する批判は、国策色の濃い映画への一種の拒絶反応だったと言えないだろうか。

「『暖流』ほど中国人の心にしみわたらなかった」[52] という『南海の花束』が失敗を喫した後にもかかわらず、次の公開作品は『マレー戦記　進撃の記録』(以下『マレー戦記』と略)(『馬来戦記』)(陸軍省監修、日本映画社、一九四二)になり、一一月一二日から一週間にわたって大光明戲院で公開された。当事者たちは『南海の花束』に対する中国人の反応を気にしながらも、『マレー戦記』の公開を断行したのである。前述のように、中国を避けて戦場が東南アジアであれば、さほど抵抗はないだろうという関係者の言葉を踏まえて考えれば、当作品が選ばれた理由はおのずと分かる。関係者らは「東亜民族必見の映画としての信念」[53] を持ち、租界で芽生えつつある反英の空気や共存共栄の理念に合致するものが『マレー戦記』だと確信していたに違いない。清水の次の言葉はその証言になる。

中国人は、その長い間の半植民地的性格の裏に、不思議に根強い被害妄想と伝統の悲劇精神を織り交ぜて、少なくとも今のところは、正面きって、東亜解放、共存共栄の理念を高らかに謳ひあげる歓喜よりも前に、アングロサクソンの暴虐を熱涙こめて今こそ訴へんとする興奮の方が先である。今度の『マライ戦記』の場合、如上の意味合ひから、我々がこれを東亜民族必見の映画として推すのと並んで、中国側自体にも既にこれを受け入れるある種の反英的な心がまへがあったといふことを言ひたい。(54)

関係者の期待は裏切られなかった。『帝国海軍勝利の記録』と同様、『マレー戦記』も当たり、一週間の観客数は『南海の花束』を上回ったのである。上海の人々がなぜ熱心に戦争ドキュメンタリーを見に行くのかについては後述するが、ともかくこの度の成功は、中国を戦場に設定するのを回避するような「大東亜映画」の選定に拍車をかけることとなった。

一九四二年一二月七日、日本が租界を占領した一周年に、もう一本の日本映画が公開された。『希望の青空』(『希望之青空』)(東宝、山本嘉次郎、一九四二)である。「敵性国」の映画がいよいよ禁止されることもあって、(55) 当作品は二番館の麗都大戯院で幻燈による字幕の上映になった。三日間だけの公開だったが、観客は一三七四人しかなく、『暖流』の十分の一に過ぎない結果だった。

そして、翌日の一二月八日に、大光明戯院で『ハワイ・マレー沖海戦』(『夏威夷・馬来大海戦』)(東宝、山本嘉次郎、一九四二)の招待試写会が開かれ、日本でもマスコミに大々的に宣伝された同作品が上海の租界に登場することになった。そして、『ハワイ・マレー沖海戦』が上映されてまもなく、上海の映画館においては、すべての英米映画の上映が禁じられ、一流洋画館の広々としたロビーの壁に飾られていたハリウッド・スターたちの写真が一斉に取り外され、それに取って代わったのは、日中両国の俳優の写真だった。

2　華　北

2—1　劇映画の進出

次に、華北地域での日本映画進出の展開を概観しよう。

盧溝橋事件以降、「北支軍」は一九三八年一月から映画班を組織する一方、作戦を記録するニュース映画作りを満鉄映画班に依嘱し、完成された作品を華北の農村における巡回映写に使用していた。[56] 一九三九年に新設された華北電影は、この「北支軍」の活動を引き継ぐ形で巡回映写を続けることになったのである。

しかし、日本の占領区域が増えるにつれて、農村部を中心に行われる巡回映写だけでは物足りなくなり、日本映画、殊に劇映画の都市部への進出はますます重要な課題になりつつあった。なぜかと言えば、ニュース映画と文化映画の分野に限る形で、華北の農村部では、日本映画の進出が一応実現されたとはいえ、都市部においては、劇映画は相変わらず日本映画の常設館でしか上映されておらず、観客のほとんどが日本人という状況は依然として改善されてはいなかったからである。すなわち、占領区域の心臓部とも言える都市部の大半の映画館のスクリーンを占領していたのは、アメリカ映画か中国映画であり、日本の占領という現実をあまり感じさせないほど、映画工作は捗っていなかったのである。むろんこのような事態は、この時点では、上海や華北だけではなく、日本軍の侵入したその他のエリアでも同様であった。

そうした現状に憂慮し、現地での自らの映画体験に基づいて書かれた記事が、この頃、日本の文芸誌と映画誌に多く掲載されている。

例えば、「戦地でみた映画」と題して、ある従軍衛生兵は、武漢での映画体験を述べている。それによると、彼の見た映画は、『木蘭従軍』と『蘇武牧羊』（新華、卜万蒼、一九四〇）の二本を除いて、アメリカ映画ばかりだったという。[57]

すでに従軍作家として名を馳せていた火野葦平は、自分の滞在した広東の映画事情を報告した文章を『日本映画』に寄稿している。火野によれば、陥落後の広東市内に新しく開館された二つの映画館では、「前者は兵隊や居留民のために日本映画をやり、後者は支那人のために支那映画をやる」が、「殊に支那人に見せるフィルムがない。支那映画を見つけだして来ても殆ど大半が抗日映画である」という状況だった。日本映画の常設館では『上海陸戦隊』が上映され、「支那人がたくさん見に来て、これはなかなかよい映画であるといふ。それはどういうわけか直接我々には話さないが、裏から聞いて見ると、あの映画は実に支那軍の勇敢なところを現しているといふのである」とも火野は伝えている。ならば、ニュース映画はどうかというと、「支那人にはあまり戦争ニュースは歓迎されない。日本軍が勇しく進撃し支那軍陣地を攻撃したり占領したりする写真は支那人は見ようとしないのである」(58)ということだった。

普通の兵士であろうと、文化人であろうと、日本映画がまだ占領地に進出できていない現状に焦りを感じる書き手の気持ちがこの二つの記事から窺えるだろう。日本軍が中国で占領区域をどんどん広げていくのに対して、日本映画、とりわけ劇映画の進出は占領政策にまったく追いつけていないのが現実であったのだ。

そもそも、武漢や広東と比べれば、華北ではアメリカ映画の勢力がより幅を利かせていたのである。アメリカの映画会社(メトロ、RKO、ユニヴァーサル、パラマウント、FOX、ユナイト、ワーナー)は、いずれも天津の租界に支社を設置しており、アメリカ映画を盛んに上映していた(59)。当時の配給の実態を報道する記事の言葉を借りれば、「事変前に於ける華北映画界は殆ど総てがと云っても好い程上海映画市場に依存したものであった。然し、此の上海映画界は又遠く太平洋を隔て米国映画界に依存した、これが為華北の映画市場は上海ものと、米国もので余す所なき迄に占められた(60)」のであった。こうしたアメリカ映画の独占振りを反映する例として、「北支軍」の報道部員である村尾薫の「華北電影だより(61)」が挙げられるだろう。村尾はこの文章の中で、北京で観賞したアメリカ各社の作品を一つ一つコメントつきで批評し、アメリカ映画が北京の映画市場を制覇している様子を浮かびあがらせている。

このような状況下で、占領政策をスムーズに推し進めていくには、最大の娯楽である劇映画を進出させる緊急性が、一層高まったといえる。そこで、劇映画を通して中国の民衆に占領の正当性を訴える見解を述べる言説が現れ始めたのだった。例えば、太平洋戦争開戦の直前に、「華北電影の現状」と題する記事は、次のように呼びかけていた。

要するに支那民衆に端的に訴へかけるためには、ニュースや文化映画が一番早道で、さらに効果を収める上から劇映画が必要であるのはいふまでもないのです。(62)

しかし、劇映画の本格的進出はなかなか目処が立たず、農村部における文化映画巡回の実績と劇映画の都市部への進出不徹底とのアンバランスな状態はしばらく続くほかなかった。それというのも外国映画の興行がほぼアメリカの業者に独占される一方で、日本映画の上映場所が保障できていないことが主な要因だった。事変直後、天津と青島にそれぞれ日本映画の常設館は一館しかなく、北京には一館もなかったことからも分かるように、(63)華北の幾つかの大都会においては、日本映画の上映ルートは極めて手薄だったのである。

それゆえ、華北電影は映画館の設置を保障する重要性を設立当初から意識し、映画館の増設を第一の課題として取り組んでいたのである。結果的には、一九三九年という時点において、華北の一一の都市で一八館までに拡大できた(64)という。しかし、常設館を増やし上映ルートが保障できるようになっても、日本映画の進出にとってさらなる障害が横たわっていた。先述の火野がとりあげた例からも明らかなように、『上海陸戦隊』のような劇映画を中国の観客に見せるとすれば、進出者の意図に反する解釈をされてしまう事態が起こりうるし、あるいは別の記事が分析していたように、「華北一般中国民衆の思想動向もまた日本映画に対しては冷たい背をむけて、激しい排撃の無言の挑戦を行っていた(65)」以上は、そもそも民衆は日本映画を見ようとさえしないかもしれないのだ。それゆえ、いかに中国人の観客を集めるのか、さらには、上映できたとしても、むやみに何でも見せていいのかといった難問に、進出側は最初から立ち向かわなければならなかったのである。

2―2　進出映画の選定と検閲

では、劇映画はどのように華北の都市部へ入り込んでいったのだろうか。本節は、華北区域における映画工作の実態に関する報道記事を頻繁に映画誌に寄せていた村尾薫[66]の記述を中心に、その経緯を辿ってみようと思う。

盧溝橋事件の直後から華北では中国人向けの鑑賞会や試写会が開催されることがあった。一九三八年の夏、まず『愛染かつら』〔『愛染情系』〕（松竹、野村浩将、一九三八）が上映されたのだが、字幕どころか、関係者が説明書すら用意しなかったので、何の反応も得られなかった。その教訓が生かされたのか、翌年、関係者が『子供の四季』〔『小孩的四季』〕（松竹、清水宏、一九三九）を中国語パンフレットつきで上映してみると、「児童映画と云ふ思想的にも無難であった故もあり、二〇〇名近い中国人を吸収し、映画の評判も可成り好評であった[67]」という。そして、次の鑑賞会に、『波濤』（松竹、原研吉、一九三九）を上映したのに続き、時代劇『鞍馬天狗』〔『黒衣剣客』〕を「試験的宣伝のためにかけてみた。これは「予想外の反響を呼んで大へんな人気であった」という[68]。

関係者は一般大衆向けの作品を上映させるとともに、中国のインテリ向けに、『木石』（松竹、五所平之助、一九四〇）を上映した。なかでも関係者に一番手答えがあると感じさせたのは『みかへりの塔』〔『孩子的楽園』〕（松竹、清水宏、一九四一）を日本映画館にかけた時だった。この際、スライド方式の字幕が初めて使用され、六日間で中国人観客を九二三名招待できたという[69]。

上記の事例はいずれも少数の観客のための試写会や鑑賞会であり、一般公開ではなかったが、手探りの方法ながら中国の観客の目を日本映画に向けさせようとする模索であり、劇映画を本格的に進出させるための事前調査だったと位置づけられる。

だが、それでも大多数の中国の観客は日本映画を見ようとしなかった。太平洋戦争の開戦直後に書かれた村尾の報告によると、華北において、「日本映画館が三十三館あり、五社の作品は続々北支の各地で上映されているが、これらはいづれも在留邦人に見せるのみで、支那人に対して北京の映画館が支那語の題名をつけて支那側に宣伝し、若干の支那人が見に来る程度[70]」に留まっていたという。

つまり、映画鑑賞会の開催が積み重ねられた上、日本映画館の数も二年前の一八館より三三館までに増え、進出の条件がかなり好転したかのように見えるが、実際中国人は日本映画を見ない、という肝心の問題は一向に改善されていなかったのである。結局、劇映画の本格的進出が実現するのはやはり、太平洋戦争の開戦を待たなければならなかったことは上海と全く同じであったのだ。

ただ、華北では、太平洋戦争の開戦と同時に、アメリカ映画の上映がすぐに禁止された点[71]で、上海とは異なる。開戦後、アメリカ映画を上映していた映画館は、一斉に中国映画、ヨーロッパ映画、日本映画の公開に転じたが、「欧州映画は日本人には向くだろうが、中国人には全然向かない」し、中国映画の場合、「上海製の中国映画だが、これは数少なくて満映作品と一緒にしても、せいぜい一系統を流すだけしか配給できない[72]」という状態にあり、上映フィルムの不足によって、映画配給業界は興行不振に陥ってしまったとされる。

しかし、このような事態は却って日本映画の進出にとって好機となった。アメリカ映画が追放された映画配給業界がまるで中核が抜き取られたような運営上の困難に陥ったということは、日本の劇映画の進出がようやくスタートできる環境を整えたとも言えるからである。

さて華北での本格進出を果たした劇映画の第一号はどんな作品だったのだろうか。その一番手に選ばれたのは『熱砂の誓ひ』と『君を呼ぶ歌』(東宝、伏水修、一九三九)である。李香蘭の大陸三部作の一つである『熱砂の誓ひ』が選択された理由は、「第一にはこの映画の主題である。この映画には防共とそして治安強化のために道路建設を促進すると云ふ二つの大きい主題があり、人物の性格から見れば崇高なる人類愛で貫いてる[73]」点にあると、村尾は言う。関係者たちが敢えて上海と異なる方策を立て、日本国内で四方八方から非難されている大陸メロドラマを華北進出映画の第一号に選んだのは、やはり映画の地盤が薄い北京の文化事情を考慮したのだろうと思えてならない。

しかしもう一方では、華北の映画市場は上海と共通する特性を持っていたことも指摘しておきたい。つまり、洋画館にばかり通う洋画ファンと国産映画だけしか見ない一般的な観客というふうに、観客層の二分化が顕著だという点では上海と似通っていたのである。村尾によれば、「殊に所謂インテリは支那映画は殆ど見ないで米国映画ばかり見ている」[74]ので、選定に際して、関係者は最初から異なる対象を想定して決めたという。

村尾の証言をふまえて考えれば、一般市民を対象に『熱砂の誓ひ』は選ばれたのであろう。当作品は『砂地鴛鴦』という中国語の題名に訳され、中国語字幕がつけられて北京の新々戯院をはじめ、華北の二〇館で二、三日間公開された。[75]そして三五四四名の観客を動員し、「封切興行の成績も先づ普通で、支那映画を上映している週間と比べて決して悪くはなかった」[76]という。

その結果を見て、関係者はさらに『君を呼ぶ歌』に、それぞれ中国語題名『鶯歌麗影』と英語題名*My song to you*をつけて、アメリカ映画専門館だった北京のレックス劇場をはじめ、天津、済南、青島、張家口の洋画館での公開に踏み切った。[77]観客層への対応から、『熱砂の誓ひ』を中国映画専門館で上映する一方で、『君を呼ぶ歌』は「洋楽を多分に取り入れてあるので高級ファン向きの映画である」と予想したために、「どうしても洋画の館でなくてはならないとの確信を抱いた」[78]関係者は、これを洋画館で公開させたのである。

さらに、二作とも公開に際しては、マスコミによる座談会が招集された。当座談会では、たとえば『熱砂の誓ひ』に映し出された北京の景色を見た観客の熱気を伝える参加者がいたものの、作品が描いた日中恋愛の不自然さに批難が集中したようだ。それに対して、『君を呼ぶ歌』は、放送局の近代的施設や音楽会における洋楽の演奏などの、西洋音楽にまつわる場面が多く取り入れられていたがゆえに、「この映画は戦争を扱って巧みに宣伝を織り込んでいると思ふが、美しい音楽で情緒的に強調してあるので、宣伝と知りつつも少しも不愉快な感情を与へず鑑賞することが出来た」[79]という発言に見られるように、音楽をポイントに押さえた選定の結果、関係者が予想する効果をある程度収めたと考えられる。

興味深い事実は、華北電影が上海より保守的な選定路線を実行したことである。上海の関係者が『支那の夜』などの三部作を選ぶどころか、この手の作品に対して痛烈な批判を加えたりしたことは前述の通りであるが、華北電影は、『熱砂の誓ひ』のみならず、『支那の夜』の監督、伏水修《ふしみずおさむ》の『君を呼ぶ歌』を採用し、その後は、『蘇州の夜』までも大いに宣伝した上で上映したのである。村尾によれば、その結果は「九日間の上映中に千六百余名の支那人の観客が入った。これも日本映画館に支那人の入った新記録[80]」を作り出したという。

つまり、同時期、日本国内で繰り広げられているメロドラマ批判をよそに、華北電影は独自に進出活動を展開していたのである。くり返すが、いずれも開戦前に製作し戦争の時局に不向きと言われかねない二作品を関係者が敢えて選定したのは、ほかでもなく北京の映画市場と観客事情に左右された結果に違いない。

その後、華北における日本映画の輸出は、日本国内の内務省と現地憲兵隊、及び傀儡政府という多重の検閲下[81]で進められるようになる。その結果、作品の選定に際し、日本国内で評価されたものでも輸出不可と言われ、押収されるケースが幾つか出てくることになる。開戦後一年目の華北への映画輸出を例にしてみれば、少なくとも内務省によって次の八本が進出のリストから削除されていた。『小島の春』(東宝、豊田四郎、一九四〇)、『明朗五人男』(東宝、斎藤寅次郎、一九四〇)、『姑娘の凱歌』(東宝、小田基義、一九四〇)、『歌へば天国』(東宝、山本薩夫・小田基義、一九四二)、『わが愛の記』(東宝、豊田四郎、一九四一)、『君よ共に歌はん』(松竹、蛭川伊勢夫、一九四一)、『右門江戸姿』(日活、田崎浩一、一九四〇)、『明暗二街道』(日活、田口哲、一九四一)。削除の理由とは次の通りである。

『小島の春』『わが愛の記』について、前者は日本の癩病患者の陰惨さを描き、後者は傷痍軍人をとりあげ、いづれも現地に於いては対外的に日本を曲解せられる虞れあるものであり、『明朗五人男』『姑娘の凱歌』その他一連の作品はその内容があまりにも反時局的であり、低俗に堕するが故の輸出禁止である。[82]

このような事情に加え、一度国内の検閲を通った作品が現地で上映禁止または保留されてしまうケースさえあった。例えば、次の五本がそれにあたる。『父なきあと』（松竹、瑞穂春海、一九四二）、『開化の弥次喜多』（松竹、大曾根辰夫、一九四二）、『弥次喜多怪談道中』（松竹、一九四〇）、『エノケンのどんぐり頓兵衛』（東宝、山本嘉次郎、一九三六）、『上海の月』（東宝、成瀬巳喜男、一九四二）。それらが禁止か保留された理由とは、『父なきあと』は「戦没将兵の遺家族をテーマとしたものであり、父なきあとの妻子の悲劇が露骨なため前線将兵の士気を阻喪する怕れあ」るためであった。『開化の弥次喜多』などの三作は「いづれも内容が不真面目で反時局的な作品のため」であり、『上海の月』は「親日派要人が次から次へと敵性テロ団の凶弾に斃されてゆくテーマであり、且つ亦防略[ママ]の見地よりするも面白からず、華北中国人にも悪影響を及ぼす怕れがあるため[83]」だったという。

要するに、時局に無関心な娯楽作品、大日本帝国のイメージを損なう恐れのある作品、または民衆の不安心理を煽りそうな作品は、一様に差し止められたのである。たとえば、汪政権との連携と防諜がテーマで、明らかに重慶政府と対抗する意識によって作られた前述の『上海の月』は、国内での不評に続き、大陸での上映も取り押さえられたし、せっかく姑娘を題名にした『姑娘の凱歌』も結局上述のいずれかの理由により、上映できなかったのだった。国策に見合った作品が進出に適しない、といういささか皮肉な結果を招いた上記のような事例は、受け入れ側の反応を必要以上に考慮に入れる進出側の慎重さが浮かびあがってくるだろう。

3　日本映画の受容

3—1　日本映画専門館の開館

一九四三年一月九日、汪政権は英米に宣戦布告を行った。翌日の一〇日、中華電影は敵性国映画の追放を決定した。

この決定により、上海駐在の各アメリカ映画会社支社の米国人支社長たちが収容所に送られることとなったが、中国人の職員は留任した。日本軍の租界占領の翌日に、ニュース映画の上映が速やかに行われたのと同様、今回も戦局に附随した映画政策が素早く実施されたのである。

一月一五日、大華は日本映画専門館として開館した。租界の中央地帯に位置し千人以上を収容できる大型の洋画専門館の大華は、大光明戯院と同レベルの豪華な設備を有していた。また、その他の洋画一流館と同様、かつての大華の観客層は知識人がその大半を占めていた。洋画館から日本映画専門館への変更にあたり、大華は興行の目的に次の三点を挙げたのである。

一、一人でも多くの中国人に日本映画を理解せしむること。二、出来る限り中国人に理解し易き物語の作品を選定する事、これがため優秀映画もある場合上映せず。三、日本語修学者のためになる事。(84)

ここから明らかなように、一九四二年からの一年間に、日本映画の試写会と公開を繰り返し行って得られた経験と教訓は、ともに大華の経営に役立ったといえよう。興行収入や宣伝効果よりも、大華はひとまず中国の観客に日本映画に興味を持たせるようにすることに重点を置き、一本の映画上映につき、幻燈による中国語の説明、イヤホンによる放送、プログラムの発行など、上映をめぐる設備を整えることに力を入れたのである。

一月一五日から一週間にわたって上映された作品は、『英国崩るるの日』〔『英国崩潰之日』〕(大映、田中重雄、一九四二)であった。大華開館の一本目にこれを選んだのは、前年に公開した『マレー戦記』と同じく、「大東亜戦争」を宣伝するためだったと思われるが、「大東亜共栄圏」意識を植え付けようとする関係者の思惑は、またもや『南海の花束』のように裏切られ、「成績不良、総体的にこの映画は中国人にあまり歓迎されぬやうに見受けられた(85)」という結果になったようだ。

その後、大華は一週間ごとに作品を変えていく方針に変更し、作品の選定も国策色の濃い作品の合間に、文芸作品、コメディ、ミュージカルなどを入れ、プログラムをバラエティに富むように編成する工夫をした。例えば、『英国崩るるの日』の次に、『暖流』を間に入れ、そして『桃太郎の海鷲』[『天空神兵・飛太子』](芸映、瀬尾光世、一九四三)の上映後、『電撃二重奏』[『贛漢艶史』](日活、島耕二、一九四一)を持ってくるというふうに、随時中国の観客の反応を収集しながら、どのような作品を上映するかにかなり神経を尖らしていた。ここに至って、あれほど上海人に見せたくないと言っていたコメディやメロドラマもふんだんにプログラムに組み込まれ、上海人に軽蔑される危惧などもどこかに吹き飛んでしまったようである。

「映画政論家が希望している中華人に日本映画を見せるといふ問題は非常に難しい(86)」と、太平洋戦争の開戦直前、中華電影の日本人職員が嘆いていたが、開戦一年後、局面は少しずつ打開されたかのように見える。むろん日本軍の租界占領がなければ、日本映画の租界への進出もできなかったのと同様、日本主導の製作、配給網の一元化がなければ、また映画市場で絶対的優勢を保ってきたアメリカ映画の駆逐がなければ、日本映画専門館の実現も難しかっただろう。

次に、大華における上映の実態を概説しよう。

日本映画を中国の観客に一方的に押し付けることを避けるために、大華は支配人の千葉俊一(87)と中国人の柏子こと郭《かく》柏霖《はくりん》(88)を中心に、観客と大華の絆を繋ぐ雑誌『大華』を刊行することを決めた。『大華』誌は一九四三年から一九四四年までの一年間、定期的に発行されている。その主な内容から言えば、文化人の書いた映画批評、公開作品のあらすじ、映画主題歌の歌詞、観客の投稿欄などから構成される雑誌だった。また日本映画に興味を持たせるために、『大華』は「日本電影同好会」(日本映画愛好会)を作ったり、日本映画と俳優のベスト・テンの投票を行ったり、あるいは日本映画に関する問答欄を設けるなどして、中国の観客の獲得に努めたのである。

では、いったいどんな作品が大華で上映されていたのだろうか。筆者が入手した『大華』誌に載っている作品名を邦題と中国語題名で次に書き並べてみよう。

日本語題名	中国語題名	製作会社	監督	（製作年度）
『荒城の月』	（『荒城月』）	松竹	佐々木啓祐	一九三七
『残菊物語』	（『暁星夜月』）	松竹	溝口健二	一九三九
『暖流』	（『暖流』）	松竹	吉村公三郎	一九三九
『兄とその妹』	（『兄妹之間』）	松竹	島津保次郎	一九三九
『支那の夜』	（『春的夢』）	東宝	伏水修	一九四〇
『国姓爺合戦』	（『明末遺恨』）	新興京都	木村恵吾	一九四〇
『暢気眼鏡』	（『窮開心』）	日活	島耕二	一九四〇
『電撃二重奏』	（『贛漢艶史』）	日活	島耕二	一九四一
『女学生記』	（『処女群像』）	東京発声	村田武雄	一九四一
『阿波の踊子』	（『舞城秘史』）	東宝	マキノ正博	一九四一
『戸田家の兄妹』	（『慈母涙』）	松竹	小津安二郎	一九四一
『父ありき』	（『父親』）	松竹	小津安二郎	一九四一
『幽霊水芸師』	（『水魔怪異』）	日活	菅沼完二	一九四一
『世紀は笑ふ』	（『分道揚鑣』）	日活	マキノ正博	一九四一
『秀子の車掌さん』	（『伶俐野猫』）	南旺映画	成瀬巳喜男	一九四一
『英国崩るるの日』	（『英国崩潰之日』）	大映	田中重雄	一九四二
『マレー戦記』	（『馬来戦記』）	日本映画社	陸軍省監修	一九四二

『ハワイ・マレー沖海戦』	(『夏威夷・馬来大海戦』)	東宝	山本嘉次郎	一九四二
『伊賀の水月』	(『伊賀的水月』)	大映	池田富保	一九四二
『間諜未だ死せず』	(『未死的間諜』)	松竹	吉村公三郎	一九四二
『微笑の国』	(『幸福楽隊』)	日活	古賀聖人	一九四二
『新たなる幸福』	(『新的幸福』)	松竹	中村登	一九四二
『南海の花束』	(『南海征空』)	東宝	阿部豊	一九四二
『水滸伝』	(『水滸伝』)	東宝	岡田敬	一九四二
『母子草』	(『母子草』)	松竹	田坂具隆	一九四二
『宮本武蔵・一乗寺決闘』	(『一乗寺決闘』)	日活	稲垣浩	一九四二
『新雪』	(『新雪』)	大映	五所平之助	一九四二
『歌ふ狸御殿』	(『狸宮歌声』)	大映	牧田行正	一九四二
『逞しき愛情』	(『堅固的愛情』)	新興	沼波功雄	一九四二
『翼の凱歌』	(『空軍双雄』)	東宝	山本薩夫	一九四二
『希望の青春』	(『希望之青春』)	東宝	山本嘉次郎	一九四二
『豪傑系図』	(『豪傑世家』)	大映	岡田敬	一九四二
『東亜の凱歌』	(『東亜的凱歌』)	報道部	構成、沢村勉	一九四二
『海の豪族』	(『瀛海豪宗』)	日活	荒井良平	一九四二
『サヨンの鐘』	(『蛮女情歌』)	松竹	清水宏	一九四二
『鞍馬天狗』	(『老鼠大俠』)	大映	伊藤大輔	一九四二
『磯川兵助功名噺』	(『香扇秘聞』)	東宝	斎藤寅次郎・毛利正樹	一九四二

『小春狂言』	（『小春狂言』）	東宝	青柳信雄	一九四二
『すみだ川』	（『萱花涙』）	松竹	井上金太郎	一九四二
『決戦奇兵隊』	（『決戦奇兵隊』）	日活	丸根賛太郎	一九四二
『華やかなる幻想』	（『万花幻想曲』）	大映	佐伯幸三	一九四三
『望楼の決死隊』	（『国境敢死隊』）	東宝	今井正	一九四三
『桃太郎の海鷲』	（『天空神兵・飛太子』）	芸映	瀬尾光世	一九四三
『二刀流開眼』	（『無敵二刀流』）	大映	伊藤大輔	一九四三
『姿三四郎』	（『龍虎伝』）	東宝	黒澤明	一九四三
『無法松の一生』	（『蓋世匹夫』）	大映	稲垣浩	一九四三
『結婚命令』	（『結婚命令』）	大映	沼波功雄	一九四三
『決戦の大空へ』	（『向天空決戦』）	東宝	渡辺邦男	一九四三
『シンガポール総攻撃』	（『新加坡総攻撃』）	大映	島耕二	一九四三
『ハナ子さん』	（『花姑娘』）	東宝	マキノ正博	一九四三
『青空交響曲』	（『青春交響曲』）	大映	千葉泰樹	一九四三
『愛機南へ飛ぶ』	（『愛機向南飛』）	松竹	佐々木康	一九四三
『奴隷船』	（『怪船大血案』）	大映	丸根賛太郎	一九四三
『歌行燈』	（『柳暗花明』）	東宝	成瀬巳喜男	一九四三
『若き日の歓び』	（『青春楽』）	東宝	佐藤武	一九四三
『兵六夢物語』	（『夢里妖怪』）	東宝	青柳信雄	一九四三
『成吉思汗』	（『成吉思汗』）	大映	牛原虚彦	一九四三

『おばあさん』（『恋愛課本』） 松竹 原研吉 一九四四
『あの旗を撃て』（『花旗的末日』） 東宝 阿部豊 一九四四
『加藤隼戦闘隊』（『神鷹』） 東宝 山本嘉次郎 一九四四[89]

まだ不完全ではあるが、このリストを見れば、開戦後に製作された作品が大半を占めてはいるものの、統制前の映画、三社[90]以外に製作された作品も含まれている。かつて不向きとされていた時代劇も多数あり、コメディ、ミュージカル、防諜劇、メロドラマなど、作品のジャンルは多岐にわたり、国策色の薄い娯楽作品の比率がかなり高いと分かる。

3―2 華北における上映

前述のように、上海と違う映画環境にあった華北においては、映画の選定と公開の仕方が異なるのであり、華北電影はかなり独特な決定を下していた。これは華北電影と中華電影が各々実行した政策の相違によるものでもあり、また既成の中国映画製作の体制が充実していたかどうかということにも影響されたと思われる。簡潔に言えば、中国映画人からの反感と抵抗の回避をつねに念頭におかなければならない上海と違って、華北にあっては、配給体制と映画の人材をどう吸収するかという問題に悩まされることはなかった。ただ特に開戦直後は、アメリカ映画が直ちに追放され、いわゆる枢軸国の映画館[91]を除いて、総ての映画館が日本によって掌握されたことで、今までのアメリカ映画、中国映画の観客層を維持していくのが、主な課題となっていた。

では、具体的には、どれほどの観客がアメリカ映画を見ており、どういう人たちが中国映画を見ていたのだろうか。太平洋戦争開戦直前の統計によると、アメリカ映画の観客層の内訳は、日本人が六割、中国人が四割だった[92]。また、中国映画を見る観客層の内訳は、専門学校生以上が五パーセント、中学校生が一五パーセント、商人が五〇パーセント、その他（労働者、婦人、子供）が三〇パーセント[93]だったという。アメリカ映画の愛好者に日本人が多かったことはさておき、進出側にとっては、中国人の洋画ファンを日本映画に誘導すると同時に、中国映画の観客の半分ほどを占める商人を対象に、作品を選ばなければならなかっただろう。

要するに、製作基盤の薄かった北京では、映画を受け入れる地盤も上海と相異していたのである。前述の村尾の記事が示していたように、関係者はそれぞれの観客層に対応できるような選定をしたわけだが、いざ公開してみると、その予想が外れてしまったことも見てとれる。一九四一年度の華北における日本映画の入場者数の上位十位を示した次の統計表からその一端が伺えるだろう。

題名		会社名	総入場人員	上映日数	一日当入場人員
一位	『白鷺』	東宝	二万九二一九	二六	一一二三
二位	『お絹と番頭』	松竹	四万六四二二	四二	一一〇五
三位	『西住戦車長伝』	松竹	七万四七八五	七四	一〇一〇
四位	『戸田家の兄妹』	松竹	三万九二三五	四四	八九一
五位	『馬』	東宝	三万八〇六〇	四四	八六五
六位	『燃ゆる大空』	東宝	五万〇一七六	六二	八〇九
七位	『熱砂の誓ひ』	東宝	六万四〇〇〇	八三	七七一
八位	『孫悟空』	東宝	四万三八三二	五八	七五五
九位	『新しき情熱』	松竹	四万〇六六三	六八	五九六
一〇位	『芸道一代男』	松竹	一万八七四三	三三	五六七[94]

見て分かるように、『熱砂の誓ひ』は熟慮の末に劇映画進出の第一号として選ばれたものにもかかわらず、当年の

興行成績から見れば、ベスト・テンには入ったものの、田中絹代主演の『お絹と番頭』(松竹、野村浩将、一九四〇)や『戸田家の兄妹』(松竹、小津安二郎、一九四一)に押さえられ、七位に留まる結果だった。上海と異なり、先述のように、北京の景色が観客から拍手を受けたものの、李香蘭の人気がそれほど出ていたわけでもなかったようだ。(95)

華北電影主導の映画新体制は、日本国内や満州よりやや遅れて一九四二年六月一日に発足した。新体制発足後、華北電影の配給を受ける日本映画専門館は、華北二四の都市において四三館にも達した。華北電影はこれらの都市を甲、乙、丙、丁地区にわけて、作品を配給していたのである。北京と天津においては、次の映画館が日本映画専門館として運営されていた。光陸劇場、飛仙劇場、国泰劇場(以上北京)、浪花館、天津劇場、大和キネマ、天津映画館、光華劇場(以上天津)。また、これらの映画館はそれぞれ日本国内の映画会社の直系映画館にもなっており、松竹、東宝、日活、大映などの作品を、封切の場合に一週間、再上映の場合に四日間というふうに、別々に上映日程を組んでいた。(96)

華北電影が委託製作した京劇映画の公開は、日本映画の上映と時期的に重なっていたが、配給体制は日本国内の配給の歩調に合わせ、紅系と白系に区分し、(97)従来の賃貸館を全部華北電影の歩合館に改めた。(98)ここに至って、進出を保障する配給体制は、いっそう強化されることとなったのである。

当時の『映画旬報』の統計によると、配給改正後の映画館は次の通りである。

紅系―飛仙劇場(北京)、天津劇場、天津映画館(天津)、国際劇場(青島)、日本劇場(済南〈山東省〉)、太原劇場(太原〈山西省〉)、勧業劇場(石門〈現在の石家荘、河北省〉)、張家口劇場(張家口〈河北省〉)

白系―光陸劇場(北京)、浪花館(天津)、青島映画劇場(青島)、山東映画館(済南)、東方劇場(太原)、石門劇場(石門)、世界館(張家口)

そのほか、次の映画館は紅白両系を上映していた。

国泰劇場〈北京〉、光華劇場〈天津〉、東洋劇場、電気館〈青島〉、興亜劇場〈新郷〈河南省〉〉、喜楽館〈保定〈河北省〉〉、協進会劇場〈厚和〈内蒙古〉〉、西北劇場〈包頭〈内蒙古〉〉、国際劇場〈唐山〈河北省〉〉、大同劇場、徐州劇場、開封劇場、山海関劇場、臨汾劇場、潞安劇場、楡次劇場、陽泉劇場、宣化劇場、海州劇場。以上の映画館の封切日数は北京、天津が各七日間、青島、済南各六日間、その他は五日間であった(99)。

では、どんな劇映画が進出し、またその興行成績はどうだったのだろうか。完全な記録はないが、ここに一九四二年二月二一日発刊の『映画旬報』に掲載されたデータを引用し、その一端を明らかにしよう。

題名	劇場	収容数	観客動員数
『櫻の国』	光陸劇場	一〇〇〇名	一万三二五〇名
『雪之丞変化』	光陸劇場	一〇〇〇名	八六三三名
『巷に雨の降る如く』	飛仙劇場	八九三名	六九九〇名
『男子有情』	飛仙劇場	八九三名	八〇八三名
『薩摩の密使』	国泰劇場	七八五名	三四八九名
『別離傷心』	国泰劇場	七八五名	二七八一名
『雪子と夏代』	浪花館	八一四名	六四九七名
『エノケンの爆弾児』と『秀子の車掌さん』の二本立て	浪花館	八一四名	七四三七名
『世紀は笑ふ』	天津劇場	一一七一名	五〇九七名
『電撃二重奏』	天津劇場	一一七一名	五四二六名

『裁く水戸黄門』	大和劇場	六〇〇名	四三五四名
『櫻の国』	大和劇場	六〇〇名	一万〇一三八名
『新門辰五郎』	天津映画館	六〇〇名	一六六三名
『天下の糸平』	天津映画館	六〇〇名	一〇八九名

この記録から分かるように、『櫻の国』は二箇所で公開され、観客動員数も他を大きく引き離して一位になった。当作品は北京を背景にし、日本人のみを主人公にしたことで、観客動員の増加につながったと思われるが、しかし、もう一本の大陸映画『別離傷心』は、諸作品の中でわりあい下位の成績だった。第四章で述べたように、『別離傷心』は反日的なヒロインが転向して日本軍に協力するという、侵略政策を露骨に擁護した作品のためか、集客がふるわなかったと思われる。ただこの一本を除いて、その他は殆ど国策色の薄い娯楽作品であった。

3―3　映画進出は功を奏したのか

ここでまた空間を上海に移動させつつ、論を進めていくことにする。

上述のように、太平洋戦争開戦後の華北において、占領地の治安回復、アメリカ映画の駆逐などによって、日本映画専門館や一般の中国人観客が通う映画館で日本映画の上映が実現し、それまで中国人に見向きもされなかった状況が改善され、日本映画を見る人は確実に増えていった。

このように日本映画の進出がほぼ占領とともに実現し、その後、映画館の増設もあって比較的順調に進められた華北に対して、上海の事情は違った。張善琨をはじめとする既成の中国映画の製作体制が開戦後も頑強に映画製作を続け、アメリカ映画も相変わらず上映されていたゆえに、結果的に日本映画の早期公開(試写会や鑑賞会などを含む)を阻むこととなったのである。つまり、満州はともかく、華北と比べると、日本映画の進出がもっとも難航したエリアは、政治的事情の込み入った上海だったと言える。次に、本章第一節で論じた日本映画の租界への進出の経緯に引き続いて、日本の劇映画の上映実態を検証してみよう。

大華が日本映画専門館として始動したばかりの頃、清水晶は映画誌に投稿した記事の中で、映画進出一年目の成果を次のように述べている。

現下の映画工作の根幹をなす中国人に日本映画を見せるといふ試みは、その第一年を終った。それは、僅かに月平均一本も満たないものであったが、その精鋭をすぐって慎重になされて来たことは疑ひもないところである。(100)

清水はさらにそれまでの選定方針を肯定し、今後もその方針を変えないだろうと示唆している。

単に無意味に日本映画に親しませるといふだけのことならば、『支那の夜』や『蘇州の夜』を連発して、李香蘭を人気スタアにまつりあげることの方がより容易く、早道であったかも知れない。だが、日本映画にとって全くの処女地である上海租界に、しかも中国の文化を百パーセント、リードする上海人の前で、間違っても日本映画の権威と信頼を失墜せしめるやうなことはしたくなかったからである。(101)

清水は中華電影の内側という意識から、中国映画人を単なる工作の対象としてではなく、重要な「根幹」と見なしていたと思われるが、その期待は果たして報われたのだろうか。以下、当時の資料に沿って観客と映画人たちがいかに日本映画を受け止めていたのかについて個別に検証してみる。

ふたたび『大華』誌を引用しよう。同誌の催した観客の投票によると、一九四三年初頭、観客によって選出された日本映画のベスト・テンは次の通りである。

『母子草』一五六点、『宮本武蔵・一乗寺決闘』一二三点、『水滸伝』九二点、『新雪』九〇点、『歌ふ狸御殿』八六点、『姿三四郎』七八点、『暖流』七一点、『電撃二重奏』六五点、『荒城の月』六四点、『伊賀の水月』五六点。[102]

また、同じ頃、『大華』によく投稿していた叔人は、日本映画公開の一周年に際して、「ベスト・テンを選出、批評する」と題する原稿を寄せている。それによると、一年間に五十数本が公開されたなかで、彼は自分の見た四〇本から次のベスト・テンを選出した。

一『母子草』、二『ハナ子さん』、三『姿三四郎』、四『電撃二重奏』、五『歌行燈』、六『翼の凱歌』、七『逞しき愛情』、八『結婚命令』、九『宮本武蔵・一乗寺決闘』、一〇『望楼の決死隊』。[103]

日本国内で国民映画脚本賞に選ばれた『母子草』(松竹、田坂具隆、一九四二)は、それぞれ評論家と観客の選出したベスト・ワンになっている。なぜ『母子草』はかくも歓迎されたのだろうか。義理の母親とその娘の絆を描き、女性の身体を総動員体制に組み込んだ戦時中のジェンダー政策を反映した同作品は、おそらくは『慈母曲』(聯華、朱石麟、一九三七)のような母親物を好む中国の観客の鑑賞心理[104]にうまく合致したがゆえに、第一位に選ばれたと思われる。『姿三四郎』(東宝、黒澤明、一九四三)と『電撃二重奏』もいずれも両方のベスト・テンに入っている。中国人には難解であろうと予想された時代劇『姿三四郎』が喜ばれたのに対して、国策色の濃い作品が敬遠されたのは、関係者にとってやや意外な結果となっただろう。総じて言えば、音楽劇や時代劇が広く人気を集め、叔人の選んだ『翼の凱歌』[『空軍双雄』](東宝、山本薩夫、一九四二)、『望楼の決死隊』[『国境敢死隊』](東宝、今井正、一九四三)を除き、戦争映画は好かれていなかったということができる。

では、華影で働いていた映画人は、どうだったのだろうか。ここに『大華』編集部が開いた『姿三四郎』座談会を取り上げてみよう。当日は、座談会に出席する予定だった監督二名、男優二名と女優二名が「朝の土砂降りで来なかった」[105]ことになっており、結果的に監督卜万蒼一人対記者および華影宣伝部というアンバランスな陣容で座談会は開催された。国民映画の意味とその重要性を力説した宣伝部の小坂武や千葉俊一の言葉をまるで避けるかのように、卜万蒼はひたすら作品の演出、撮影と俳優の演技を褒めるばかりで、「私は好んで友邦の映画を見に来るのは観賞が目的で、つまり他人の[作品]の長所と優れた点を吸収し、自分の映画作りの参考にしたい」[106]からだと強調するのだった。

その卜万蒼は、『姿三四郎』、『望楼の決死隊』と『暢気眼鏡』[『窮開心』](日活、島耕二、一九四〇)の三本に関して、「思いついた意見」[「一時想到的意見」]という談話を行っている。この談話の記録によれば、彼は『暖流』のような作品より時代劇が好きだとし、『姿三四郎』のテンポのよさ、自然音の使用、人物の心理描写の細かさを評価している。『望楼の決死隊』を完成度の高い作品と認めながらも、内容上の政治性、ハリウッド映画の影響などを指摘、さらにこれを例に、民族意識が強く時代に順応するものと、忠誠や孝行といった日本人の美徳を宣伝するものと、日本映画を二種類に分類するなど、当たり障りのないようだが、かなり含みのある発言をしてもいる[107]。

少なくとも清水の期待するような映画工作の根幹をなそうとする気など全くないばかりか、逆に一部の日本映画のプロパガンダ性を公言し、日本映画と距離を置こうとする警戒心を抱いていたと感じさせるところがある。『姿三四郎』を好むと言ったのは、孤島期に『木蘭従軍』、『蘇武牧羊』(一九四〇)、『秦良玉』(一九四〇)などの時代劇を作った卜万蒼自身のキャリアと関連があろうが、現代人の自由恋愛をとりあげた『牡丹花下』(一九四二)と『両代女性』(一九四三)などを中聯で手がけた彼だけに、単に日本の現代劇が嫌いというより、むしろ国策性の強い現代劇を意識的に回避しようとしたのではなかろうか。

もう一方、卜万蒼と同様に、日本映画の宣伝性に嫌気を示した一般の観客もいた。汪錫祺《おうせきき》は『大華』誌への投書のなかでプロパガンダ性のある作品について、次のように不快感を示している。

『東亜的凱歌』〔報道部、『東洋の凱歌』、一九四二〕は完全なる宣伝映画だと思う。映画とは広く観客を獲得してこそ効果を収められるが、貴映画館〔大華〕で上映されることは極めて妥当ではない。というのは貴映画館の使命は友邦の芸術価値のある作品を中国人に観賞させることにあり、このようなニュース映画風な作品は文化映画館での上映が望ましいからだ。(108)

ただし、汪は国策性の薄い作品に関しては好感を表明する心情も吐露している。

『暖流』を見てから、日本映画のレベルがハリウッドに匹敵でき、中国映画より高いと感じ、〔エノケンの〕『水滸伝』を見た後、さらに自分の感覚が正確だと確信できた。(109)

様々な日本映画評が『大華』誌に掲載されているが、筆者はそのなかから奇妙な一篇を見つけた。防諜映画『間諜は未だ死せず』(松竹、吉村公三郎、一九四二)に言及する記事だが、そこで、書き手はまず反米映画としてのこの作品の「目的と趣旨を見逃がしてはいけない」と強調し、次のように語っている。

われわれ大中華民国人の目からみれば、より重大で、より意味のある趣旨がこの映画に隠れている。それはつまり、「抗日者」、特に「半抗日者」たちにアメリカの仮面を剝ぎ取り、「新中国」を再認識させることにあるだろう。(110)

微妙な言葉づかいや括弧つきの書き方などからは、書き手の本意をちらっと覗かせながらも、当作品の幼稚とも言えるプロパガンダを巧妙に皮肉る意味合いが見て取れる。特に「「物極必反」〔すべて物事は極点に達すれば必ず逆の方向に動く時が来る〕ハーハ（笑）」という文末の発言はかなり意味深であり、ここで書き手は作品を評価しているように見せかけながらも、実は内心に閉じ込めてきた鬱憤を爆発させたのではないかと思われる。

要するに、とくに卜万蒼の例に見られるように、日本映画の優れた技術を見習うことが、華影に吸収された中国の映画監督にとって日本映画を見る重要な動機だったのであり、プロパガンダ色のある映画の内容は重要ではなかったのだ。言い換えれば、彼等は、日本映画の進出を逆手にとって、自分の技術を上達させるための機会にしたのである。

上記の卜万蒼のほかに、例えば、大華の観客の投書欄には監督李萍倩と思われる名前も載っていた。李は『成吉思汗』（大映、牛原虚彦、一九四三）と『剣底鴛鴦』〔原題不明〕の上映、『宮本武蔵・一乗寺決闘』の再映と館内のイヤホンの設置などを要請する短い投書を書いたが[111]、これも彼が日本映画を彼なりに真面目に見ていた証左になるだろう。また、監督の馬徐維邦と脚本家の周貽白《しゅういはく》は[112]筈見恒夫に勧められて、社内で『元禄忠臣蔵』（興亜・松竹、溝口健二、一九四二）を見たという。筈見によると、二人は「最後まで熱心に見ていたが、あの作品の後篇だけでは、物語の運びや、人物の心理描写などを納得できなかったらしい。だが、技術の上では、可成感心した、感心といふより羨望である。どんなに焦ってもわれわれ支那の映画界では、あんなセットを作ったり設備に金をかけたりするのは思ひも及ばない」と感想を述べたそうだ[113]。

マスコミに大いに騒がれ、日本国内で興行収入ベスト・ワンを獲得した『ハワイ・マレー沖海戦』や、「東亜解放」を声高らかに叫んだ『シンガポール総攻撃』〔『新加坡総攻撃』〕（大映、島耕二、一九四三）、『加藤隼戦闘隊』〔『神鷹』〕（東宝、山本嘉次郎、一九四三）、『あの旗を撃て』〔『花旗的末日』〕（東宝、阿部豊、一九四四）といった戦争映画に対しては、みずから感想を寄せる人がさほどいなかったせいか、関係者は学生たち向けに試写会を開き、感想文を募集するか、あるいは賞つきの応募という形をとるしかなかった[114]。ただし、それは時には、中国人のナショナリズムを高揚させてしまう結果をもたらすことになった。例えば、一等当選の感想文、国立上海医学院の学生何超が書いた「『加藤隼戦闘隊』を観る」は、その一例であろう。この映画を見て、彼はこのように実感したのである。「日本空軍の飛躍的進歩発達を見るにつけ、中国空軍の貧弱さを恥ぢるのである。青年たちはこの映画を観て中国空軍に関心を持ち、我等共に立って立派な戦闘隊を作り、加藤閣下の如き英雄が祖国のために現われることを希望してやまない[115]」と。もちろん戦争映画を大胆に批判する人もいた。あるジャーナリストは『桃太郎の海鷲』〔『天空神兵・飛太子』〕を見た後、そのプロパガンダ性を忌憚なく『中報』に直言している。

ストーリは相当に面白いが所々退屈させられる所もある。ただ風刺的画面をつないで漫画を作り上げ、宣伝の任務を果たそうと企てたにすぎない。〔中略〕真実感が伴わない。また桃太郎の英雄振りを発揮する場面もない。まるで無人島を空襲するような感で、観客の退屈を招く。漫画の技術も幼稚である[116]。

前述したが、戦争映画は確かに観客を多く集めることが出来たようだ。例えば『帝国海軍勝利の記録』が上映された初日は、中国人観客が大光明戯院に殺到し、二日間の前売り券がたちまち売り切れになったにもかかわらず、切符を求める観客が帰らない有様で、劇場近くの大通りを埋め尽くすほどの盛況だったという[117]。しかし、まさにこの盛況を報道した佐々木千策[118]が言ったように、「こんなに盛況だった原因は、一、日本が米英と戦っていることは新聞報道によって知っているが、余の大戦果を「本当だらうか」と思っていた中国人が映画で真実の程度を知りたかったこと。二、大東亜戦争最初の記録映画であること。三、日本映画が最初に租界に出たこと[119]」が、盛況をもたらした要因であり、要するに映画を通して戦局を把握し不安を払拭しようとしたのが、多くの中国人観客の本心だったのではなかろうか。

またこうした盛況に「涙の出る様な喜びと感激を味わった[120]」と語った佐々木とは対照的に、その盛況ぶりの裏を見透かしている人がいた。例えば、評論家の野口久光は『マレー戦記』や『英国崩るの日』を見た時の自分の感情とはあまりにも違いすぎる中国人観客の反応を次のように書き綴っている。

試写会のあとで知り合ったばかりの数人の中国人たちに、催促するやうに「どうだった」と聞いてみる。が意外なことに(その瞬間は全く意外であった)、彼等は、われわれの様に感激も興奮もしていない[121]。

とはいえ、理由がどうであろうと、太平洋戦争ものは租界の観客に迎えられ、その余波はしばらく続いた。大華の上映統計表を見ると、その後公開された『ハワイ・マレー沖海戦』は、より多くの観客を動員し、進出映画の観客動員数の上位を占めたことが分かる[122]。他の作品が三日間か一週間の上映だったが、十日間も上映された『ハワイ・マレー沖海戦』は、日数で割っても、『水滸伝』ほどの人気があり、『支那の夜』や『成吉思汗』に次いで見られた作品となる。それなのに、再上映を要求するような投稿がなかったことは、観客動員数と映画に対する評価とのギャップを浮かび上がらせる結果ではないだろうか。つまり観客側に、映画を通して戦況を知りたがる好奇心と戦争映画に対する嫌気が同居していたことが指摘できるだろう。野口久光の次の言葉に注目しよう。

戦争に強い日本を、彼等は知り尽くしている。彼等はそれを映画で見たくない。[中略]一色刷りの国策ポスターみたいな映画や日本人が上海にいくら氾濫したとしても日華親善は一歩も前進しないのである[123]。

野口が思わず吐露したこの憂慮こそが、ある意味では上海に持ち込まれた映画進出の結果を言い当てていたと考えられる。というのは、『大華』が一九四四年に行った観客へのアンケート結果がそれを物語っているからだ。どのジャンルの映画が好きかという質問に対する観客たちの回答を見ると、戦争映画は、喜劇、倫理劇（メロドラマ）、音楽劇、時代劇の後に続いて最下位だったのである。[124]

では、国策色の薄い作品を一般の中国人観客はどのように受け止めていたのだろうか。洛川が『新影壇』に投稿した「日本電影風格与中国観衆」〔「日本映画の作風と中国人観客」〕を見てみよう。

ここで洛川は「上海の映画観客はすでに日本映画を受け入れ、日本映画を愛好し、日本映画の芸術と文化精神を完全に理解したとは決して言えないが、わずかながら、一部の観客が日本映画に興味を持ち始めたことで、上海の観客は日本映画に対する認識が芽生えたとしか言えない」と断った上で、自分の把握したデータをもとに、中国人の日本映画に対する認識を次の五点にまとめた。

(一)彼等［中国人観客］は大半日本映画の芸術的水準がかなり高く、技術的には目下の中国映画より優れていることを認めている。

(二)彼等は日本映画には教育的要素が濃厚すぎて、形式より、内容と意識が重んじられているので、退屈で重苦しいと感じている。

(三)日本映画における人情が豊かであり、人間の心理と家庭の些細のことを描き、その描写が細緻ではあるが、テンポがあまりにも緩慢すぎて、刺激に欠ける。アクションもかなり冗長である。

(四)アメリカ映画にあるような壮大な場面がめったに見られない。

(五)彼等の大多数は、音楽映画と武士道映画が好きである。例えば、『若き日の歓び』、『歌ふ狸御殿』や、あるいは『二刀流開眼』、『髑髏銭』、『壁虎党』の類である。その次に好きなのは人情豊かな作品かコメディである。例えば、『世紀は笑ふ』、『暢気眼鏡』、『電撃二重奏』、『大巫小巫』の類である。比較的文芸気風のある作品、例えば、『無法松の一生』、『暖流』、『母子草』と『父ありき』などが、彼等の最も好きなものではないのだ。[125]

『母子草』に関する評価は上述のアンケートの結果と違い、書き手の主観的な考え方を強く示しているのだとしても、その他の論点はこれまで述べてきた受容の実態や、卜万蒼の観点をはじめ、その他の議論に通じる点が多い。中でも武士道映画が好まれるというのは、進出側の最初の予想を裏切るものである。ただし、それは孤島期以来の中国映画の時代劇ブームとなんらかの関連があるというよりは、むしろ観客らの現実逃避という心理が働いた結果と言った方が適切であろう。「教育的要素」云々は、卜万蒼の言う「内容上の政治性」と似通った表現であり、テンポの緩慢さに関する指摘はやはり速い場面転換に見慣れた観客の習性による発言であるはずだ。「アメリカ映画にあるような壮大な場面がめったに見られない」と言ったあたりからは、観客のアメリカ映画へのノスタルジーを垣間見ることが出来る。ただ第一点として挙げられた日本映画の技術の高さは無視できない。前述した徐公美の期待や、中聯、華影に職を奉じた諸監督たちの議論などを総合的に考えれば、この一点が戦時下の日本映画進出が上海映画に与えたプラスの影響だったのではないかと言える。

いずれにせよ、日本映画の上海への進出は、戦時下、日本国内で繰り広げられた映画戦の海外版であり、中華電影に続き、華影はその中枢的役割を果たしたのだ。ただ、元来の中国映画体制を吸収したその性質を見れば、華影は進出と受容両方の役割を担わなければならないことが、特徴だった。華影の内部では、前章で言及した清水晶の意見に見られた通り、映画工作の推進側が中聯、華影所属の中国映画人や職員たちを仲間として引き寄せようとしたのだが、それに対して、卜万蒼に代表されるように、多くの人は日本映画の持つ高い技術水準に敬服し懸命にそれを吸収しようとしつつも、押し付けられた映画工作の責務に抵抗し、日本映画とつねに一定の距離を置くようにしていたのである。

まさにこのような非協力的行動が、一丸となって映画工作を進めていくはずの華影組織の内部に亀裂を生じさせ、関係者の想定した効果をしばしば逸らしたのである。それゆえに、推進側は日本映画進出の進路を絶えず修正することを余儀なくされたのである。このように、受け手の心情と推進側との大きな心理的ギャップが長く克服されないまま、日本映画の進出は、敗戦とともに終焉を迎えたのであった。

それゆえに、体制的に一元化された華影において、日本映画の上映と中国映画の製作は、ほぼ別々の項目として推し進められることに終始したのだった。『狼火は上海に揚る』を除いて、映画進出を主に日本側が担当し、劇映画製作を中国側が行うという形態は、実質的に日本の敗戦の直前まで続けられていたのである。[126]

ただ、付け加えておきたいのは、洛川の文章が記しているように、推進側が中国における日本映画の観客数に振り回され、受容側の反響に左右される一面があったとはいえ、上に横たわっていた国家意思とは別に、国策色の薄い作品が進出映画の主軸を成していったのであり、それにつれて、租界における日本映画の基盤が少しずつ築かれていったという事実である。それは、中国映画の製作にも反映されていた。第五章で述べた『凌波仙子』や『萬紫千紅』は、いずれも日本のミュージカル映画、歌舞劇の舞台に触発されて撮られた作品だったこと、『萬世流芳』の撮影中、共同監督を務めた稲垣浩の『無法松の一生』と彼の映画作法が、度々報道されたりしたこと[127]などからも分かるように、上海に進出した日本映画の諸作品は、とりわけ技術的に中国側の映画人に少なからぬ示唆を与えたように思われる。

しかし、華北であろうと、上海であろうと、太平洋戦争の開戦と同時に始められた日本映画の進出は、戦争の付属物に過ぎない運命から到底逃れられなかった。ニュース映画、文化映画の巡回上映に続いて、劇映画もすさまじい勢いで上海や華北などの占領区に登場したのだが、それもしかし戦局の悪化によって沈静化していき、ついに静かに姿を消してしまったのである。だが、以上が中国における日本映画の、最初の大掛かりな進出であった。

（1）譚春発「一個特殊的電影文化現象―対「孤島」時期電影的認識」香港『電影』二五七号、四七頁を参照。
（2）汪朝光「民国年間美国電影在華市場研究」『電影芸術』一九九八年一期、六二頁。
（3）この二つの映画館は日本人が多く居住していた虹口地区にあった。

(4) 前掲、小出孝「上海映画界解説1」五九頁。
(5) 清水晶『上海租界映画私史』新潮社、一九九五年、一二四頁を参照。
(6) 前掲、武田雅朗「中華民国映画界概観」二〇三頁。
(7) 「上海電影戯劇界抗議公映『新土』宣言」『明星半月刊』第八巻第六期、一九三七年七月。
(8) 前掲、野坂三郎「中華映画の性格とその責任」二二頁を参照。
(9) 山口勲『前線映写隊』松影書林、一九四三年一二月、一五八―一五九頁を参照。
(10) 前掲、清水千代夫「対支映画工作に望むことあり」二八頁を参照。
(11) 前掲、清水晶「写真が語る上海映画界の変貌」二四頁を参照。
(12) 清水晶「川喜多社長と中華電影」『東和映画の歩み』東和映画株式会社、一九五五年一二月、二九六頁。
(13) 津村秀夫『映画戦』朝日新聞社、一九四四年二月、九八頁。
(14) 蘭心大戯院は演芸舞踊場であって映画館ではない。
(15) 前掲、津村秀夫『映画戦』九九頁。
(16) 「起ちあがる中国映画界」『映画旬報』一九四二年二月号を参照。
(17) 奥栄一「指導物語」『日本映画』一九四一年一一月号、五三頁。
(18) 筈見恒夫「指導物語」『映画旬報』一九四一年一一月一日号、二七頁。
(19) 同前。
(20) 同前。
(21) 筈見恒夫「日本映画の租界進出について」『映画旬報』一九四二年七月一一日号、八頁。
(22) 不破祐俊・内田吐夢・武山政信・筈見恒夫・南部圭之助「大東亜戦争と日本映画南下の構想」『新映画』一九四二年二月号、三五頁。
(23) 同前。
(24) 前掲、清水晶「写真が語る上海映画界の変貌」二七頁。
(25) 同前。

(26)「全中日電影界総動員」『東亜影壇』一九四二年九月創刊号を参照。
(27)前掲、清水晶「写真が語る上海映画界の変貌」二七頁。
(28)前掲、筈見恒夫「日本映画の租界進出について」九頁。
(29)清水晶「日本映画の租界進出」『映画旬報』一九四三年二月二一日号、二六頁。
(30)前掲、筈見恒夫「日本映画の租界進出について」九頁。
(31)同前。
(32)「中支映画界通信―『暖流』の租界進出成功」『映画旬報』一九四二年一〇月二一日号。
(33)前掲、清水晶「日本映画の租界進出」二六頁。
(34)同前。
(35)同前。
(36)周曼華は中聯の女優。代表作には『燕帰来』(張石川、一九四二)、『白衣天使』(張石川、一九四二)、『結婚交響楽』(楊小仲、一九四四)などがある。
(37)周曼華『東亜影壇』一九四二年九月創刊号。
(38)「訪問陳雲裳」『東亜影壇』一九四二年九月創刊号。
(39)小市民映画とは一九二〇年代後半から一九三〇年代にかけて都市に生活する会社員とその家族を題材とした一連の現代劇映画の呼称である。昭和初期のエロ・グロ・ナンセンスに呼応した学生喜劇的な作品から長引く不況下の世相を反映して、社会の矛盾にさらされた市井人の心境を、諦めをもって見つめることに作品の力点が置かれた。一九三〇年代の代表的な作品には、『生まれてはみたけれど』(一九三二)、『腰弁頑張れ』(一九三四)、『隣の八重ちゃん』(一九三四)、『一人息子』(一九三六)、『兄とその妹』(一九三九)がある。
(40)不破祐俊は内閣情報局第五部第二課長。戦時中、映画政策に関して、頻繁に発言しただけでなく、大陸へ映画視察にも行っている。
(41)前掲、不破祐俊等「大東亜戦争と日本映画南下の構想」三七頁。
(42)開戦前、中国映画市場を独占していたアメリカ映画と欧化された上海映画は、まとめてアメリカニズム化された映画と見なされた場合がある。浅井昭三郎「中国人と日本映画」『映画旬報』一九四二年一一月一日号を参照。
(43)「大華大戯院反響調査報告」『キネマ旬報』一九四三年四月二一日号、四六頁。
(44) 清水晶(文)阪本光映(撮影)「上海映画館めぐり」『映画旬報』一九四二年一一月一一日号。
(45) 野口久光「南海の花束」『映画評論』一九四二年六月号、六二頁。
(46) 同前。
(47) 前掲、清水晶「日本映画の租界進出」二六頁。
(48) 前掲、清水晶「写真が語る上海映画界の変貌」。
(49) 前掲、清水晶「上海映画館めぐり」。
(50) 丁尼「南海征空雑感」『新影壇』創刊号、一九四二年一二月、三一頁。
(51) 前掲、清水晶「日本映画の租界進出」二六頁。
(52) 同前、二七頁。
(53) 同前。
(54) 同前。
(55) 同前。
(56) 村尾薫「北支軍の巡回映写隊」『映画旬報』一九四二年一一月一日号、三二―三三頁を参照。
(57) 高橋功「戦地でみた映画」『映画評論』一九四一年六月号、八二―八四頁を参照。
(58) 火野葦平「現地での映画のことなど」『日本映画』一九四〇年四月号、六九―七〇頁。
(59)「華北電影の現状」『映画旬報』一九四二年一一月一日号、一五頁。
(60) 伊藤玉之助「華北の映画興行」『映画旬報』一九四一年五月一一日号、七四頁。
(61) 村尾薫「華北電影だより」『映画評論』一九四〇年四月号、七四―七八頁を参照。
(62) 田中公「華北電影の現状」『映画旬報』一九四一年一〇月一日号、二六頁。
(63) 津村秀夫の『映画戦』(朝日新聞社、一九四四年二月)によると、事変当初、華北地方における日本映画の常設館は、天津の浪花館と青島の電気館だけだった。同書の第二章「北支の映画戦」八三頁を参照。

(64)同前。
(65)前掲、浅井昭三郎「中国人と日本映画」二三頁。
(66)村尾薫は鉄道省に属し、一九二八年から一九三九年まで八〇本以上の宣伝映画を監督した。その後、華北駐在の「北支軍」の報道部員になる。
(67)前掲、浅井昭三郎「中国人と日本映画」二三頁。
(68)同前。
(69)同前。
(70)村尾薫「日本映画の現地報告」『映画評論』一九四一年一二月号、六六頁。
(71)村尾薫「日本映画の地位」『映画旬報』一九四二年一一月一日号を参照。
(72)同前。
(73)同前。
(74)村尾薫「北支の映画界」『日本映画』一九四二年二月号、六五頁。
(75)前掲、浅井昭三郎「中国人と日本映画」二三頁。
(76)前掲、村尾薫「日本映画の現地報告」六六頁。
(77)同前、六七頁。
(78)同前。
(79)同前、六八頁。
(80)村尾薫「大東亜映画へ進む北支映画界」『映画評論』一九四二年四月号、三五頁。
(81)日本国内の官庁の検閲については、「昭和十六年度　華北映画の足跡」『映画旬報』一九四二年二月一日号で述べられている。現地憲兵隊の検閲と傀儡政府の検閲については、「北支の映画検閲は憲兵隊司令官が」『キネマ旬報』一九四〇年二月一一日号、八頁を参照。
(82)前掲「昭和十六年度　華北映画の足跡」六八頁。
(83)同前。

(84)「大華大戯院第二次反響調査報告」『映画旬報』一九四三年五月二一日号、二四頁。
(85)「大華大戯院反響調査報告」『映画旬報』一九四三年四月二一日号、四六頁。
(86)前掲、小出孝「上海映画解説1」五九頁。
(87)千葉俊一は中華電影宣伝課に所属。太平洋戦争開戦後、大華の支配人を務めた。
(88)郭柏霖は台湾出身。一九二六年、上海に行き、聯華影業公司で刊行物の編集者になる。一九三五年、岩崎昶が芸華のスタジオを見学した時に、応雲衛や史東山らと一緒に岩崎を迎えたメンバーの一人だった。戦後、台湾に戻り、映画監督になった。
(89)このリストは筆者が『大華』誌やその他の雑誌に掲載されたものをまとめて作ったものである。
(90)一九四二年、映画新体制下の企業統合により、新興、大都、日活を合併させた大映が新たに発足し、東宝、松竹と並んで三社と呼ばれていた。
(91)例えば、北京では、イタリア人の経営する劇場オリムピアは「北京国際劇場」と改称されて、ドイツ、イタリア映画を上映するようになり、北京における唯一の枢軸国映画館になった。「華北映画通信」『映画旬報』一九四四年三月一一日号、一二九頁を参照。
(92)前掲、伊東玉之助「華北の映画興行」七六頁。
(93)同前。
(94)前掲、「昭和十六年度　華北映画の足跡」六八頁。
(95)これについては、李香蘭が天津の旧租界でハルビン交響楽団と一緒に「満洲建国十周年記念音楽会」に出演した際、劇場は日本人ファンで昼夜満員であったが、中国の観客がいなかったので、「支那人間には李香蘭の人気は殆ど無いと云ふも敢えて過言ではない」と「華北興行通信」は報じていた。東武郎「再映物が多い華北映画界」『映画旬報』一九四二年一〇月二一日号、五一頁。
(96)東武郎「華北映画界新体制」『映画旬報』一九四二年八月一一日号、二六頁。
(97)日本国内では、三社(松竹、東宝、大映)製作体制が確立されると、新たに創設された社団法人映画配給社は全国二三〇〇の映画館を紅白二系統に分けて、配給の全国的一元化を実施することとなった。

(98)「華北通信」『映画旬報』一九四二年九月一一日号、二六頁。
(99)同前。
(100)前掲、清水晶「日本映画の租界進出」二八頁。
(101)同上。
(102)「一椿事(一)」『大華』一九四三年四四期。
(103)叔人「選評十大佳片」『大華』一九四三年五四期。
(104)大華で上映された『戸田家の兄妹』の中国語題名が『慈母涙』と訳されたのも、母親映画として観客を招致する意図があったと思われる一例である。
(105)柏子「『龍虎伝』砕談会」『大華』一九四三年三四期。
(106)同前。
(107)卜万蒼「一時想到的意見」『新影壇』一九四四年二巻三期。
(108)汪錫祺「問答欄」『大華』一九四三年一七期。
(109)同前。
(110)鎮遠「評壇　未死的間諜」『大華』一九四三年一七期。
(111)萍倩「問答欄」『大華』一九四三年二五期。
(112)周貽白は脚本家。孤島期に『明末遺恨』や『秦良玉』など、「借古諷今」の時代劇映画の脚本を書いた。その後、『萬世流芳』のシナリオを執筆している。
(113)前掲、筈見恒夫「日本映画の租界進出について」八頁。
(114)佐々木千策は「日本映画の中国進出」(『新映画』一九四四年八月号、一五頁)の中で、次のように報告している。「『加藤隼戦闘隊』は中国の若い青年学生層を試写に招待して、その感想文を懸賞募集したり、そう云った特殊宣伝の手を色々と打っている」。
(115)何超「『加藤隼戦闘隊』を観る」『新映画』一九四四年八月号、一五頁。
(116)前掲「大華大戯院反響調査報告」四六頁。

(117) 前掲、佐々木千策「日本映画の中国進出」一五頁を参照。
(118) 佐々木千策は中華電影の興業課課長、華影の宣伝処副主任である。
(119) 前掲、佐々木千策「日本映画の中国進出」一五頁。
(120) 同前。
(121) 野口久光「中国人の映画眼」『映画旬報』一九四三年六月一日号、二〇頁。
(122) 「大華大戯院反響調査報告」に三回に分けて掲載された統計表を参照。詳細の目録は付録資料として文末に付記する（『映画旬報』一九四三年四月、六月、一一月号）。
(123) 前掲、野口久光「中国人の映画眼」二一頁。
(124) 「観影測験掲暁」『大華』一九四四年七六期。
(125) 洛川「日本電影風格与中国観衆」『新影壇』第三巻第二期、一九四四年九月一五日、一四頁。訳文の中の映画題名『壁虎党』『大巫小巫』の二本は日本語題名が不明なので、原文のままである。
(126) 一九四五年に華影製作の作品は『萬戸更新』（華影グループ監督）を最後に、七本もある。
(127) 例えば、『新影壇』第三巻第一期には、『無法松の一生』の撮影法を説明する稲垣浩の「撮影台本的構成」が掲載されている。

第七章　映画受容の多義性

すでに第二章と第三章で述べたように、戦争の推移にともなって、中国映画をめぐる言説は、次第に体系化されつつ、日本映画の言説界において重要な位置を占めるようになっていた。またそうして日増しに膨大化する中国映画の言説と相まって、大陸を表象する作品が量産され、その製作は敗戦まで続けられたのである。しかし、中国映画の存在が日本映画の言説に深く介入すればするほど、その対象となる肝心の作品が不在ゆえに、言説の空洞化はますます深刻化するのだった。そうした局面を打開するために、日本映画の進出が一段落ついたころ、中華電影はついに中国映画の日本輸入を本格的に開始したのである。かくして、太平洋戦争開戦後の二年目に、中国映画の輸入がようやく実現され、日本の複数の映画館において初めて公開される運びになった。

だが、すでに述べてきたように、日本映画の中国への進出過程において様々な衝突や矛盾が生じたのと同様、中国映画もまた一旦日本に登場すれば、ナショナルシネマから発信された強烈なメッセージが作品と共に日本に侵入するのは必至であった。こうした現象をどのように回避し、ことに隠喩的に抗日意識を訴えるような作品をどのように解釈するのかが、輸入業者、評論家、マスメディアが真剣に向き合わなければならない重大な課題となったのである。この問題に絞って中国映画の日本受容を論述する本章は、言わば中国映画をめぐる言説の展開を考証した第二章、第三章の後日譚であり、また日本映画の進出を語る第六章の内容と併せて、日中映画の相互接触、相互浸透を示す一つの側面を示すものとなろう。

日本において、中国映画の劇場公開の第一号は、一九三八年製作の『椿姫』〔『茶花女』〕（光明、李萍倩）である。そして太平洋戦争の開戦後に、前述の『木蘭従軍』（一九三九）とアニメ『鉄扇公主』〔別名『西遊記　鉄扇姫の巻』〕（国聯、万古蟾・万籟鳴、一九四一）が中華電影からの輸入により公開されることになる。次にこの三作品の輸入の経緯、対戦中の日中両国における受容の実態の相違にふれつつ、ナショナルシネマの越境とその越境によって惹起した戦時イデオロギーとの葛藤を検証してみる。

1　『椿姫』の輸入

光明影業公司製作の『椿姫』が東宝によって日本に輸入されたのは一九三八年であった(1)。激しい上海の市街戦が終了した直後ということもあって、元来政治とは無縁のはずの、この外国文芸作品の翻案が日本に輸出されることがひとたび孤島で伝えられると、文化人から猛烈に反発された揚句、愛国か売国か、という民族主義の文脈においてマスメディアで取り上げられ、議論されたのである(2)。そのため、東宝と業務交渉を行い、『椿姫』の輸出を承諾した光明影業公司が弾劾の嵐にさらされ、当会社の製作によるその他の作品、例えば、公開中の『王氏四俠』（王次龍、一九三八）や、公開予定の『大地的女児』（公開せずに中止）は映画館から締め出されることになり、公開できなくなったのである(3)。

ところが、『椿姫』の輸出をめぐって日中映画界の間に起きたこの衝突は、一向に日本に伝わらなかった。光明影業公司の受けた仕打ちを知りもせずに、東宝は『椿姫』を「支那風のロマンス」と称して「珍しい一番新しい事変後の支那の映画」(4)として宣伝し公開にも踏み切ったのだった。愛国か売国かという議論が醸し出す緊迫した政治ムードとは裏腹に、日本では、『椿姫』は完全に異なる政治的、文化的文脈において迎え入れられたわけである。以下当時の映画誌に掲載された数本の批評文に依拠しながら、『椿姫』はいかに受容されたのかを見てみよう。

評論家としてまだ駆け出しの頃の清水晶(5)は、上述の宣伝文句に反発するかのように、「これでは到底ロマンティックな夢など湧いて来ない。あるものはただちぐはぐな無感興である」と評し、「まさかこれが東洋平和の癌たる欧米に攪乱された旧支那の姿の謎でもあるまい(6)」と、『椿姫』を頭から否定している。読んで分かるように、清水はアメリカニズム批判を明確に軸に据えて当作品を捉えたわけだ。

外国文芸作品のリメイクに過ぎない『椿姫』から政治的な読みを試みたのは、ひとり清水だけではなかった。例えば、滋野辰彦は、『椿姫』を時局と結び付け、「題材の選択が大陸へ拡がることは、われわれの考へもそれにつれて、すべては支那人の手で製作される映画の考察も、近い将来の重大な仕事になるだらう(7)」と語り、眼下の大陸映画製作や、来るべき日本映画進出の文脈に当作品を位置づけている。その上で彼は「東洋人の椿姫としての面影はどこにも見当たらない」と、『椿姫』の出来栄えを皮肉る一方、「戦ひは身近にあるときこのロマンティックな恋愛映画が上海で作られたことには、何か一口に云へない複雑な意味があるように思はれる(8)」と首をかしげたのであった。

『椿姫』の上映時のポスター(『キネマ旬報』1938年11月11日号より)

一本の文芸映画から事変後の上海へと想像力を馳せるという点では、飯田心美も同様だった。「この一本だけを見た印象のかぎりに於ては決して秀作とか佳作とか云へないことだけは断言できる」と言う飯田は、「『椿姫』がどの位の地位を支那映画の中で持つものかと予想もつかない」と困惑する。そして、滋野のように、彼も

「この映画に強いて興味を見出すとすれば、作品の出来そのものではなく、こうした作品が生まれ来るやうになった製作動機の方に寧ろあるやうに考へられる」と見解を示したのだった(9)。

つまり、滋野も飯田も『椿姫』の中味に対する関心はさしてなかったのだ。それよりはなぜ事変後の上海でこの類の映画が製作できたのかと不思議に思い、その原因を突き止めようとしたかのように見える。それまで中国映画を見る機会が皆無だったからこそ、ようやく見た唯一の作品を通して、彼らは事変後の上海の映画事情を把握しようという思いを余計に強くしたのだろう。

冒頭に述べたように、中国映画をめぐる言説の大幅な増加と、中国に出向かないと作品が見られないという事態が、第二次上海事変以降も長く続いた。かくして言説だけが空転していくなかで、作品を見るチャンスがついに到来したものの、上海映画の水準を代表できるとは到底いえないこの『椿姫』を見て、評者の誰もがまごつく状態に陥ったのである。大陸表象が氾濫し、そのあり方をめぐる議論が盛んに行われていた時だけに、「この『椿姫』にも支那映画らしい性格は見られない(10)」ということに、評者たちは焦りを増すばかりだった。

他方、取り立てて作品を論述する手がかりを見つけ出せないでいる映画評論家たちの焦りとは違い、「支那」を読み解く鍵として文学者の立場から『椿姫』を批評する人がいた。小説『北京』で知られた作家の阿部知二である。『『椿姫』・支那・日本』と題する批評文を寄稿した彼は、その題名からも察せられるように、日本と中国の関係性を省察するためのテクストとして『椿姫』を分析している。阿部はまず「映画的に批判することも、またそれを、フランスやアメリカの『椿姫』映画のかずかずと比較検討することも出来ぬ」と断っておき、作品のよしあしにどうしてもふれざるを得ない映画評論家と一線を画した姿勢を示した。この作品を見ながら、彼は「すぐに感じたことは、西洋と支那―そして日本、といふこの三つのもののことだった(11)」という。中国と西洋との関連性について、阿部は「このフランス種の物語は、意外に「板についていて」いたといふ感じである。ナポレオン三世時代の巴里の、廃頽の人間生活と、近代の上海のそれとの間には、何かしら共通のものがあるのではないかとすら思はせる」と述べ、劇中の「あの、女たちの支那服と西洋風な生活とがしっくりと合ふように、彼等の西洋模倣は、底なしの、あけっぴろげの明るさをさへたたえている。支那と日本とは、「東洋」といふことでは西洋に対して一つの性格を示す一方で、支那と西洋とは、地続きの大陸である」と、論点を定める。この言い方から同文同種に対する前述の飯島正が持った疑問を想起させなくもないが、とにかくここで阿部は、日中両方の西洋に対する認識の差異を今日の悲劇が発生する要因の一つだと考え、「この二つの西洋を、さらに大きく総合し、その上に、東洋の伝統の生命を脹らませるような生活が来なければならぬ。それこそ、我々と我々の仲間といつかなるべき覚醒した支那人とに課せられた巨大な至難な仕事である」[12]と結論付けるのだった。西洋対東洋という大きな思想的枠組みにおいて『椿姫』を解読する点では、清水の観点に通じるものがありながらも、「支那と西洋とは地続きの大陸である」という阿部が日中間に横たわっている西洋認識の差異、上海の文化的特殊性を見過ごさなかったことは注目に値するだろう。とはいえ、この阿部を含む全ての言説に共通する点があることに留意すべきだ。つまり、いずれにせよ、述べてきたように、学生から文化人にいたるまで、多くの人の『椿姫』に対する解読は、作品の出来栄えを棚上げにして、ただ「支那認識」を深め、「上海現状」を理解しようとする、「作品論不在」のものだったということである。

かくして輸入過程に起こった激しい政治的な応酬や、映画配給をめぐる熾烈なナショナリズムの鬩ぎ合いはけっきょくのところ隠蔽され、日本初公開の中国劇映画は、戦時中の「支那認識」向上のためとか、芽生えつつある「大東亜思想」の文脈で論じられることになったのだった。しかし、皮肉なことではあるが、まさに『椿姫』の輸入によって、言説でしか表象されてこなかった中国映画は、ようやく視覚的イメージを持つものとして立ち上がることができたのである。ただすでに膨大になりつつあった中国映画の言説に対して、『椿姫』がそれらの批評に耐えうるようなものではなかった点からみれば、言説自身の抱え込んだ表象不在というジレンマを完全に解消するのにはまだ程遠かったといっていい。上述のように、中国映画の論者たちは、むしろ『椿姫』の提示した視覚表象に迷わされ、表象不在による空虚感を増幅してしまったとも考えられるのである。

その後、『椿姫』に続く作品がすぐに日本に輸入されたのかというと、そうはいかなかった。『椿姫』の輸出が孤島の文化人に頑強に反抗されたため、中国映画の輸出業務は中止を余儀なくされ、結果的に言説上のジレンマもなかなか解決の糸口を見出せなかったのである。けっきょく、より多くの中国映画を鑑賞し上海のあらゆる事情を把握したいという関係者の強い希望が叶えられたのは、後述のように、太平洋戦争の開戦まで待たなければならなかった。一九三二年に閉鎖した東和上海支社の例に見られるように、映画ビジネスが戦時政治に巻き込まれる結果、イデオロギーが政治色のない作品にまで介入せずにいられなかったことを、『椿姫』輸入の経緯は雄弁に物語っているだろう。したがって、『椿姫』の日本への輸入をめぐるいざこざは、孤島文化を支配する強烈な民族意識を象徴的に示唆した出来事として位置付けるべきであり、仮にその事実が映画言説の公の場では隠蔽されていたとしても、抗日の牙城である孤島にこれからどう対処していくのかという問題の重大さを少数の事情通に改めて認識させたことは間違いないだろう。

2 『木蘭従軍』の越境

2―1 孤島期文化のシンボル

中華電影の設立後、川喜多長政の懸命な働きかけが実り、孤島映画の占領区域への配給が実現された。それは中華電影が抗日の孤島に施した懐柔策の成功を意味し、同時に『椿姫』で躓いた中国映画輸入を再開させるための基礎を作り上げるものだった。にもかかわらず、中国映画の輸入業務の再開は、太平洋戦争の開戦まで引き延ばされたのである。本節と次節は『木蘭従軍』と『鉄扇公主』をそれぞれとりあげるが、それらの輸入は、いずれも日本の租界占領下で行われたことをまず確認しておきたい。

輸入された三本の中国映画のなかで、なかんずく『木蘭従軍』が孤島の中国映画が発した抗日メッセージを懐柔する好例となった。『木蘭従軍』の日本受容に言及する前に、当作品の誕生前後の映画状況と製作者の張善琨について、改めて簡単に説明しておこう。

一九三九年、中国聯合影業公司華成製片廠(13)の製作した『木蘭従軍』は、租界で興行的に大ヒットを収めたのみならず、蔣介石政権のおかれた重慶にも満州にも配給され、作品が上映されるとセンセーションを巻き起こし、孤島期映画の繁栄をもたらす契機を作ったことは、従来の映画史の記述の通りである。ただ当作品の製作と受容を語るには、そのキーパーソンとなる張善琨の経歴を説明する必要があろう。

張善琨が上海で新華影業公司を設立したのは一九三四年だった。狭小なスタジオが一つしかなく、設備も不完全のまま、彼は大胆にも映画製作を開始し、一九二〇年代、第一章で言及した川谷庄平によって中国映画に導入されたという「連環劇」(連鎖劇)(14)として『紅羊豪俠伝』(楊小仲、一九三五)を上演したところ、いきなり興行的成功を収めたのである。その勢いに乗じて、張は電通影片公司(15)のスタジオを借りて、すぐさま低予算で同名の映画も撮った。これが新華と張善琨が映画界に踏み出した第一歩であった。続いて、欧陽予倩《おうようよせい》に脚本兼監督を依頼した『新桃花扇』(一九三五)が興行の失敗を招いたが、それにもめげずに張はさらにコメディ『桃園春夢』(楊小仲、一九三六)を製作、またしても観客を集めることに成功したのだった。

こうして、張は次第に撮影所の規模を拡大していき、すでに映画界で地位を固めた左翼系の若手脚本家や監督を次々に創作陣に招き、抗日を呼びかける国防映画(16)を撮らせたのである。例えば、処女作の『女神』[『神女』](聯華、一九三四)により一躍演出の名人と囃された呉永剛を脚本兼監督に起用した『壮志凌雲』(新華、一九三六)も、張の企画による一本である。満州のある村に住む血縁関係のない兄妹のロマンスを主軸に、日本軍に抵抗するメッセージを全篇に貫かせたこの作品は、国防電影の代表作となった。一九三七年、張は抗日の主題を隠喩的に盛り込んだ『青年進行曲』(史東山)や、『夜半歌声』(馬徐維邦)などを世に送り出し、国防映画の大本営としての新華を世間に印象付けたのである。第二次上海事変が勃発後の彼は、租界に避難し撮影所の職員たちの衣食住の面倒を見ながら、映画製作を再開させる機会を狙っていた[17]。

張善琨が映画製作に着手した頃は、上海映画はすでに黄金期に入っていた。にもかかわらず、第二次上海事変までのわずか二年半で、新華は劇映画を三本、舞台劇映画を一本、ニュース映画を一本製作したという実績を残している[18]。新華がこのように飛躍的発展を遂げた秘訣は、張善琨が抗日というテーマを都会もの、農村もの、恐怖映画、さらには時代劇にまで織り込むテクニックに長けていただけではなく、並々ならぬ宣伝の手腕、鋭敏な営業力をも持ち合わせたそのビジネスの才能に負う所が多いと思われる。大手映画撮影所のほとんどが破壊され、多くの中堅映画人が上海から脱出、上海映画界がそれまで遭遇したことのない打撃を蒙っていまにも廃れそうになっていた現実は、張と上昇機運にある新華に対してはむしろ逆に千載一遇のビジネスチャンスを与えたのである。彼は残留していた人材を迅速に集め、短期間に映画製作を再開させて、製作コストを順調に回収しながら映画が隆盛する契機を作りだしたのだった。複雑な政治的状況下で、張善琨が一連の難事を比較的難なく解決できたのは、抗日を看板にしつつも娯楽に徹し、しかもビジネスを優先させるその独自の映画製作と配給方針に負う所が多いと言えよう。

上述の背景を踏まえて、さらに『木蘭従軍』製作の経緯を見てみよう。

新華の製作再開による一本目の作品、現代劇の『飛来福』(楊小仲、一九三七)は、思わぬヒットを勝ち取った。翌年、時代劇『今古奇観』の一節を脚色、卜万蒼に演出させた『乞丐千金』(一九三八)が、またもや製作資金を順調に回収できたことをきっかけに、張は孤島に残った名監督岳楓、呉永剛、馬徐維邦らを撮影現場に呼び戻し、『児女英雄伝』(一九三八)、『冷月詩魂』(一九三八)、『四潘金蓮』(一九三八)などを撮らせていく。こうして、僅か一年ほどで、張は他の映画会社をはるかに凌ぐ製作と配給の体制を整え、新華の底力を見せ付けたのである。そして、ふたたび卜万蒼を監督に起用した時代劇大作の『貂蟬』は、一九三八年五月四日から七月一二日にかけて、七〇日間の連続上映を記録し、張にさらに自信をつけさせたのだった[19]。香港の映画会社の力を借りて撮った『貂蟬』の成功からヒントを得て、張は桂林経由で香港に赴くつもりの欧陽予倩に、次回作の『木蘭従軍』のシナリオを依頼、またみずから香港まで足を運んで広東語映画の新星である陳雲裳を主演に抜擢、引き続き前作でヒットメーカとなった卜万蒼に監督を務めさせ、素早くクランク・インしたのである。

そもそも『木蘭従軍』の原案となる『木蘭辞』[20]の映画化は、これで三回目だった。周知のように、『木蘭辞』は、男装して病弱の父親に成り代わって従軍した木蘭が味方の兵士たちと肩を並べて匈奴との戦いに勝ち抜き、故郷に凱旋して女性の姿に戻るという物語をたったの三〇〇字で語った短詩であり、北朝時代から民衆によって代々歌い継がれてきた、広く知られている伝説でもある。その他の古典文学と同様、『木蘭辞』も早くもサイレント時代に映画化の対象に選ばれた作品であった。

サイレント木蘭ものは、それぞれ天一青年影片公司製作の『花木蘭従軍』(李萍倩、一九二七)と『木蘭従軍』(侯耀、一九二八)である。いずれも一九二〇年代後半の時代劇と任俠映画のブームに便乗して作られたと思われるが、長い間民衆の想像に留まっていた女傑がこのとき遅ればせながら颯爽とスクリーンに登場し、様々な女俠の一員に加わったのである。では、木蘭の映画化はどのように宣伝されたのか。次の『花木蘭従軍』広告の宣伝文句を見てみよう。

花木蘭は父親に代わって従軍したことは古代からの美談だ。〔中略〕か弱い女の身でこれほど偉大な志を持つこのような数千年以来の女性の栄光を映画化するのは初めてのことである。[21]

見て分かるように、父親に代わって従軍するという行為が「古代からの美談」として語られている。フィルムがもはや現存していないため、その完成度を確認する術もないのだが、ただ観客向けの「電影本事」〔あらすじ〕には、「花木蘭古孝女也」〔花木蘭は古代の親孝行な娘だ[22]〕とか、「替父従軍」〔父親に替わって従軍する〕とかいう語句が際立って書かれていた。あくまでも推測だが、『花木蘭従軍』は、親孝行の行為を讃える『木蘭辞』の主題を比較的忠実に脚色したものだったのではないかと思う。

『木蘭従軍』の上海での上映時のポスター（中国電影資料館所蔵）

それはともかくとして、一九三九年の『木蘭従軍』に話を戻そう。張善琨が『貂蝉』の興行実績を見込んで『木蘭従軍』を考案し、時代劇路線に回帰しようとしたのは、一九三七年以降の政治情勢からすれば、現代劇の製作が望み薄だと悟ったからだった。また上海に居残っていた映画人を使わずに、遙か遠い南方から欧陽予倩と陳雲裳を引っ張ってくるその行動は、ほかでもなく時勢を熟慮した上での判断によるものだったとも思われる。この頃は、上海映画界からの脱出者を中心に、一九三八年一月、武漢で「中華全国電影界抗敵協会」［中華全国映画界抗日協会］が発足、映画界における抗日運動が上海から南方に移転し、武漢やその他の諸都市へと迅速に広がっていった時期である。上海の言論界と銀幕から姿を消したかのように思われていた国防映画の製作は、この頃から非占領地域で再び開始され、武漢で創刊された『抗戦電影』［『抗戦映画』］においては、国防映画をめぐる論議が引き継いで語られていたのである。例えば、陽翰笙《ようかんしょう》[23]が「すべての映画作品を抗日戦争の力強い武器にし、軍隊、工場、農村に深く浸透させなければならない[24]」と呼びかけていたように、大後方と呼ばれる非占領地域では、映画のプロパガンダ性は事変前よりも一段と強調されている。映画人が時局に呼応する責任だの義務だのと抗戦論議が白熱化していくこの頃だけに、国防映画の創始者と自負する張善琨が、非占領地域と関わりのある上海で、迂回戦術によって抗戦映画を作る道を打開しようと考えたのは、ごく自然のことだった。

そうした背景を加味して考えれば、桂林の欧陽予倩と香港の陳雲裳の起用は、とっさの思いつきではもちろんなく、抗日を公言できない孤島のみならず、それ以外のエリアに向かって自分の政治姿勢を示す、張なりの苦心によるものだったと解釈できる。かくして、『木蘭従軍』が租界と非占領区両方での配給と興行効果を周到に計算して製作されたものであり、一石二鳥の効果を求めたものだったことは明らかであろう。

一九三九年二月、『木蘭従軍』は滬光大戯院で公開され、『貂蟬』を上回る興行記録を打ち立てることになった。「当今絶無僅有忠烈偉大歴史古装巨片」〔現代における前例のない忠実で偉大な歴史的時代劇大作〕[25]と書かれたその上映時のポスターには俳優のほかに、張善琨、卜万蒼、欧陽予倩らの名前が書き示されていた。その後は、まるで孤島映画製作の方向を示すかのように、時代劇の製作に拍車がかかり、現代劇は急激に衰退することになる。「抗戦を呼びかけ、人心を鼓舞するために、彼女〔木蘭〕の英雄ぶりと知恵を描くべきだ」[26]という欧陽予倩の意図が、映画公開後、マスメディアによって広まり、「借古諷今」の手法はますます隆盛を極めるようになっていく。新華のみならず、その他の二大映画会社の芸華影業公司（略称、芸華）と国華影業公司（略称、国華）[27]も競い合うように、歴史映画と呼ばれる時代劇を次々と製作しはじめた。たとえば、新華の『葛嫩娘』〔別名『明末遺恨』〕（陳翼青、一九三九）、『林沖雪夜殲讐記』（呉永剛、一九三九）、『岳飛精忠報国』（呉永剛、一九四〇）、芸華の『楚覇王』（王次龍、一九三九）、『梁紅玉』（岳楓、一九四〇）、国華の『孟姜女』（呉村、一九三九）などが、いずれも二年余りの時代劇映画ブームを代表する作品として挙げられるだろう。

つまり、『木蘭従軍』は、孤島映画を繁栄へと導き、戦火によって崩壊寸前に追い込まれた映画製作を再開させる上での範例になったのである。占領の包囲圏にあって、政治的圧力もさることながら、物資的にも困苦欠乏の状況下で、いかに隠喩的に自分たちの意思を表しかつ商売として成り立たせるのかという難題に対して、『木蘭従軍』はある種の模範的回答を示したと言える。娯楽を武器にするのと、政治を逆手にとって映画の興行に利用するという二重の心理に突き動かされて、張善琨は抗日をうまく商売に使ったといってもよかろう。後に『木蘭従軍』は孤島の言論を賑わし、映画の分野を越えて孤島期文化を代表するシンボリックな出来事になったのである。そこから起きた政治的、文化的震動が、蔣介石政府のある重慶や、日本にまで波及していくことについては後述する。

2—2　受容に見る両義性——抗日か親日か

作品の面白さもさることながら、マスメディアが『木蘭従軍』の成功に極めて大きな役割を果たしたことをまず指摘しておきたい。というのは、解読の仕方によって映画が全く異なるものになってしまうということが、『木蘭従軍』の受容過程に顕著に表れていたからである。

上海においては、好意的な批評が圧倒的に多かった。『新華画報』の統計によれば、各新聞、雑誌に寄せられた批評文は「三十数本、八万字にも及んだ」[28]という。これらの批評を読めば、評者の大半は、当作品の「借古諷今」手法に称賛を送っていたことが分かる。

たとえば、白華の論評は、時代劇が孤島の国産映画の新しい道を切り開いたと肯定的に述べた上で、『木蘭従軍』を次のように褒め称えている。

敵が注意深くも中国の映画事業に進攻してくる時にあたり、環境がこれほど厳しい現在、私たちはどのように、困難極める状況下で血の道を切り開き、映画という武器を使用し、与えられた責任を果たすのかは注意すべき重大な問題である。〔中略〕歴史映画の製作はけっして責任回避ではないことが明らかだ。しかし、歴史映画製作にあたって、持つべき唯一の態度とは古来の雰囲気が漂い、謳われるべき、泣かせるべき歴史上（あるいは民間伝説）の物語をそのまま銀幕に持ち込むだけでは済まず、作者の正しい観点を通して、大いなる時代に合致できるように、新しい生命を古人たちに吹き込むべきだ。言い換えれば、原則的には歴史記述にそれほど食い違いがなければ、意味のある部分を引き合いに出して強調し、価値のない部分をなるべく削るか、あるいは全部削除してもかまわないということだ(29)。

廉先生と署名された以下の文章は、「借古諷今」の意味合いをより明瞭に指摘している。

花木蘭が父親の代わりに従軍するのは民間伝説の一つであるが、国難に直面している現在、これを映画化するのは非常に重大な意義をもっている(30)。

上記の二つの文章が、『木蘭従軍』の製作意図を戦時下という現実の文脈におきかえして解釈し、高く評価を与えたのはその現実的な意義にあった。しかし、歴史(史実)と民間伝説(疑似史実)を混同して語る点を見れば、評者は歴史的表象の如何を問わず、ただひたすら現在の立場から歴史を恣意的に解釈することを称賛したのであり、言ってみれば、古来の故事を新しい時代の需要に符合させるように書き換える必要性を力説したのだと思われる。

振り返ってみれば、この種の批評は、別に『木蘭従軍』に始まったものではなかった。国防映画が盛んに語られていた事変前に、歴史上の実在の人物を捉える国防映画をいかに作るべきかという論議が、しばしば批評の紙上を賑わしていたのである。例えば、岳飛《がくひ》、文天祥《ぶんてんしょう》、戚継光《せきけいこう》など、長年語られてきた、権力側に立つ英雄のみならず、民衆を鼓舞する意味で民間の抵抗運動の代表者を映画の主人公にすべきだとする提案もあった(31)。そうした言説の流れに沿って見るならば、『木蘭従軍』をめぐる一連の批評は、孤島期以前の歴史映画に関する諸議論をしっかりとふまえながら、特殊な政治状況下において、国防映画の言説をより隠喩的に受け継ぎ、一種の言説上の「借古諷今」の図式を提示しているとも考えられる。

そもそも『木蘭従軍』を書く前に、欧陽予倩は、悲恋ものの古典である『桃花扇』を下敷きに物語の時代設定を北伐戦争に置き換え、若いカップルの感情の葛藤を描いた『新桃花扇』(新華、欧陽予倩、一九三五)を書いたことがある。ある批評は、その『新桃花扇』の作劇法を「故事のオリジナリティに細かく拘らずに、弦外の音を作り出したことに対してわれわれはより注意を払うべきだ」[32]と指摘、旧劇を現代ものに書き直す欧陽の創作姿勢を称揚していた。「弦外の音」[弦外之音]とは、言外の意味や話の含みを意味するが、評者が褒めたのは、まさに欧陽の「弦外の音」式の作劇法ではなかったか。

だとすれば、『木蘭従軍』の脚本はもちろん、欧陽自身の作詞による挿入歌にも「弦外之音」が十二分に含まれているはずである。ファースト・シーンに続いたシークエンス、自分に悪戯をしようとした意地悪なチンピラたちを撃退した木蘭と村の子供たちが家路を急ぎながら歌った童謡の歌詞がそれである。

太陽一出満天下、快把功夫練好他、強盗賊来都不怕、一斉送他回老家[太陽がひとたび出れば満遍なく照らす、腕前を速く磨け、強盗がやって来ても怖くなんかない、一人残らず追いかえそう]。

この短い童謡から直ちに「弦外の音」、つまり抗日の意味合いを読みとった批評がある。

[歌は]童謡のように見えるが、作者の本来の意図が読み取れる。[33]

またヒロイン像を論じる多くの批評からは、評者たちの視座がより明確に読み取れる。次の批評がその一例である。

この故事が今日まで語り伝えられてきたのはほかでもなく、「阿爺無大児、木蘭無長兄」[父親に長男がなく、木蘭に長兄がいない]の花木蘭が「従此替爺征」[そのため父親に替わって出征する]という孝行を行って後世の人たちが感動したからであろうが、現在、スクリーンに姿を現した花木蘭は相変わらず「親孝行」の娘ではあるものの、その孝行には「国に忠誠を尽くす」という新しい価値が生まれてきたのだ。(34)

読んで明らかなように、封建社会への反逆者の悲劇ではなく、抗日を宣伝し人心を鼓舞できるようなヒロインを描きたいと考えシナリオにとりかかったという、欧陽予倩の意図を、(35)書き手は的確に汲みとっていたのである。

中でも欧陽予倩の真意を次のように解読する人もいた。

欧陽の描いた木蘭は文武両道に長け、知恵と勇気を持ち合わせた人であり、しかも忠誠と孝行を両方全うできる、いわば現代の木蘭である。〔中略〕欧陽に書かせれば、彼女は「父親に長男がなく、木蘭に長兄がいない」ために、「父親に替わって出征する」愚かな孝行娘の花木蘭ではなくなった。(36)

フィルムを検証すれば分かるように、過去二度の映画化と比較して見るならば、一九三九年の『木蘭従軍』では、ヒロインも、その他のキャラクターも「救国」を幾度となく口にしていた。ハリウッド風の恋愛ドラマの構造をなぞりながらも、『木蘭従軍』は確かに国に忠誠を尽くすという主題を突出させてはいる。

だが、製作者の意図がどうであろうと、時代背景を唐代に改定しただけの『木蘭従軍』に、現代的な解釈を施したのは、ほかでもなく作品をめぐる言説だったのである。マスメディアによって、それまで例を見ないほど、大量に生産された言説こそが、現代的木蘭像の創出を補完したのであり、製作と受容の連動性が、とりわけ『木蘭従軍』において顕著に見受けられることに注意しなければならない。

ここで、原作と映画、そして言説三者の関係にさらに踏み込んで考えてみよう。忠孝両全の説に反して、「忠孝不能両全」〔忠孝は両立できない〕という言い方が昔からあり、したがって木蘭の、父になり代わっての従軍は、孝行と不忠の両面性が備わった行動としても捉えられる。忠が「忠不事二主」〔忠誠とは一人の主人に尽くすこと〕というように、主と臣の上下関係を形容するのに対して、孝とは「百善孝当先」（孝行とは善行の第一だ）ということで、親と子という血縁上の上下関係に使用されてきた。それゆえ、忠誠と孝行はしばしば相矛盾する行為として見なされ、親のそばを離れて国のために戦う行動が孝行を捨てて忠誠を選択するものとして解釈されるのにも一理ある。これをふまえて考えれば、原典の『木蘭辞』は、病弱の父親の代わりに戦場に赴く木蘭の行為を孝行として称え、男装してジェンダー規範から遊離したものの、彼女を最終的に老いた両親のもとに帰らせて女性に戻した話だと言える。忠より孝を褒めたたえ、男尊女卑に挑むというより、親思いの娘を賛美したことが、木蘭伝説の幾世代かにわたって愛読され、謳歌されてきた所以でもあろう。

だが、映画の中では、前述のように、「敵を殺せ」とか「国を救う」とかいった科白を幾度も言ったりする木蘭は、従軍後、戦場で手柄を立てて大尉に昇格、部下の男と恋愛に落ち、敵軍を殲滅してから郷里に戻り、仕舞には恋人と目出度く結婚する運びになっている。『木蘭辞』には書かれていない、いや、書かれるはずもない、自由恋愛から円満なる結婚に至るこのストーリーは、反発しあいすれ違う男女が最終的に程よく結ばれるアメリカのラブコメディー、たとえば佐藤忠男が指摘したように、ルビッチ（劉別謙）風の恋愛喜劇の影響を長く受けてきた上海映画の一つの類型を示している。故郷に戻った結末のみが原作と変わらないが、男女二人のラストのツーショットに象徴されるように、『木蘭従軍』は、『木蘭辞』の中核となる孝行を巧みにすり替え、上海映画の得意としてきた恋愛ドラマに書き換えたのである。ちなみに、面白いことに、『木蘭従軍』のこのラスト・シーンは、李香蘭と長谷川一夫が寄り添う『支那の夜』の最後の場面と酷似している。

だが、『木蘭従軍』をめぐる一連の批評を読めば、作品の中盤から盛り上がりを見せる木蘭の恋愛に言及した批評が極めて少ないことに気付かされるだろう。引用した言説に見られるように、木蘭の忠誠心が強調され、なおかつ主従関係であるはずの忠誠が個人対個人ではなく、個人対国家という構図で新たに描き出す批評が多かったのである。「愚かな孝行娘ではなくなった」という言葉に代表されるように、親孝行を逆に愚かな行為として解釈し、木蘭の肩に国家の重みを意識的に負荷する批評さえあった。ただ、言うまでもないが、当時は、抗日メッセージという大前提の下で、作品と言説との間のこのような微々たる裂け目は大きな問題にはならなかった。

誰もが原作と映画および言説三者の相異を意に介さず、『木蘭従軍』は孤島において絶賛され、ヒロインを演じる陳雲裳も一躍トップスターとして持て囃されるようになる。しかし、大絶賛のムードに包み込まれた後に、重慶で上映されることになった『木蘭従軍』は、まさに上述の歌などが原因で思いがけない大事件に遭遇してしまう。従来の中国映画史に記載されている、かの有名な事件を解析する前に、ここで当時の重慶における映画状況を概略的に説明しておこう。

『木蘭従軍』が上海で話題をさらっていた頃は、一九三五年に設立、一九三八年一〇月に重慶に移された中国電影製片廠（略称、中製）と、一九三四年に創立、南京から武漢へ、さらに重慶に移転した中央電影製片廠（略称、中電）が、いずれも映画製作の条件を整え、劇映画、ニュース映画、アニメの製作に乗り出していた。この二つの撮影所は国民党政府の管理下におかれてはいたが、主要スタッフに、田漢、史東山、孫瑜《そんゆ》、沈西苓など、事変前に上海で活躍していた映画作家が多かった。この頃、重慶では、むろん「借古諷今」を行う必要はなく、一九三九年の時点で、相次いで製作された劇映画『保家郷』（中製、何非光）、『好丈夫』（中製、史東山）、『孤城喋血』（中電、徐蘇霊）、『中華児女』（中電、沈西苓）は、いずれも抗日を呼びかける内容をストレートに訴える現代劇だった。そうしたなかで、『木蘭従軍』が重慶で公開される運びとなったのだが、抗日思想の暗喩と言われた上述の挿入歌に対して、中製の一部の映画人が、歌詞の「太陽一出満天下」の太陽を、日の丸を意味するものと捉え、日本の侵略に甘んじ民心の戦意を瓦解するものだと言い張って、上映用のフィルムを焼き払う騒ぎを起こしたのである(37)。

このショッキングなニュースはたちまち上海に伝わり、張善琨、卜万蒼らは慌てて重慶、香港、上海の各新聞に弁明の記事を掲載した。この頃桂林芸術館館長を務めていた欧陽は、映画の挿入歌は明朝末期の民謡で民衆の抗日意識を喚起するために採用したと釈明したのだった。作者が日の丸容疑を晴らしたことで、『木蘭従軍』はやっと無事に上映できるようになったのである。[38]

この事件は、はたして作品に激昂した少数の人々が起こした、偶発的な騒ぎだったのだろうか。事件の深層を探れば、それは抗日運動期における中国映画界の混沌たる状況に起因し、まさしく映画界において対立する権力構造が作用したことを浮かびあがらせるものだった。当時、上海、武漢、重慶、香港等のエリアにおいて、共産党対国民党の対立が、複雑かつ重層的に織り交ぜられていたのと同様、国民党支配下にある中製と中電においても、国民党系、共産党系の映画人は、空間的に移動し対立しつつも連携しあって映画製作に取り組んでいたのである。また当然のことだが、これらの区域は、それぞれ分割されて交渉が絶たれていたエリアではなく、何かが起こるたびに連鎖的に振動が広がっていく場所でもあった。そのため、『木蘭従軍』の焼き討ち事件は、国民党と共産党との対立が表面化したものではあったが、非占領区の桂林、香港を代表する主要スタッフの弁明とマスメディアの宣伝効果が連鎖的に作用することによって、比較的スムーズに解決されたのである。『木蘭従軍』をめぐるこの騒動は、けっきょく、張善琨の採用した連動的製作方式によって救われたと言ってもよかろう。

いずれにせよ、この一件でとくに注目しておきたいのは、上海と重慶における対照的な反応であろう。つまり『木蘭従軍』が上海と重慶にまたがって、まるで対照的な読み方をされていたというこの興味深い史実に、孤島と非占領区における映画受容の一つの共通項を見出せるのではないか。より簡潔にいえば、上海と重慶における相反する反応が、実質的には同じ抗戦意識による解読の表裏だったということである。

木蘭をめぐる解読の多様性・複雑性という点で、ここで再度『木蘭従軍』を一九二〇年代後半の木蘭ものと比較してみよう。資料に依拠して言えば、二度にわたるサイレントの木蘭ものは、自由奔放な女侠イメージを木蘭に与えたと同時に、家父長制度への服従をヒロインに投影していた。よってこの女の武勇伝は、奇妙にもジェンダー秩序への挑戦と家父長制度の擁護、儒教への賛美を持ち合わせており、女性の服従と解放を二重に織り込んでいて、言ってみれば、新派風メロドラマ映画によく出てくる家父長制度の犠牲になる女性像を補完する関係にあると言える。しかし、ふたたび古典から引き出された一九三九年の木蘭は、前述のように、とりわけマスメディアの宣伝によって外敵に抵抗する英雄としてのイメージを強く印象づけられたのである。言い換えれば、伝説上の木蘭のジェンダー・アイデンティティをナショナル・アイデンティティに回収し、さらに想像のエスニシティ(中華民族)言説によって補完したわけだ。それによって、木蘭は儒教賛美の対象から抗日のシンボルになり替わったが、その一方で脱性的な存在にもならざるを得なくなる。一九二〇年代後半と一九三七年以降の政治状況の相異を念頭におけば、同じ木蘭という対象をめぐって人々の解読が異なるのは当然であろう。

ここにもう一つ見逃すべきでない問題点を提起しておく。民族をめぐる表象と言説のその背景には、悠久なる民族紛争の歴史に淵源する怨念、つまり内在的なエスニシティの矛盾が、想像のエスニシティによって緩和されていく過程があることを強調したい。たとえば、『葛嫩娘』を筆頭に、孤島期のヒット作の多くが、漢民族対異民族の領土紛争、権力奪取を前景化したものであり、言わば漢民族支配の栄枯盛衰が映画で繰り返し語られていたのである。国防映画論争に散見される大漢民族の言説[39]が孤島期に入ってからも相変わらず映画の主題を左右しており、『木蘭従軍』もまたその例外ではなかった。したがって可視的には漢民族対少数民族の紛争が主題だった当作品が、中国(中華民族)対日本という図式における抗日の会心作として読まれたのは、ほかでもなく日中戦争が内在的なエスニシティの矛盾を転化させたからにほかならない。だとすれば、上海と重慶に跨って起きた『木蘭従軍』の騒動が、一旦抗日のテーマに回収されるや円満に収まったということは、むしろこうしたエスニシティ転化の典型的事例として位置づけられるだろう。いずれにせよ、親日か抗日かという『木蘭従軍』をめぐる両義的言説がつまるところ同じ思想的背景によるものだったことはさておくとして、この出来事は、戦時下において、言説が作品というテクストから離れて独り歩きしはじめた、過激な一端をありありと伝える例証であったということができるだろう。

2—3 『木蘭従軍』は日本へ

『木蘭従軍』は日本に輸入された二本目の中国映画である。『椿姫』の輸出で痛手を受けた前例があったのに、中華電影はなぜ敢えて中国民衆の抗日意識を代弁すると言われる映画を輸出したのだろうか。

すでに述べたように、『木蘭従軍』がセンセーションを巻き起こした一九三九年は、ちょうど川喜多長政が中華電影の事務所を孤島に構えた年であった。(40) 時間上の偶然性があったとしても、このとき川喜多は日本人の居住区域である虹口《ホンキュー》ではなく、孤島の中国映画界と交渉する胸算用を立てて、その事務所を租界に定めたのだった。租界に入れば、『木蘭従軍』上映の盛況、マスコミの騒ぎなどが見込まれることを、設立されたばかりの中華電影、特に川喜多本人は当然把握していたと思われる。(41) やがて『木蘭従軍』に関する孤島の報道が、上海拠点の複数の報道ルートによって日本国内に伝えられた。今回は『椿姫』の時と完全に違って、上海の盛況と重慶の騒動を含め、多くの報道が『木蘭従軍』に言及したのである。(42)

ところが、なんらかの形で『木蘭従軍』にふれた書き手は、必ずしも作品を見たとは限らなかった。中国映画に関する諸言説のそれまでの流れから見ても、作品を見ずに作品を語るのは、とりわけ『木蘭従軍』が顕著な一例だったかもしれない。むろん中国国内で実際に作品を見た人が完全にいなかったわけではない。例えば、筈見恒夫の証言によると、(43) 満州に赴いた映画評論家の一行は、満映の試写室で『木蘭従軍』を見たという。

かくして輸入される前の段階で、『木蘭従軍』はすでに日本でホットな話題になっていた。中華電影によって上海以外の占領区にも配給されたこともあって、日本に入る前に、『木蘭従軍』はすでに中国国内の政治空間の分割を打破し、その余波は日本にも押し寄せてきたと考えられる。前述したことをさらに補足すると、一九四〇年前後、孤島で足場を固めた川喜多は、占領区の民衆を「慰撫」するために娯楽作品の提供を決めると、すぐに『木蘭従軍』と張善琨に目を付けたのだった。張と秘密裏に接触した末、彼は『木蘭従軍』を中華電影配給作の第一号として獲得し、(44)

近くは華北に、遠くは植民地の台湾にまで配給を決めている[45]。映画研究家の田村志津枝によると、台湾では、一九三七年以降、すべての中国映画の上映が一斉に禁止されたが、一九四一年、『木蘭従軍』が輸入されるや否や、台湾の観客に大いに歓迎されたという[46]。

とはいうものの、満映や上海で見た少数の専門家を除いて、日本国内においては、『木蘭従軍』は、むしろ言説によってその名を拡げた作品であり、言説が作品に先行したことに変わりはない。では、『木蘭従軍』が輸入される前に、いったいマスメディアでどのように語られていたのかを確認しよう。

例えば、中国の抗日報道や、それが原因で長期にわたって続映できた事実を認める一方、『木蘭従軍』はただの歴史劇で、抗日というほどのものではないと主張した、いかにも自己矛盾を露呈するような記事があった。次の二つを見てみよう。

> 多くの歴史劇映画の中にあって、木蘭従軍は、なぜ、そのやうな大成功を収めたかといふと、これには二つの意見がある。その一つは、この映画の題材が前いったやうに、観客の間にもっとも、よく知られたストオリであるから、うけるのは当たり前だといふ説と、もうひとつは、偶然にも、現実と、過去の歴史とが同じようなシチエーションを得たので、観客の支持を受けたといふ説。後者的な見方をすれば、一種の抗日映画になってしまふが、これは、すこし、考へすぎではないかと思はれる[47]。

> 『木蘭従軍』が公開せられた時、批評家達は筆をそろへて新形式の抗日映画と賞賛し、長期にわたり続映されたが、しかしこの映画にはさほど抗日精神はなかったと思ふ。単に歴史上の女傑木蘭を拉し来って男装の麗人に仕立てて巧みに踊らせたものにすぎず、その人気を博した最大原因はやはり陳雲裳の魅力であり、プロデューサ張善琨の「腕」であると思ふ[48]。

読んで明らかなように、いずれも『木蘭従軍』をめぐる中国での報道を隠そうとはしなかったものの、「考へすぎ」か、あるいは「さほど抗日精神はなかった」というふうに、抗日説を気軽にかわして解釈している。孤島映画の精髄である「借古諷今」を解読するほどの力がないためか、かほどに楽観的に考えていたのかもしれない。

それに比べると、上海事情通たちの対応は明らかに違う。『木蘭従軍』の輸入に進言できる立場にあった人々は、当作品の発した抗日メッセージをどのように処理したらいいのかを十分にわきまえていたようである。

たとえば、上海の日華倶楽部で開催された「上海映画界の現状を語る」と題する座談会において、当時まだ上海軍報道部に勤務していた辻久一と後に中華電影企画部副部長を務めることになる筈見恒夫らが、『木蘭従軍』を語りあう一節があった。それを以下に採録しておく。

筈見：[『木蘭従軍』は]重慶で焼いてしまったとか。
辻：あれは焼いたんです。あれを上映する日に群集が映画館へ這入って来て、この映画は親日もので怪しからんといふ演説をやり、映写室に入って焼いたといふ話です。その原因は、太陽が一度び出ると、満天下これに従ふと云ふ唄の文句です。太陽は日本人だといふわけでね。[中略]
筈見：抗日映画と云っても、日本の昔に作られた傾向映画みたいなもので、作ってをるものの自己満足ですね。
辻：自分達の持ってをる意識を充分出せないから、これで満足するといふいひわけがついて廻っています。
筈見：インテリの自慰の意識がある。
野坂[三郎](49)：一種の逃避をしてをる。どっちにも判っきり現さないで逃げ道があるから。
辻：日本側から文句を言ふと、これは支那の歴史だ、日本を別段攻撃したんではありませんといって逃げ道がちゃんとあるんです。

小出[孝][50]：商売を考へてをる。[51]

では、川喜多本人の見解はいかなるものだったのだろうか。『木蘭従軍』をとりあげて孤島の製作の傾向を分析する時に、川喜多はこのような時代劇の愛国思想を認めるべきだと語った上で、次のように述べている。

我々は中国人に愛国心を捨てさせる事はできない。また捨てさすべきでもない。〔中略〕只問題は彼等の愛国心が抗日といふ結果を生ぜしめない様に彼等を指導する点にある。抗日は国を愛する事ではなく、却って国を滅ぼす基である事を彼等に認識せしめる点にある。[52]

読んで分かるように、輸入に関わった人々は、当作品に関する孤島の政治動向と重慶の騒動を手に取るように把握していたにもかかわらず、それでも『木蘭従軍』の輸入に踏み切ったのである。ここで興味深いのは、作品の輸入に際して、「借古諷今」が、製作者の意図と抗日の言説を隠蔽し、恣意的に解釈できる方便を提供したことだった。昔の傾向映画と比較するやら、自慰や逃避で片付けるやらで、まだ楽観的な辻や筈見に対して、抗日愛国を抗日亡国に誘導しようという川喜多の言葉には、『木蘭従軍』を策略として逆用する意図があると言わざるを得ない。またいうまでもないが、川喜多にあって『木蘭従軍』こそが、彼の展開しようとする、中国における映画の人材を獲得するための第一歩だったのであり、日本への輸入がそれに次ぐ仕事だったのである。[53]

同じ頃、『木蘭従軍』に数回も言及した一冊の本がある。一九四一年一〇月刊行、市川彩著『アジア映画の創造及建設』である。「日本軍占領地域内の検閲」という一節で、市川は『木蘭従軍』をめぐる一連の宣伝と騒動を紹介した後に、「この映画は上海の日本軍側映画検閲所では一齣もカットされず、強いて抗戦映画とは認めなかったので、華成公司は日本の寛大なる検閲に感謝すると共に、重慶の処分に驚愕したといふことである」と分析、その上で「中国映画の製作者は之を契機として、その製作企画に排日、抗日的のものを選ばないと同時に、重慶からも弾圧されないやうなものを撮影することに改めた[54]」と述べている。

市川の述べた「寛大なる検閲」に対して、張善琨を始め、華成公司の関係者が感謝したのかどうかは不明だが、少なくとも考えられるのは、重慶での騒動とは対照的に、日本側検閲の「寛大さ」が『木蘭従軍』の製作者側、特に張善琨本人になんらかの形で働きかけたように思われる。むろん、張善琨と孤島映画界への懐柔工作を正確に計算しつつ抗日映画を逆手にとって非占領区の中国映画と対抗しようとした思惑が関係者側にはあり、その思惑は川喜多のそれと小異があっても同じ目標を目指していただろう。

もう一点付け加えるべきことがあるが、『木蘭従軍』を「寛大な」検閲結果にまで漕ぎつける上で中心的役割を果したのが、辻久一と彼の所属する報道部の責任者だった。その際、明治天皇の発布した教育勅語「一旦緩急あれば義勇公に奉じ」が、憲兵隊からの反対の声を抑えるために使われ[55]、木蘭の従軍は義勇公に奉じる行為にあてはめて解釈されたのである。かくして、抗日メッセージは免罪されることになり、「愛国映画」という曖昧な説明を付与された上で、『木蘭従軍』の輸入は許されたわけだが、その経過から見てひときわ皮肉なのは、重慶のフィルム焼き討ち事件が、憲兵の検閲の時にもまたその後の輸入にも一役を買ったことだった。

2—4 「大東亜映画」のエンターテインメント

『映画旬報』一九四一年八月号に、「『木蘭従軍』輸入」という記事が掲載されている。当記事は『木蘭従軍』について「支那の古典「花木蘭」に手[取]材した愛国物語の映画化である。陳雲裳主演『木蘭従軍』が当時抗日映画として喧伝されたのは記憶に新しい所であるが、最近断末魔に喘ぐ重慶側蒋政権ではこの映画を焼いてしまった事実があり抗日映画の烙印も消され」た[56]、と記している。

重慶事件を利用することで蒋政権と対抗する意図があるのは明白だが、それだけではなく、後に『木蘭従軍』はより重大な政治的メッセージを付与されることになる。ここでひとまず、その公開の時期に留意する必要がある。上記の記事によれば、太平洋戦争開戦の直前に『木蘭従軍』の輸入はすでに決まっていたと分かるが、しかしその公開に漕ぎつけるまでには、さらに丸一年を要している(57)。では、一九三九年製作の映画が、三年経ってから公開されるという事態には何か特別な意味があったのだろうか。それを究明するために、まずは『木蘭従軍』の公開前後の映画評から見ていこう。

『木蘭従軍』の日本での上映時のポスター
（『映画旬報』1942年3月11日号より）

ほとんどが好意的に書かれたこれらの批評には、しかし、懸命に抗日説を退けようとする書き手の姿勢が一様に見受けられる。たとえば、北川冬彦は木蘭を「支那のジャンダーク」と喩え、「愛国映画の一つに間違ひはない。しかし、匈奴を外敵とするものを、ことさらに外敵を日本と見立てることは曲解であらうと思ふ(58)」と言い切り、内田岐三雄は「実際の映画について見れば、検閲による削除もあったこととは思うが、そうした感じは与えられない。或いは原型そのまのものにしても、抗日というほどのものではなくて抗日と解釈される惧れがあっただけのものではないかと推察されるのである(59)」と推測する。飯田心美もまた「画面上では格別それらしいところも見当たらずやや気を抜かれたかたちであった(60)」と抗日を軽く一蹴してみせ、中国文化人と交友関係のある佐藤春夫にしても「もとは抗日映画として使はれたといふ事も聞いていたが、そんなところは無論カットしてしまったらう」[61]と、いかにも気楽に、自慰するかのように語っているのである。

確かに、唄があり、踊りがあり、扮装があり、恋愛もあり、また戦闘場面もふんだんに取り入れられた『木蘭従軍』からは、寓話性、エキゾチシズム、ロマンチシズムなどの要素を容易に抽出できるのであり、そのような表層の表象を論じるのみで、中国側の抗日言説にさわらずに語ることは最良の方法だったのかもしれない。そういった回避法は、作品のスタッフへの言及にも見られる。たとえば、主演の陳雲裳を過大なほど褒め称え、卜万蒼の演出に多少ふれるような作品評が多い中、脚本の欧陽予倩にふれる人はバランスを欠くほど少なかったのである。佐藤春夫が「一面識ある人である。［中略］日本にはこれ程のシナリオ作者がいないのではなからうか」[62]とその名前を紹介するのに留め、内田岐三雄も「しかしいづれにせよ、この映画の脚本（作者欧陽予倩は劇作家という）は、のびらかに、思ひのままに書きあげられている」[63]と評しただけだった。一九四一年前後に、たとえば谷川徹三の「欧陽予倩の原シナリオではもっと露骨な抗日意識が盛ってあった」という上海から持ち帰った正確な情報は、いずれの作品評においても、いとも簡単にかわされたのである。さらに映画誌に掲載された数種類の上映広告に至っては、製作、監督、主演三人の名前が記されるのみで、上海での上映広告と比べれば、欧陽の名前はあたかも好ましくないかのように削除されているのだ。言ってみれば、日本留学の経験を持ち、京劇の女形役者として名声を博しもし、『木蘭従軍』の生みの親として上海の世論を賑わした欧陽をどのように位置付けるのかは、評者や宣伝側にとってかなり面倒な作業だったのではないか。というのも、張善琨、卜万蒼、陳雲裳がいずれも中聯の一員となり、少なくとも形式的には日本に協力的な立場に転じたのに対し、桂林に赴いた欧陽は田漢、夏衍《かえん》らとともに文芸分野でペンを武器にして抗日を訴え続けていたのである。欧陽への過度の言及乃至評価は、下手をすると『木蘭従軍』をめぐる抗日言説を蒸し返す危険があったのである。余談だが、その欧陽が映画『木蘭従軍』を土台に桂劇（広西省の地方劇）『木蘭従軍』を書いたのもちょうど一九四二年だった。

いずれにせよ、抗日メッセージは結局解読によって左右されるところがあり、解読法さえ変えれば、抗日はいとも簡単に消去できたのである。これまで見てきたように、『木蘭従軍』の輸入にあたり、関係者たちはまず「借古」の不明瞭さでもって、抗日救国を曖昧な愛国に書き換えることに成功し、その結果、一連の作品評は、競って作品の娯楽性や女優の魅力を引き合いに出すことで、「諷今」を覆い隠しえたのだった。中でも、男装の麗人の奇抜さと陳雲裳にひたすら光を当てることによって、『木蘭従軍』をふたたび性のとりかえ物語に還元する一方、異国趣味の視線を付け加え、ジェンダー遊戯とエキゾチシズムを突出させることで、抗日言説を退けることが専ら目指されたのである。佐藤春夫の言葉を借りると、「純然たる童話風の作品で、童話的詩趣が支那趣味といふエキゾティシズムとうまく手をつなぎ合わせている」[64]作品として、『木蘭従軍』は、日本で絶賛を博したのであった。

ここまで述べてきた批評の実態は、もちろん太平洋戦争との関連性があることを忘れてはならない。開戦後の日本国内の映画界の情勢からすれば、「大東亜映画」が叫ばれていた最中だけに、『木蘭従軍』もまた、当然のように「大東亜共栄圏」思想の俎上に載せられたのである。川喜多が「日支人が提携して黄色人種の聖林［ハリウッド］をそこ［上海］に建設する」[65]と開戦前に豪語したように、東洋対西洋、黄色人種対白色人種というエスニシティ問題に抗日メッセージを取り込む「日支連携」の構図がすでに生み出されていたとすれば、『木蘭従軍』をそうした思想的文脈において解釈する例があるのも当然の流れであろう。たとえば、「［『木蘭従軍』のように］映画に於ても伝統の東洋精神を生かした作品」を待ち望むとして、「支那の当面の目標は欧米依存から脱却することであればならぬ。是は支那ばかりでなく日本人の映画人にも苦言を呈したい」[66]という笠間《かさま》杲雄《あきお》の批評は、まさに『木蘭従軍』を「日支連携」によって欧米に対抗する作品として位置付けていたのである。輸出側が望んだように、一旦言説上の抗日メッセージを消去し、愛国的ナショナリズムを抽象化しておけば、外来侵略への対抗を唱える『木蘭従軍』を日米開戦後のエスニシティ思想に適合させることは容易だったろう。より明確に言えば、この種の言説は、作品における異質だったはずの愛国的側面を日本主導の連携に持ち込み、西洋の侵略に抵抗する「大東亜共栄圏」に回収する一方、アメリカニズムの依存から脱却した東洋の、楽しいエンターテインメントとして日本の観客に受け止めさせたのである。けっきょく太平洋戦争期を狙ったように公開された『木蘭従軍』は、その娯楽性が遺憾なく生かされながらも、大東亜映画のエンターテインメントとして日本で読み直されたといってもよかろう。

3　日本を訪れた孫悟空――長編アニメ『鉄扇公主』

3―1　ディズニーと抗日の融合

それほど注目されずに終った『椿姫』とは打って変り、中国映画を知ろうとする人々にとって、『木蘭従軍』はかなり見応えのある作品となった。その勢いに乗じてか、アニメ映画『鉄扇公主』〔別名『西遊記　鉄扇姫の巻』〕（国聯、万古蟾・万籟鳴、一九四一）の輸入もすぐに決まったのである。

『鉄扇公主』の監督である万古蟾《ばんこせん》と万籟鳴《ばんらいめい》は、双子の兄弟である。[67] 二人のアニメ製作のキャリアは、早くも一九二〇年代から始まっていた。一九二二年、中国初のアニメ広告『シュージンドン中国語タイプライター』〔『舒振東華文打字机』〕を作ったのをきっかけに、万兄弟はアニメ製作に没頭し、四年後には、ディズニーアニメからの影響を指摘された、中国映画史上初のアニメ映画『アトリエで大いに暴れる』〔『大鬧画室』〕を完成させたのである。[68] そして、一九三五年、トーキーアニメ『駱駝の踊り』〔『駱駝献舞』〕を成功裏に撮った後、一九三七年まで万兄弟は明星影業公司で抗日を題材にとったアニメ短編映画を二十数本も製作している。[69] また、万籟鳴は映画界の抗日運動に呼応して、「中華全国電影界抗日協会」の理事も務めていた。第二次上海事変後、彼らは国民党支配下の中製に入り、『抗戦標語』、『抗戦歌輯』（一―四）などの宣伝動画を製作するために、重慶と武漢を行き来していたが、一九四〇年頃、張善琨の招聘を受けて上海に戻り、新華で漫画映画部を設立させたのである。[70]

この頃、上海で公開中のディズニーアニメ『白雪姫』〔『白雪公主』〕（ディヴィッド・ハンド、一九三七）は、広く人気を集めていた。ディズニーアニメから刺激されつつ『アトリエで大いに暴れる』を撮った時と同じように、万兄弟は今回もそれに匹敵するような中国アニメを作ろうと奮起し、古典文学『西遊記』の一節から着想を得た『鉄扇公主』の製作をはじめた。二人が多くのスタッフとともに苦労を重ねて一九四一年の年末に撮り終えた当作品は、三つの映画館で公開されるや否や、大勢の観客が殺到し、同時期の劇映画を上回る興行成績を樹立したのである。(71)

『西遊記』の一節である『鉄扇公主』の筋をここで改めて紹介するまでもないが、万兄弟は、孫悟空が牛魔大王や鉄扇姫との戦闘を軸に活躍する最後のクライマックスに、次の意味深長なエピソードを書き添えたのだった。そのラスト・シーンは、牛魔大王を退治するために、団結して闘おうという三蔵法師の呼びかけに応えて、一行の滞在先の村人たちが孫悟空らと一丸となって牛魔大王を倒して勝利を得る場面である。もともと万兄弟は「抗日戦の最後の勝利を勝ち取ろう」「争取抗戦的最後勝利」という、露骨な抗日台詞もそこに取り入れていたが、身の安全のためにこれは削除したとされる。(72) それでも、彼等は、牛魔大王と別居する鉄扇姫に「たとえ同じベッドに寝ても、私達は別々の布団をかけよう」「就是同床、我們各人蓋各人的被」と歌わせたりして、アニメのキャラクターを巧妙に使いながら占領下にある上海の人々の心情を伝えたのである。つまり、『鉄扇公主』は、早年万兄弟に強い影響を与えたディズニー映画の作法を再び参考にしつつも、同時期の時代劇が愛用した「借古諷今」手法を踏襲し、抗戦イデオロギーを娯楽性により巧妙に溶け込ませた作品であったのだ。

『鉄扇公主』の上映時のポスター（『映画評論』1942年8月号より）

その後、万兄弟は張善琨との契約を打ち切り、しばらく上海を離れることにした。そうしたなかで『鉄扇公主』は日本に輸入され、一九四二年九月から文化映画『空の神兵』(日本映画社、渡辺義美、一九四二)との併映で、全国三〇ほどの封切館で一斉に公開、大ヒットとなっている。(73)

当初、中聯に加わらなかった万兄弟は上海に戻り、中聯の新設した漫画映画部の専属になった。そして彼らによる二回目の長編アニメ『長江の家鴨』の製作プランを発表する運びとなる。(74)しかしその間の経緯には不明な点が多く、張善琨のように、重慶政府からの指令があったかどうかは判然としないが、清水晶がある報告の中で、「[万兄弟は]中華電影公司との契約になり、今はこの『鉄扇公主』改め『西遊記』の画期的な成功にはげまされて、彼等が再び安じて第二の長編漫画に没頭する日の訪れるのを案外近いのではあるまいか」(75)と語ったことからも分かるように、『鉄扇公主』によって日本でもその知名度が鰻登りになった万兄弟のことは中華電影側がしっかりマークしていたのであり、大切な映画の人材として大いに期待していたというのは、間違いないだろう。

3―2　アメリカニズムへの対抗

一九三七年以降の日本では、大陸映画製作のブームに煽られ、中国古典ものの映画化が隆盛を極めていく。新興映画の『孫悟空』(寿々喜多呂九平、一九三八)が作られたのに続き、一九四〇年、東宝も『孫悟空』(山本嘉次郎)を製作した。(76)エノケンもの、大陸映画、レビューという複数のジャンルに跨って作られたこの作品は、李香蘭や汪洋らの女優を起用し、オリエンタリズムをかもし出したものとして人気を呼んだのである。

また同時期に、いわゆる大陸エキゾチシズムは、映画界のみならず、東宝や宝塚の舞踊劇にも波及していた。例えば、映画『孫悟空』より先に浅草の劇場で上演された同名の舞台劇、エノケン主演の『西遊記』(菊谷栄、一九三八)はもちろん、『木蘭従軍』の翻案劇である少女歌劇『木蘭従軍』(東宝、白井鐵造、一九四一)、『北京』(宝塚、宇津秀男、一九四二)、あるいは孟姜女《もうきょうじょ》の伝説を基に脚色された『蘭花扇』(東宝、白井鐵造、一九四二)など、大陸趣味を売り物にした舞台劇は競って演じられていた。中でも、李香蘭に『蘭花扇』のヒロイン孟姜女を演じさせたことは、芸術諸分野を横断する映画の力を感じさせる事柄だった。『鉄扇公主』の公開は、ちょうどこのような文化的環境下で実現されたのである。

『鉄扇公主』が『白雪姫』に刺激されて考案されたことは前述の通りだが、日本においては、太平洋戦争の開戦と同時に、英米映画の輸入が禁止されており、世界映画史上初となるこのカラーアニメは、映画誌に広告が掲載されたものの、けっきょくは公開が見送られることになったという[77]。ただ、当時からすでに、さまざまなルートを通して『白雪姫』を見た映画人は少なからずいた。例えば、後に『桃太郎・海の神兵』を撮った瀬尾光世は、アニメ製作の参考に、軍部の没収した『白雪姫』のプリントをこっそり見せてもらったと戦後に証言している[78]。まだ軍部の報道員だった頃の辻久一が一九四一年、武漢で「毎晩『白雪姫』を見て時間をつぶした[79]」と語ったことからも分かるように、中国の各地でも『白雪姫』を見た人はかなりいたと推測できる。

太平洋戦争期に入ると、アメリカニズム追放を声高らかに叫び、みずからの書いた記事でアメリカニズムを非難しつつも、アメリカ映画をひそかに楽しんだり、あるいはそれを手本にして映画作りに励んだりした人は、瀬尾光世や辻久一だけではなかった。『白雪姫』への対応がそうだったとすれば、『鉄扇公主』の内包する抗日メッセージとディズニーカラーに対しては、人々はどのように反応したのだろうか。次に漫画研究家である今村太平[80]の言論を手がかりに、当時の日本におけるアニメ事情と絡み合わせつつ、『鉄扇公主』の受容の実態を考証しよう。

官庁と民間が連携して行われた映画戦は、ドイツの映画政策とその作品を手本にする一方、アメリカニズム排除の一環としてアメリカ映画の追放を推奨していた。そうした状況下で、ディズニーアニメも例外なく弾劾の対象になっていた。日米開戦後、ディズニーがミッキー・マウスやドナルド・ダックなどのキャラクターを使って国防公債と貯蓄奨励の宣伝を行うことを警戒し[81]、ディズニーアニメの持つ政治的宣伝力を危惧する言説がこの頃現れている。漫画映画を歴史的かつ体系的に総括しようとした専門家の今村太平が、そのような言説を代表する一人だったのである。

一九四二年刊行の『戦争と映画』において、今村は「漫画映画論」という一節を設け、戦争と漫画映画との関係性を解析している。

今村は実例を取り上げながら漫画映画の役割を解説し、「ディズニー漫画が大東亜戦開始前、我国で得ていた人気を思ふと、戦時におけるその政治的宣伝力はまことに軽視できないものがある」と指摘、その上で同盟国のイタリア政府がディズニー映画の国内上映を禁止した事実を伝え、「わが国がディズニー漫画ほどの漫画映画をもたぬといふことはそれだけ劣勢である」と自省する。そしてその一方でさらに視線を拡げて「支那はむろん東亜共栄圏すべての大都市において、アメリカ漫画がつい最近まで最大の人気を以て上映されていたといふ事実を忘れてはならぬ[82]」と、中国とアジア諸国におけるディズニー映画の蔓延に対して厳重に注意を促したのだった。

今村の言葉は杞憂ではなかった。戦時下とは言え、太平洋戦争の開戦までは、まさに今村が言ったように、「「文化映画」をいやがる人はあるだらうが、漫画映画を嫌ひといふ人はない[83]」ほど、ディズニー映画は日本でも絶大な人気を博していたのである。その理由は「漫画映画の観客層は最も広い」し、「漫画映画に比適するやうな芸術は絶無である[84]」からだと今村は分析する。だからこそ、ディズニー映画の優れた芸術性こそが、強力なプロパガンダたり得たことを、今村は強く訴えたのである。

ディズニー漫画の曾ての芸術としての優秀性は、ただちに思想宣伝における武器としての優秀性である。ここに秀れた芸術が最も強力な啓発宣伝の役割をする姿が見られる[85]。

その今村が『鉄扇公主』評を書いたのは、「漫画映画論」が刊行される直前であった。彼は「[『鉄扇公主』は]東洋最初の長編漫画で、その出来栄えは日本漫画界の顔色を奪ふものである[86]」と、同作品を手放しで褒めてから、キャラクターの表情とその動きを捉えつつ、「支那人の空想」、「支那芝居の型」、「支那人のユーモア」などをキーワードに順次分析を施している。抗日を暗喩するとされる三蔵法師の説教場面にも今村は注目したが、しかしこの場面に彼が見出したのは「説教する三蔵法師と、説教を聴く群衆の描写も『白雪姫』の影響もあらうがきわめて大胆不敵なもので写真が顔負けするやうな動作を描いている(87)」という点だった。中国風の「借古諷今」こそ読み取れなかったものの、ディズニーアニメとの相関関係は見逃さなかったようだ。ただ、今村は直ちにこうしたディズニーの影響を敵視したのではなく「これを見て東亜共栄圏の漫画映画の将来を考へることは、甚だ楽しいものがある(88)」と、逆にそれを擁護している。

この『鉄扇公主』評を、「漫画映画論」における、優れた漫画の芸術性こそが強力なプロパガンダだという今村の観点と結び付けて考えれば、彼は『鉄扇公主』をディズニーに対抗しうる力作として褒め称えていると考えられる。ディズニー映画の持つプロパガンダと芸術との融合効果の可能性を、今村はまさに『鉄扇公主』に見出したのである。「東亜共栄圏」の漫画映画の将来」云々は、阿部知二の『椿姫』読解にあるような、中国、日本、欧米の三者を均等に位置付けして論じる姿勢ではなく、一部の『木蘭従軍』評にも見られた視座に通じており、中国を東亜共栄圏の一員、西洋に拮抗するための味方とする姿勢が、その批評から見て取れる。当然、阿部との認識上の差異は、戦局の変遷によってもたらされた、知識人の視野の変化の現れだったことは言うまでもないだろう。

しかし、今村の批評にはそれまで見られなかった中国映画への新鮮な視点が見受けられる。中国映画のディスクールが発生して以来、ごく稀な例を除いて、技術的には中国映画がいつも日本映画の下位に位置付けられて論じられてきた。この点では、ほとんどの人が好感を持つ『木蘭従軍』の場合も変わらなかった。しかし、今村の批評に限って言えば、『鉄扇公主』こそが、初めて日本映画の技術を凌ぐ中国映画、また日本の映画人が驚嘆するに値する作品として語られたのであった。

とはいえ、『木蘭従軍』がそうであったように、『鉄扇公主』もまた「大東亜映画」として受け入れられたのである。したがって当作品の作画技術に染み込んだアメリカニズムを、今村のように、「大東亜共栄圏」に回収していくような解読により注意を払うべきだろう。様々な映画誌において、『鉄扇公主』は、東洋初の長編アニメとか、「東亜共栄圏映画界」の成果と言われ[89]、場合によっては、まるで中華電影製作の作品であるかのように捉えられていた[90]。フィルムに刻まれたディズニーの痕跡が指摘されることがあっても、批判の対象にはならなかったようだ。たとえば、ある批評が、「お手本がディズニーである為かアメリカ的な表現手法を消化しきれず悟空や、鉄扇姫などミッキイ的ブウフ的である点些か飽き足りなかった[91]」と言う程度の指摘はあったが、ディズニーばりのその手法をそれほどネガティブには捉えていなかったのである。

一方は作劇法が明らかにハリウッド式の恋愛劇を踏襲した『木蘭従軍』。もう一方は技術的にディズニーの作画法を参考にした『鉄扇公主』。どちらも中国古典の映画化であり、「大東亜共栄圏」といささかも関連性がなかったのに、日本公開に際しては、英米に対抗するための映画戦略の一つとして宣伝されたのである。ことさら『鉄扇公主』を「東亜共栄圏映画界」の成果と見なすのは、アニメも「大東亜」対「鬼畜英米」という思想図式によって解釈されることが要請されたためであり、それゆえ『木蘭従軍』受容にみるレトリックが再び召喚されたのだった。

ともあれ、『木蘭従軍』に続いて『鉄扇公主』の輸入も成功し、万兄弟の名前は各種の映画誌に記され、時の人となった。前述したが、二人はこの頃、すでに中聯に加入、万古蟾が美工主任こと美術部主任を担当したこともあって、中華電影専属の万兄弟として紹介されるケースが多かったようである[92]。中聯が中華電影と合併され華影になる前だったのに、清水晶のように、中聯所属の映画人を身内のように扱うことは、日本のマスメディアにおいても同様であったのだ。

しかし『木蘭従軍』と異なる形で、『鉄扇公主』は日本映画界にプラスの一面を与えてもいた。次の文章がその事実を伝えてくれている。

かうした大企画を樹てて製作に努力した万兄弟と、それをなさしめた映画企業家張善琨の姿こそ、大陸映画を

云々する日本の映画人の学ぶべき点ではなからうか。(93)

繰り返すが、中国映画人に学ぶべきだという言い方は前例になかったものである。長い間、ずっと下位におかれてきた中国映画だったわけだが、この『鉄扇公主』の輸入によって格上げされて日本映画界に好印象を残すこととなった。むろん、高い評価には日本アニメ界にまだ備わっていない技術と才能を持つ万兄弟に寄せられる期待が含まれていたわけである。そしてその期待は万兄弟の次回作にも向けられることになったのだった。

十二月八日、東洋映画史にも新しい一頁がくり広げられた。上海映画界の方向は決せられた。支那映画製作業者は昨日の機構をそのままに、我方の統制下に不純なものを捨て、新しい企画が樹てられて行った。(94)

日本の統制下における新しい企画とは、どんなものだったのか。記事をそのまま読んでいくと、新作のストーリーはこうなる。

田舎者の家鴨が四川の山奥から三峡の険を、飲まず食わずで下ってきて、武漢、九江、安慶、無[蕪]湖と旅を重ねて南京に到着して汪精衛を訪問、中山陵に参拝してから清郷地区を見学して、さらに上海に到って英米侵略から解放され日華経済合作に依って大東亜の建設されつつあるを知ると云ふことになっている。(95)

この次回作はついに実現されずに終ったが、「ディズニーが、今は世界平和の破壊者ルーズベルトに踊らされてか、軍拡、参戦思想に感染し、憤慨家ドナルド君よ、全人類の為に、君は翻然としてリンドバーグの如く平和を叫べ、そして君も「長江の家鴨を学べ」と当記事が記しているように、予定された主人公の家鴨は、明らかにディズニーのドナルド・ダックに対抗させるために構想されたキャラクターだった。

中華電影の主導下で、関係者たちが『鉄扇公主』を東洋のアニメとしてディズニーに対抗させるだけでなく、万兄弟の手腕をさらに発揮させ、今村の提起したような、優れた芸術性のある宣伝漫画を撮らせようとしたことは、これで明らかになった。おそらくは『鉄扇公主』を好意的に評価した人々が『鉄扇公主』以上に、「長江の家鴨」を待ち望んでいたことは想像に難くない。

いずれにせよ、『木蘭従軍』が「大東亜映画」として宣伝され、そのヒロインが「大東亜映画の花形」と形容されたのに対して、『鉄扇公主』は、アメリカニズムに対抗するアニメとして称賛され、まだ個人の手工業的製作方式に止まっていた日本のアニメ産業に猛省を促すきっかけとなったのである。[96]かくして、『鉄扇公主』に刺激されたかのように、日本の漫画分野でも総力戦に対応できる長編アニメの製作が始動した。[97]『鉄扇公主』が公開されてまもなく、芸術映画社製作の『桃太郎の海鷲』(瀬尾光世、一九四三)、松竹製作の『桃太郎・海の神兵』(瀬尾光世、一九四五)が相次いで世に問われることになる。いずれも桃太郎を主人公にしたこの二本は、日本アニメの改革を唱える言説に促され、『鉄扇公主』から啓発を受けて生まれたものだったことについては、佐野明子の研究に詳しい。[98]

4 俳優受容におけるポリティクスとジェンダー

これまで『椿姫』から『鉄扇公主』に至るまでの受容の実態とその言説を検証してきた。すこし注釈しておくと、『木蘭従軍』の受容に見られるように、諸言説の中ではとくに中国女優に関する論述が多く、つねに論外におかれていた男優陣と比較すれば、女優がいかにクローズアップされ、マスメディアによる報道の中心的存在だったかを気付かされる。女優を中心的な位置に据えるこうした報道姿勢は、女優を一貫して欲望する対象として見るという映画史的ジェンダー規範がそこに働いているということができるだろう。むろんそれだけではなく、第四章で言及した大陸映画の表象とその受容に見られるように、欲望の視線は民族、歴史、政治とも密接に絡み合っているのであり、テクスト読解における多義性はそれら複数の位相からもたらされるものである。次に俳優の身体とスクリーンに映されたその映画的身体が、戦時体制のポリティクスとジェンダー思想にしたがってどのように召喚されていたのかを、当時の文献に寄り添いつつ明らかにしたい。

日本において最初にマスメディアで中国女優の身体が大写しされたのは、『東洋平和の道』で映画の初主演を果した白光であった。[99]日本に留学したこともあり、北京の話劇舞台で『復活』のヒロインを演じた彼女[100]は、当作品の俳優公募のオーディションで選ばれ、『東洋平和の道』の中で、『大地』のヒロインの阿蘭を彷彿させる農婦の蘭英を演じた。その後、白光はいろいろ紆余曲折を経て上海映画界に移って活躍し、終戦後、香港に渡ってからは妖艶な女性に扮したことで知られるスターであり続けた。

第五章で述べたが、『東洋平和の道』のキャンペーンのために、白光は張迷生や、ほかの出演者たちと来日し、映画誌の主催による座談会に出席する機会があった。

白光と李明、仲秋芳ら三人の女優の写真付の座談会が『日本映画』に掲載されている。日本語の少しできる白光が僅か二言だけ喋ったのだが、張迷生一人がみんなを代表して記者の質問に答えていたことは、述べた通りだ。

しかし、このように、「声」をほとんど発していなかったにもかかわらず、「支那映画俳優女優を囲んで」というタイトルのもと、微笑ましい白光たちの写真が大きく掲載された結果、読者にその「笑顔」で何かを話しかけているような効果をもたらしたのである。[101]他方、座談会の中心人物とも言える張迷生や、同行した男優の写真はなく、彼らの「声」があって「顔」が隠れていたのとは対照的に、「顔」のみがクローズアップされ、「声」がほとんど聞こえてこないのが、女優の白光たちである。しかし、このように奇妙な言説表象が示す捩じれたジェンダー関係は、決して一雑誌の特徴ではなく、むしろその後の俳優をめぐる言説表象のパターンを作り出したと考えられる。

一九三八年、満映の『蜜月快車』(上野真嗣)に初主演した李香蘭がまだ日本国内のメディアを賑わす直前だったことをふまえて考えれば、同じ頃に、白光たちが身体と顔を露出させたことは、上昇期にある大陸映画の、日本の女優によるステレオタイプの中国女性像の流行に歯止めをかけ、中国の女優の存在をアピールする先駆的役割を果たした一面が確かにあっただろう。だが、まさに女優の身体と顔だけが強調されるようなこうした報道の視線は、大陸映画における姑娘表象のジェンダーポリティクスに通じ、それを補完する役割に結実したにすぎない一面もあるのだ。

姑娘をめぐる表象と言えば、最も頻繁にマスメディアに登場した李香蘭を誰もが連想せずにいられないだろう。日中両国に跨って、映画のみならず、終始映画の言説表象の中心位置に置かれていた彼女については、すでに多くの先行研究が言及している。ここで指摘しておきたいことは、李香蘭は、日本側が映画工作を推し進めるために選ばれた身体であり、そのために山口淑子というアイデンティティが隠蔽され、李香蘭として生まれ変わる、という二重の身体性が最初から与えられていたという点である。ただし、彼女の場合、歴史と身体の葛藤を二重に現出させる端的な一例だったが、つねに中国女性を演じる点からみれば、作品表象と言説表象との差異や矛盾はさほど多くはなかったと言える。しかし、白光たちは違っていた。少なくとも座談会における白光の短い言葉からは、笑顔の写真とのギャップがあまりにも大きすぎるところから生じる、彼女の内心にある不安と困惑が私たちには感じ取れるのである。戦時の政治体制が日中両方の言語(声)を発する李香蘭を必要としたといえるならば、声のない白光たちの身体はよりいっそう持ってこいの素材だったのではないか。ただ、『東洋平和の道』が不評だったせいか、白光の身体は迅速に大陸映画の言説から姿を消し、彼女に続く二人目の中国女優が現れることになった。その女優とは、李香蘭現象に便乗して発掘され、第二の李香蘭として売り出された汪洋である。

汪洋は孤島期に芸華影片公司に所属していた。第二次上海事変後、新華、国華とともに、映画製作を再開させた芸華は、一九四一年まで時代劇を一五本ほど製作した。その中の『燕子盗』(王元龍、一九三九)に主演したとはいえ、スター女優を数多く有する上海において、汪洋はまだ無名の存在だった。[102]そんな彼女だったが、一九四〇年、『孫悟空』と『熱砂の誓ひ』で李香蘭と共演する女優に抜擢され、中華電影専属の俳優としてロケ撮影のために来日し、その間、数回にわたって映画誌主催の座談会に顔を出すことになったのである。その後、彼女は『上海の月』で山田五十鈴との共演を果たし、第二の李香蘭として期待されたのだが、やはり短期間で行方をくらますことになった。ここでは汪洋が関わった三本の日本映画を概説しておこう。

『熱砂の誓ひ』では、汪洋は李香蘭の扮した留学生李芳梅の従姉妹、抗日ゲリラを支援する豪族王高福の娘である王月琴を演じた。王が父親に背いて工事の破壊を計画する抗日ゲリラを阻止しようとして、李芳梅と一緒に日本人技師に知らせに行くという、映画終盤のクライマックスで、汪洋はトロッコに乗って李香蘭に劣らぬ大アクションをこなしている。

『孫悟空』では、李香蘭も汪洋も歌姫という役柄で出演したが、李香蘭が漠然とした東洋の女というイメージを付与されたのに対して、汪洋は「支那人形の精」と名付けられた脇役を演じた。(103)

そして『上海の月』では、スパイの袁露絲を演じる山田五十鈴を相手に、汪洋は日本の文化工作に挺身するアナウンサーの許梨娜に扮し、袁露絲と心理戦の攻防を展開していく。断固として日本人に対するテロを遂行しようとする袁露絲と正反対の立場に立つ許は、放送局の日本人男性に惚れこみ、命の危険を冒してまでも、袁の陰謀を暴露するために奔走したのであった。

このように、上記の三作品において製作側は、日本語がよく理解できて、日本に協力的な役か、主役の李香蘭を際立たせる役のいずれかを汪洋に演じさせ、ポスト李香蘭を作り出そうと目論んだのである。その理由は、おそらく垂水千恵が指摘したように、中国女優のイメージから「大東亜共栄圏」女優のイメージへと飛躍を遂げつつある李香蘭の「不在」を補うためではなかったろうか。

しかし、この第二の李香蘭が正真正銘の中国人女性だったという意味で、彼女をめぐる言説からは、白光の時と類似したような視線が時折見受けられるのである。

汪洋の参加した各種の座談会の記録を読んだ限りでは、マスメディアによって彼女の身体は大きくクローズアップされたのだが、ただそれは汪洋が『孫悟空』で演じた「支那人形の精」や、もしくは『上海の月』で歌った挿入歌の歌詞「泣いちゃいけない支那人形」[104]を、とりもなおさず現実的に演じることを意味するに過ぎなかった。これらの座談会を時間順に記すと、『映画の友』一九四一年七月号の「汪洋を囲んで」、『映画』一九四一年八月号の「新しき満州を語る」と『東宝』一九四一年九月号の「汪洋を囲んで」の三本であり、いずれもロケ撮影のために来日した汪洋の名を売るために開催された座談会だったと思われる。

一回目は、東宝の女優三浦光子[105]と里見藍子[106]に囲まれて開かれたものだ。冒頭の小見出しでは、『上海の月』におけるその役柄通りに、汪洋のことを「親日娘汪洋」と紹介している。ところが、汪洋が主役だったはずのこの対談では、里見が「もうすこし汪洋嬢にお饒舌して貰ひたいのだが、なかなか彼女は無口である」[107]と途方に暮れる場面があったほど、彼女はゲスト二人の質問に対して、一言か二言しか答えなかった。そのためか、話題が途中から三浦と里見の撮影談に変わり、座談会も唐突に終了してしまったのである。

女優同士のこの対談において、三浦と里見の二人からは、汪洋が主役と意識して懸命に彼女の発言を誘導しようとする努力が見られるが、二回目の座談会はまるで違った。「新しき満州を語る」という課題を論じるために集められ

「新しき満州を語る」誌上座談会での汪洋

た参加者は、東宝、松竹、大都、新興、日活の各映画会社の宣伝課長や企画部長ら行政管理者ばかりで、参加者の顔ぶれから見ても大変奇妙な組み合わせであった。男たちがぎっしりと座っているなか、なぜか汪洋だけが途中から加わり真中に座り込む。満州の映画配給や劇場の様子などをめぐって話が進められるなかで、満州のことをほとんど知らず、日本語もあまり解しない汪洋は非常に異質な存在になったかのようだ。たまに子供扱いをするように、誰かが「[映画]撮っている時は面白い[108]」と彼女に話し掛ける以外、汪洋は終始参加者全員に無視され、代わってその顔や身体が際立って見えることになる。そこでは彼女はまるで言葉を奪われた、飾り人形のような存在でしかなかったのである[109]。

上述の座談会がいずれも汪洋の声を隠し、顔や身体だけを突出させたとするならば、東宝刊行の『東宝』誌が作家の丹羽文雄と女優の高杉妙子という男女コンビで汪洋を迎えた三回目の座談会は、汪洋の声を伝えるように仕向ける苦心をしたと言える。進行役を務める丹羽に誘導され、汪洋は以前の二回とは打って変わって、笑いながら話す場面が随所に見られるのである。彼女の顔付きから両国の人種的な差異とか、汪洋の好きな日本人の役者とかへと話がトントン拍子に進められ、対話は終始汪洋を中心に一見して和気藹々と進行しており、両者の話は弾んでもいた。しかし読み進めていくうちに、丹羽の発言から汪洋を見る視線の向かうところを示唆的に示すものが見えてくる。例えば、丹羽は汪洋に「[貴女は]日本人好みの顔だね。日本人の顔に近い。近頃の中国人のやうな顔をしていないな。だから僕は誰かの血が入っていると思ふ。日本人の血ぢゃないか」と冗談めいたことを言ったり、「日本に来たら日本人らしくなった方がいいね[中略]さういふことになると李香蘭はてんで気がつかないな」と進言したりして、汪洋を引き寄せてしつけるような場面があった。ほかにも記者が「汪洋さん、お人形なんかお好きでせう」と質問したのに対し、高杉が「汪洋さんはお人形が嫌ひよ」と言ったにもかかわらず、丹羽は「自分がフランス人形のやうだからだらう[110]」と揶揄してみせた。李香蘭の名前を持ち出して汪洋を諭すあたりは、丹羽自身の李香蘭への屈折した不満をこぼしながら、ポスト李香蘭になってほしいというニュアンスを感じさせるが、特に「人形のやうだから」という、丹羽が思わず洩らした一言は、まさにそれまでの言説に表象されてきた汪洋のイメージを言い当てているのではなかろうか。

確かにチャイナドレスを身に纏い、たどたどしい日本語を言っては笑ったりする汪洋は、これらの座談会によって日本の映画界で急遽注目度を増しつつあった存在である。しかし、上述のように、三回の座談会の記録を検証する限り、李香蘭どころか、彼女は沈黙しても、饒舌に語っても、結局人形のように操られていたことには変わらない。つまり映画で演じたり歌ったりする「支那人形」という身体性は、現実の言説によってあらためて確認されたわけだ。すでに「大東亜共栄圏」の女優に格上げされた李香蘭の空席に、汪洋を座らせようとした関係者の望みは、人形からの脱皮さえも許さない言説と視線によって逆に阻止されてしまったのではなかろうか。

だが、それより、ポスト李香蘭が短命に終ったのは、汪洋の出身地である上海の複雑な政治的事情に負う所が大きかったと言える。日本映画とマスメディアで二重に「支那人形」を演じたことで、汪洋自身の安全が保障されなくなったのである。[111] 上海のメディアで、汪洋事件が取り上げられ、彼女の日本映画への出演や日本行きが問われたのだ。それを危惧した汪洋は、『木蘭従軍』の日の丸問題が弾劾される時の陳雲裳よろしく、映画誌で弁解せざるを得なかった。なぜ芸華を離れたかについて、彼女は「その原因は至って簡単です。私は時代劇が好きではなかったからであり、多くの友達にも「あなたは時代劇に似合わない」と言われたからです」と弁解し、「私は女性ですが、良心に背くようなことを絶対しません」[112]と誓って、みずからの行動に一言もふれないまま、引退をほのめかしたのであった。

こうして、汪洋は短期間で消え、李香蘭が相変わらず言説界で中心的な位置を維持しつつあるなか、もう一人の中国人女優の身体が注目の的となった。それはほかでもなく、『木蘭従軍』のヒロインを演じた陳雲裳である。

いよいよこの節を書き終える前に、筆者は当時流通していた大量の『木蘭従軍』の言説から陳雲裳論を抽出して、映画のヒロインとヒロインを演じる女優の身体に刻印された戦時ポリティクスを検証しつつ、戦時プロパガンダにおけるジェンダーの有効性を改めて提起したい。

私の収集した資料には、映画誌掲載の『木蘭従軍』の上映広告が四種類もある。欧陽予倩の名前が見当たらないことは、すでに述べた通りだが、どの広告も一様に強烈な宣伝文句で陳雲裳の写真を潤色する形で仕上げられている。次にそれを引用しよう。

新支那映画誕生の黎明を飾った木蘭映画の招来。[113]

新中国の民衆は、如何なる映画に喝采したか？　それを知ることは東亜共栄圏建設に戦ふ日本人の任務だ。[114]

中華映画界随一の花形、南支では輝かしい希望の下に映画製作が開始されました。[115]

既に好評嘖嘖　大東亜映画の魁として堂々公開致します、ご期待ください。[116]

ここで、「新支那」や「新中国」を意味したのは、言うまでもなく「大東亜戦」に加盟し日本と手を結んだ汪精衛政権の支配下にある上海である。一九三九年製作の『木蘭従軍』は、こうしたレトリックによって、あたかも太平洋戦争開戦後の作品であるかのように仕組まれ、「大東亜共栄圏」に役立つ映画へと反転させられたのだった。このような意味をこめられたスローガンの下に、弓を手に持ち馬のそばににこやかに微笑んでいる木蘭／陳雲裳が立っているのである。すでに同一化した木蘭と陳雲裳の身体に注がれるそのまなざしは、白光や汪洋から受け継ぐものもあっただろうが、強調すべきは、「新支那」や「新中国」などの用語に代表されるように、陳雲裳の方がより明確な政治的文脈において視覚的に語られていたことだった。これを証明する恰好の例証として、さらに次の写真を見てみよう。

『新映画』一九四二年六月号に、普段着姿で芝生に座って同誌を読んでいるふりをする陳雲裳の写真が掲載されている。写真の真上に「大東亜映画の花形」という文字が印刷されている。少なくともこの写真を見る限りは、陳雲裳から外敵に打ち勝つヒロインのイメージは打ち消されており、彼女は征服される「新支那」の代表、「大東亜映画の花形」として新たに造形されていたことが分かる。当然、そのイメージは、後に『萬世流芳』を語る時にも援用されることになる。反英ゲリラを率いる女傑とアヘン常用者の恋人を説得する少女をそれぞれ演じる陳雲裳と李香蘭が手

「大東亜映画の花形」陳雲裳（『新映画』1942年6月号より）

を取り合って「大東亜映画の花形」を分け合うように宣伝されるのは、『萬世流芳』の撮影中からだった。繰り返し言うが、李香蘭の場合、アイデンティティの分裂があるとはいえ、映画と現実におけるその身体性は比較的一致していたと言える。しかし、一度も日本に来なかった陳雲裳は、白光と汪洋よりも声なき花形に祭り上げられたのだった。『木蘭従軍』が政治空間を徘徊するなかで遭遇した歴史的試練に抗することができなかったのと同様、陳雲裳／木蘭もまた抵抗と共栄の間に立たされ[117]、多義的な身体性を与えられたことは、戦時ポリティクスとジェンダー戦略との共犯関係を示唆的に示す事例であったと言えよう。

初めて中国を訪れた翌年の一九三八年、筈見恒夫は「中国的電影雑話」という随筆を上梓している。「支那の映画女優」と題する一節の中で、彼は胡蝶《こちょう》、袁美雲《えんびうん》、王人美《おうじんび》、黎莉莉《れいりり》、厳月嫻《げんげつかん》など、代表的な中国人女優をひとりずつ論じた後、第二次上海事変後、彼女たちの姿が見えなくなったと嘆いている。孤島で映画を撮り続けた袁美雲を除いて、これらの女優たちのほとんどが南方に赴いて抗日文芸運動に挺身したのを筈見は知っていたのか、「袁美雲よ、厳月間［嫻］よ、事変の砲火が過ぎ去った後、日支親善の映画に、潑剌たる中国女性として登場してくれないか[118]」と、哀願するのである。

だが、一年後、筈見は満映の試写室で陳雲裳を新たに発見したのだった。「満州に映画を拾ふ」という、もう一つの随筆において、彼は袁美雲を「演技的未完成品」と称した原節子に喩える一方で、しかし陳雲裳には「山田五十鈴の水々しさがある」と言い、「彼女の水々しさは更にコケテッシュであり、エキゾティックなものを持って光っている」[119]としきりに称賛するのである。一年前の哀願が『木蘭従軍』と陳雲裳に出会ったことで喜びに変わったと感じさせる書きぶりだ。おそらく筈見が気の向くままに書いただろうこの二編の随筆は、簡潔に彼の中にある、陳雲裳に至るまでの女優受容の経路を明かしており、それと同時に、戦時ポリティクスがいかに女優とその身体を必要とするものだったかということを直感的に伝えている。

「中国映画界を代表する六大人気女優」(『中国旬報』1942年3月1日号より)
1. 陳燕燕　2. 陳雲裳　3. 周璇　4. 胡蝶　5. 顧蘭君　6. 袁美雲

　ともあれ、『東洋平和の道』の白光に始まり、『椿姫』の袁美雲、そして『上海の月』の汪洋を経て、さらに大きく中国映画の言説を盛り上げた陳雲裳と『木蘭従軍』。中国人女優をめぐる言説のその展開は、ちょうど盧溝橋事件と第二次上海事変以降、占領と被占領、占領区と非占領区という政治空間に跨って確認できる大陸映画の製作と配給が展開した時間軸に沿っていると言える。ただ、女優の身体を扱う一連の言説を綿密に追跡すると、次のことに気付かされるだろう。女優受容の視線は大陸映画における姑娘のイメージを受け継ぎ、次第に「大東亜映画の花形」へと変貌していく点では、確かに陳雲裳が突出してはいたが、彼女に限っていたわけではなかった。

上海からいなくなった胡蝶や、黎莉莉の代わりに、この頃、李麗華《りれいか》、周璇《しゅうせん》、王丹鳳《おうたんほう》など、中聯そして華影に所属する女優たちの写真入りの記事が、マスメディアに頻繁に登場し溢れるほどあったのである。しかし、男優はといえば、あくまでも助演としてたまに名前がふれられることがあっても、大写しの写真掲載は皆無に近かったのであり、多くの大陸映画における中国人男性の表象の不在と同様に、言説の表象からも彼らの顔や身体は追放され、明らかに不在だったのである。(120)

(1) 辻久一の戦後の調査によると、東宝派遣のプロデューサーの松崎啓次が中支派遣軍上海報道部の金子俊治と劉吶鷗の計画に協力し、東宝の資金提供を受けて『椿姫』は製作されたという証言もあるし、金子が派遣軍から映画工作費として捻出したという証言もあるが、いずれにしても「これ〔『椿姫』の製作〕が中華電影発足以前、日本から中国映画界へ働きかけた最初の接触であったのは事実である」という。前掲、辻久一『中華電影史話——一兵卒の日中映画回想記 1939—1945』五八頁を参照。

(2) 前掲、李道新『中国電影史 1937—1945』五五頁では、次のように書かれている。「『椿姫』が日本で上映される情報が上海に入ると、マスコミは大いに騒ぎ立てるようになった。各新聞はこの事件を中国映画界の一大汚点であり、中国文化界の大きな恥でもあると言った上で、事件の真相を明らかにし、明瞭な態度を表明するように光明公司に求めた」。

(3) 同前、一九二頁を参照。

(4) 『東宝プレス』一九三八年。

(5) 清水晶が望月由雄というペンネームを使って『椿姫』評を書いたと、清水本人が筆者に語ってくれた。

(6) 望月由雄「椿姫」『映画評論』一九三九年一月号、一六七頁。

(7) 滋野辰彦「椿姫」『キネマ旬報』一九三八年一一月二一日号、五〇頁。

(8) 同前。

(9) 飯田心美「椿姫」『キネマ旬報』一九三九年一月一一日号、五六頁。

(10) 前掲、滋野辰彦「椿姫」五〇頁。

(11) 阿部知二「『椿姫』・支那・日本」『日本映画』一九三九年新年号、三八頁。
(12) 同前、四〇頁。
(13) 『貂蟬』公開後、新華から華新、華成両会社が形式的には独立したが、実質的には新華の子会社である。楊村『中国映画三十年』香港世界出版社、一九五四年六月、一八六―一八七頁を参照。中国聯合影業公司については、第三章の注(32)を参照。
(14) 連鎖劇とは芝居のなかでその一部を映画の場面へと転換し、舞台上の出来事とスクリーン上の出来事とを連結させて交互にみせるもの。早期の上海映画界で活躍した川谷庄平が最初にこの形式を中国映画界にもたらしたとされる。川谷庄平著・山口猛構成『私のキャメラマン人生――魔都を駆け抜けた男』三一書房、一九九五年六月、一五〇頁を参照。
(15) 電通影片公司の前身は一九三三年に設立した映画機材の会社。社名は電通股份有限公司だったが、翌年、司徒慧敏を通して共産党勢力が介入し、左翼系映画人が多数加入したのを契機に、電通影片公司と改名された。代表作の『桃李劫』『若者の不運』(一九三四)は中国映画史上最初に成功したトーキーと評されている。一九三五年、国民党による主要メンバーの逮捕と経営難などが原因で解散に追い込まれた。
(16) 国防映画は一九三六年前後、階級、思想、流派を越えたすべての映画人を抗日、民族解放の旗のもとに結束させ、抗日救国の映画を製作しようという方針に基づいて製作された一連の映画を指す。用語的には、中国の左翼文学陣営で繰り広げられた国防文学論争に由来している。代表作は『壮志凌雲』(一九三六)、『青年進行曲』(一九三七)など。
(17) 杜雲之『中国電影七十年――1904―1972』中華民国電影図書館出版部、一九八六年一〇月、二一八頁を参照。
(18) 同前。
(19) 欧陽予倩は一五歳の時に日本に留学している。帰国後、一九二六年に映画界に入り、脚本家兼監督になる。京劇俳優でもある。一九三七年以降、武漢、桂林、香港を移動しつつ、舞台劇の脚本を書き続けた。監督作品には『天涯歌女』(一九二七)、『恋愛之道』(一九四九)などがある。
(20) 『木蘭辞』は北朝時代の楽府民謡である。北魏が洛陽に遷都した後に作られ、隋、唐時代の文人たちによって推敲されて完成されたものだったと伝えられている。三〇〇字からなるこの民謡は漢代民謡のスケールの狭小さを打破し、その後、唐代詩歌の発展に示唆的役割を果したとされる。ちなみに、佐藤春夫による『木蘭辞』の邦訳が同氏の『支那雑記』(大道書房、一九四一年一〇月)に収録されている。
(21) 天一青年公司出品「花木蘭広告」中国電影資料館蔵、記号、一二一一一三七二。
(22) 天一青年公司出品「木蘭従軍本事」中国電影資料館蔵、記号、一二一一一六一七。
(23) 陽翰笙は脚本家。代表作には『鉄板紅涙録』、『逃亡』、『生死同心』などがあるが、抗日映画の名作『八百壮士』、『塞上風雲』、『日本間諜』も彼の脚本によるものである。
(24) 前掲、李道新『中国電影史 1937—1945』に所収の「中国電影(1937—1945)大事記」二九五頁を参照。
(25) 『木蘭従軍』公開広告「滬光大戯院今天日夜開映」中国電影資料館蔵、記号、一二一一一四四八。
(26) 欧陽予倩『電影半路出家記』中国電影出版社、一九六二年一月、三六頁。
(27) 国華影業公司は一九三八年に設立された映画会社。孤島期に映画を四十数本製作した。芸華影業公司は一九三三年に設立された映画会社。社長は厳春堂である。孤島期に映画を五十数本製作した。
(28) 「木蘭従軍佳評集」『新華画報』四巻三期、一九三九年三月。
(29) 同前。
(30) 同前。
(31) 曹聚仁「「国防電影」我見」『大晩報』「火炬」一九三六年五月二九日号を参照。
(32) 伊明「『新桃花扇』」『民報』「影譚」一九三五年九月。
(33) 前掲「木蘭従軍佳評集」。
(34) 同前。
(35) 前掲、欧陽予倩『電影半路出家記』、三六頁。
(36) 同前。
(37) 「『木蘭従軍』放映時——重慶観衆激動的実況——従放映到火焼的経過」『電影週刊』七四期、一九四〇年三月二七日号を参照。
(38) 『木蘭従軍』焼き討ち事件を引き起こした問題点は次の四点だと言われていた。(一)歌詞の太陽は日本を意味する。(二)日本のフィルムを使用した。(三)華成の資本金に対する懐疑。(四)監督卜万蒼への不信感。そのため、関係者は(一)の歌詞の太陽を青天白日に直し、他の三点は根拠なしのデマだと冤罪を晴らして映画を再上映させたという。「『木蘭従軍』在渝重映」『電影週刊』七九期、一九四〇年五月一日号を参照。

(39) 例えば、前掲の曹聚仁「『国防電影』我見」は、民族の英雄として取り上げた岳飛、文天祥たちがいずれも少数民族の支配に立ち向かった漢民族の代表的人物だったとし、「金、元、清は中国の皇朝になった事実をわれわれは忘れてはならない」と強調している。

(40) 中華電影の本社は共同租界江西路一七〇号ハミルトン・ハウスに設置されていた。

(41) 前掲の『東和の半世紀』には「川喜多はまず、この年の一月に封切られて、三カ月の続映という爆発的な人気を呼んだ『木蘭従軍』に目をつけ、この一作で上海映画界のトップ・プロデューサーの地位を不動のものとした張善琨と、上海に着く早々、秘密裏に交渉を始めた」という記述がある。同書二八五頁を参照。

(42) 当時、上海を訪れた文化人の著した記事には『木蘭従軍』に言及したものが多かった。例えば、作家の豊島与志雄は「上海の渋面」で、『木蘭従軍』をめぐる騒動を面白い話として紹介しながらも「斯かる種類の笑ひ話は、東亜新秩序建設の任を帯びてる日本には決してあらざらんことを望みたい」と戒めている。谷川徹三・三木清ほか『上海』三省堂、一九四一年一〇月、一一一―一一二頁。また、哲学者の谷川徹三は「中国知識人の動向」の中で、伝聞として「欧陽予倩の原シナリオではもっと露骨な抗日意識が盛ってあったのを、それを削ったのださうであります」と言いつつも、「それでも日本人から見ると抗日意識を盛ったものといふことが出来るのであります」と当作品を見た感想を素直に綴っている。同書、一八九頁。

(43) 筈見恒夫によれば、彼は満映の試写室で『木蘭従軍』を見たという。『映画と民族』映画日本社、一九四二年二月、一九七―一九八頁を参照。

(44) 前掲、東宝東和『東和の半世紀』二八五―二八六頁を参照。

(45) 『木蘭従軍』の配給の実態について、市川彩が『アジア映画の創造及建設』(国際映画通信社出版部、一九四一年一一月)の中で言及している。同書二五四頁を参照。

(46) 田村志津枝『李香蘭の恋人　キネマと戦争』筑摩書房、二〇〇七年九月、一三九―一四一頁を参照。

(47) 佐藤邦夫「最近の中国映画」『新映画』一九四〇年五月号、四三頁。

(48)東郷忠「過去における抗日支那映画の断想」『映画』一九四二年四月号、五四頁。
(49)野坂三郎は中華電影の文化映画製作部長。
(50)小出孝は中華電影の営業部次長。
(51)石川俊重・黄随初・辻久一・筈見恒夫等「上海映画界の現状を語る」『新映画』一九四一年一〇月号、六九頁。
(52)川喜多長政「大陸映画論」『映画之友』一九四〇年一〇月号、一三一頁。
(53)川喜多は張善琨との会談で以下の三点を約束して、『木蘭従軍』の配給権を手に入れたとされる。「一、日本軍の検閲は避けられないが、許可された作品について内容の改竄などは絶対行わない。二、映画代金は前金で支払う。三、租界が「孤島」化した結果、輸入困難になった生フィルムその他の資材は日本から入手して、供給する」。前掲、東宝東和『東和の半世紀』二八六頁を参照。
(54)前掲、市川彩『アジア映画の創造及建設』二二九頁。
(55)『木蘭従軍』輸入の経緯について、辻久一は前掲『中華電影史話――一兵卒の日中映画回想記 1939―1945』の「『木蘭従軍』を配給」で詳述している。
(56)「『木蘭従軍』輸入」「映画旬報」一九四一年八月一日号、六頁。
(57)『木蘭従軍』は一九四二年七月二三日に、関東、関西を中心に一斉公開された。主な公開映画館は日比谷映画劇場、武蔵野館、横浜宝塚劇場、大阪松竹座、京都松竹座など。
(58)北川冬彦「『木蘭従軍』の印象」『映画評論』一九四一年一〇月号、九九頁。
(59)内田岐三雄「木蘭従軍」『映画旬報』一九四二年七月一一日号、二三〇頁。
(60)飯田心美「『木蘭従軍』について」『映画評論』一九四一年一〇月号、九七頁。
(61)佐藤春夫「映画花木蘭を見る」『日本映画』一九四二年八月号、五〇頁。
(62)同前。
(63)前掲、内田岐三雄「木蘭従軍」二三〇頁。
(64)前掲、佐藤春夫「映画花木蘭を見る」五〇頁。
(65)川喜多長政「大陸映画論」『映画之友』一九四〇年一〇月号、一三六頁。

(66)笠間杲雄「『木蘭従軍』を観て」『日本映画』一九四二年八月号。
(67)アニメ製作に携わる万兄弟は三人で、双子の万古蟾と万籟鳴以外に、弟の万超塵もいた。
(68)『大鬧画室』長城画片公司、一九二六年、全長一二分。
(69)その代表作には『同胞速醒』(聯華、一九三一)、『精誠団結』(聯華、一九三二)、『民族痛史』(明星、一九三六)などがある。
(70)顏慧・索亜斌『中国動画電影史』中国電影出版社、二〇〇五年一二月、二〇頁を参照。
(71)『鉄扇公主』は大上海、新光、滬光で同時に公開され、一カ月以上続映された。
(72)戦局の悪化により、オリジナル脚本にあった台詞「争取抗戦的最後勝利」はカットせざるを得なかったと万籟鳴が回顧している。万籟鳴口述、万国魂執筆『我与孫悟空』北岳文芸出版社、一九八六年一〇月、九〇頁を参照。
(73)万古蟾・万籟鳴「『鉄扇公主』製作報告」『映画評論』一九四二年一〇月号、五五頁を参照。
(74)沢田稔「中国最初の長編漫画映画『鉄扇公主』をめぐって」『映画評論』一九四二年四月号、九九頁を参照。
(75)前掲、万古蟾・万籟鳴「『鉄扇公主』製作報告」を参照。
(76)汪洋は当時中華電影に専属した唯一の中国人女優。彼女については本章第四節で詳述する。
(77)佐野明子「漫画映画の時代─トーキー移行期から大戦期における日本アニメーション」加藤幹郎編『映画学的想像力 シネマ・スタディーズの冒険』人文書院、二〇〇六年五月、一〇八頁を参照。
(78)手塚治虫『観たり撮ったり映したり 増補改訂愛蔵版』キネマ旬報社、一九九五年一一月、一七二頁を参照。
(79)前掲、辻久一『中華電影史話──一兵卒の日中映画回想記 1939─1945』一四九頁を参照。
(80)今村太平は映画評論家でもある。左翼の活動で検挙されて保護観察を受けたことがある。
(81)戦時中、ディズニーが『みんなで国債を買おう』というプロパガンダアニメを製作したのがその一例である。
(82)今村太平「漫画映画論」『戦争と映画』第一芸文社、一九四二年一一月、一四〇頁。
(83)同前、一三八頁。
(84)同前。
(85)同前、一四〇頁。

(86) 今村太平「漫画映画評『西遊記』鉄扇姫の巻」『映画旬報』一九四二年一〇月一日号、三九頁。
(87) 同前。
(88) 同前。
(89)『映画旬報』一九四二年七月一一日号に掲載された『鉄扇公主』の上映時のポスターは当作品を「漫画トーキー史上画期的長編」とする一方、「東亜共栄圏映画界から天才兄弟が出現した」と述べている。
(90)『鉄扇公主』は中聯以前に製作されたものだが、ほとんどの上映時のポスターは当作品を中聯か中華電影の作品として扱っていた。例えば『映画旬報』が一九四二年七月一一日号、七月二一日号、九月一一日号で立て続けに掲載した当作品の広告はいずれもそうした記述になっている。
(91) 谷崎終平「映画時評 西遊記―中華映画」『文芸情報』一九四二年一〇月上旬号、二六頁。
(92)「中影専属となった万兄弟」と題した記事は『中華電影の全貌』(中華電影股份有限公司、一九四三年二月一日、一〇頁)に掲載されている。
(93) 前掲、沢田稔「中国最初の長編漫画映画『鉄扇公主』をめぐって」九七頁。
(94) 同前、九九頁。
(95) 同前、九九頁。
(96) これについては、本章第四節で言及している。
(97)『西遊記』の作画に関しては、例えば、前掲の沢田稔の記事に詳細に書かれているほか、前掲の万籟鳴・万古蟾の「『鉄扇公主』製作報告」や「西遊記はかうして作られた 万兄弟プロ紹介」(『映画旬報』一九四二年九月一一日号)においても、作品製作の様子が写真付で紹介されている。
(98)『鉄扇公主』受容と日本アニメとの関連性について、佐野明子が「漫画映画の時代―トーキー移行期から大戦期における日本アニメーション」において言及している。前掲、加藤幹郎編『映画学的想像力 シネマ・スタディーズの冒険』一一一―一一七頁を参照。
(99) 白光は『東洋平和の道』に主演した後に、上海入りして、『桃李争春』(一九四三)で陳雲裳と共演したのを機に、中聯や華影の作品に出るようになった。

(100) 前掲「『東洋平和の道』のメモ」を参照。
(101) 前掲「支那映画俳優女優を囲んで」。
(102) 中華電影は劇映画を撮らなかったため、専属の俳優を持たなかったが、汪洋はただ一人その専属になった。
(103) この点について、垂水千恵は「一九四〇年文化空間とエノケンの『孫悟空』」で、一九四〇年以後、李香蘭はすでに満映専属の「中国人女優」から「大東亜共栄圏女優」へと変貌を遂げていくことを期待されており、『孫悟空』での役柄は彼女の「大東亜共栄圏女優」李香蘭への第一歩だったと分析している。前掲、岩本憲児編『映画と「大東亜共栄圏」』二四七頁を参照。
(104) 『上海の月』は不完全なフィルムしか残っていないが、鷲谷花氏が提供してくれた台本によると、汪洋の演じる許梨娜の歌の歌詞は「紅いボタンの花びら染めた踊り衣裳が泪で濡れる。泣いちゃいけない支那人形、春はやさしく亦還る」とある。
(105) 三浦光子は松竹専属の女優。大陸映画『戦ひの街』に出演した。
(106) 里見藍子は東宝専属の女優。大陸映画『熱砂の誓ひ』、『上海の月』、『緑の大地』に出演した。
(107) 三浦光子・里見藍子「汪洋を囲んで」『映画の友』一九四一年七月号、一一八頁。
(108) 井関種雄・細谷辰雄等「新しき満州を語る」『映画』一九四一年八月号、三九頁。
(109) 「新しき満州を語る」という記事の写真は、なぜか汪洋だけが正面向きに撮られており、まるで彼女が座談会の中心人物のように表象されていた。
(110) 丹羽文雄・高杉妙子「汪洋を囲んで」『東宝』一九四一年九月号、一一二―一一五頁。
(111) 戦後、山田五十鈴は、汪洋は『上海の月』の出演によって「対日協力者」としてにらまれていたと証言している。山田五十鈴『映画とともに』三一書房、一九五三年一二月、八七頁を参照。
(112) 「汪洋事件的内幕」『電影週刊』七四期、一九四三年三月二七日号。
(113) 『映画旬報』一九四二年三月一一日号。
(114) 『映画評論』一九四二年四月号。
(115) 『映画評論』一九四二年六月号。

(116)『映画評論』一九四二年六月号。
(117)『木蘭従軍』が重慶で親日映画と誤解され、陳雲裳がそのために非難を浴びたことがあった。その後、彼女は中聯に加入したが、汪精衛政権が設立した際、「歓迎汪先生之歌」[汪先生を歓迎する歌]を歌ったことで、重慶から「漢奸」と扱われたこともあったという。「大陸特報—明星陳雲裳」『新青年』一九四一年四月号を参照。
(118)前掲、筈見恒夫『映画と民族』一八〇頁。
(119)同前、一九九頁。
(120)大写しの中国人女優の写真つきの記事は、例えば、次のようなものがあった。佐藤邦夫「これからの中国映画」『新映画』一九四〇年三月号、五二—五三頁。筈見恒夫「代表的支那の女優たち」『新映画』一九四二年三月号。長谷川仁「上海の電影明星」『映画』一九四三年一月号、四四—四五頁など。

終章　戦後の展開

1　新たな非対称関係

一九四五年、十数年にわたって続けられてきた日中映画交渉は、満映、中華電影、華北電影の崩壊とともに、唐突に終止符が打たれることになった。原子爆弾の投下を経てアメリカの占領下におかれることになった日本だったが、『わが青春に悔なし』(黒澤明、一九四六)に代表されるように、敗戦直後の映画製作は、連合国軍総司令部民間情報教育局(CIE)の統制によって、一斉に戦時色を一掃し反戦と民主主義を唱える方向に突入していった。そして一九四六年一月に、太平洋戦争の勃発以前から軍国主義の文化工作に直接関わった主要人物、たとえば、本書の第三章で検討の対象にした川喜多長政をはじめ、戦時下の映画界の要職にあった二十数人は、公職追放の処分を受けたのである。(1)

一方の中国、中華電影の日本人の社員らが引き揚げた後の上海では、中聯と華影に奉職していた映画人は、日本の占領から解放された喜びを味わう余裕もなく、戦々恐々とした日々を過ごしていた。凱旋してきた英雄として民衆に迎えられる、南下したかつての仲間たちの英姿を見た彼らは、一様に自分の占領期における映画活動に不安を覚え始めたのである。やがて彼らが心中でひそかに怯えていたことは現実となった。一九四六年の秋以降、上海においては、占領期の対日協力行為を追及する運動が始められ、「附逆影人」(汪精衛政権に加担した映画人)と言われる映画経営者、監督、俳優たちは、次々と法廷に召喚され審判を受けることとなったのである。(2) 法廷で厳しく問われたのは、彼らが占領期に行った映画活動にほかならなかった。

かくして、戦争終了後は、アメリカの占領下にあって映画製作を続ける日本映画界が一方にあり、国民党と共産党の内戦に巻き込まれつつも上海を中心に映画製作を行う中国映画界があるということになった。東アジアにおいて新しい政治構図が生み出されるにつれて、以前は緊密に絡まりあっていた日中映画は、相互交渉を閉ざすのを余儀なくされたのである。

だが、戦時下での非対称的関係がその終息を告げられた途端、映画製作はふたたび政治的に不均衡の関係下におかれ、勝者側が映画作品をみずから遂行しようとするイデオロギーの宣伝道具として使用し始めるのは、敗北を抱きしめる日本においても、内戦の混乱に陥った中国においても、同様であったのだ。アメリカ占領下の日本映画史に関しては、すでに多くのすぐれた研究成果が刊行されているので、ここでの言及は省くが、少なくとも中国映画について言えば、中華人民共和国の成立までの四年間は、上述の「附逆影人」審判が行われたりする間に、中聯と華影に在職していた映画作家は、香港と上海の間を移動しながら作品を撮り続けていた。馬徐維邦の『春残夢断』（中企影芸社、一九四七）、卜万蒼が香港で撮った『国魂』（永華、一九四八）、方沛霖の『歌女之歌』（大中華、一九四八）、岳楓の『青山翠谷』（中電、一九四八）に見られるように、対日協力への追及の手が身に及び未来が一向に見えてこない状況下だったが、映画を撮るしかほかに道はないと察知したかのように、彼らは占領下と変わらずただ黙々と映画作りに没頭していたのである。

しかし、一九四九年になると、中華人民共和国の成立に伴うイデオロギーの全面的な刷新が始まり、中国映画界は新たな試練に直面することになる。内戦期に企画され撮影所を変えながらようやく完成した『武訓伝』が、毛沢東本人の執筆による『人民日報』の社説に名指しで批判されたことが、その典型的な例証であった。やがて『武訓伝』批判は、文芸界全体の「整風運動」と「思想改造」へと発展、その後「三反」「五反」の政治運動へと吸収されていった。そして私営の映画会社の国営化に続き、「人民映画」のキャンペーンが大陸映画界を制覇し始めると、『武訓伝』

[3] (注番号(3)は「敗北を抱きしめる」の後に付く)

の監督である孫瑜のみならず、蔡楚生などの南下した文芸戦士たちも、自己反省の立場に立たされることを余儀なくされたのだった。

つまり、占領下の映画活動が追及されたとはいえ、少なくとも一九四九年までは、映画を撮る、という最低限の権利をまだ奪われていなかった映画人、とりわけ監督たちにとって、一九四九年以降は、上海に留まる道すら閉ざされたことを意味している。日本と汪精衛政権による国策映画会社での経歴が彼らの人生に消せない「汚点」を残してしまい、映画を撮るどころか、占領下とはまた異なる意味で、彼らの身の安全さえもがふたたび保障されなくなったのである。それを悟った卜万蒼、岳楓、馬徐維邦、朱石麟たちは、日本の敗戦後に迅速に香港に移った張善琨の後を追って相次いで香港に赴いたのである。

一九五〇年はといえば、公職追放の処分を受けた川喜多は、その年の一〇月に映画界に復帰して業界における随一の国際派として手腕をふるい、その後、戦後日本映画界の初めての代表としてカンヌ国際映画祭に参加するなど、日本映画の海外への紹介と輸出入事業に携わり[4]、数多くの業績を残していくことになる。川喜多の、このような目を見張るほどの活躍と対比するつもりはないが、しかし、戦時下中聯と華影で息を殺してただひたすら非協力的な姿勢を示しつづけてきた上述の監督たちが、その少し前に故郷を後にし、当時の日中間の周縁地帯で映画を撮るしかできなかったことに思いを馳せれば、時代の流れに飲み込まれてしまったその運命を切なく感じずにいられない。なかでも、一九三七年以降、すぐれた演出の才能を発揮し「恐怖大師」(怪奇映画の巨匠)の名をほしいままにした馬徐維邦は、戦後の香港では恐怖映画を含む作品を十三本撮ったが[5]、ついに『夜半歌声』[『深夜の歌声』](一九三七)、『痲瘋女』(一九三九)、『秋海棠』(一九四三)レベルの力作を出せぬまま、一九六一年に交通事故でその命を奪われ、あまりにも悲惨な形で一生を終えたのである。

この馬徐維邦のように、二度と故郷へ戻ることなく、占領期での映画活動についてはいっさい口を噤んで沈黙を強いられてきた人がいたわけだが、大陸に居残った関係者にとっても、占領期の映画活動が抹消されて今日に至っている者もいる。馬徐維邦と同様、終始無言でこの世を去った人々は、いったいどのような思いを抱いて映画を作り続けていたのか、その死に際に至るまで苦渋に満ちた占領期をどのように回顧していたのかと想像すれば、もどかしい気持ちを抑えきれなくなる。日本の占領期に文学の才能を大きく開花させた張愛玲(アイリーン・チャン)が、大陸をはじめ中国語圏社会でブームになった昨今、占領下で鴛鴦蝴蝶派《えんおうこちょうは》(6)風の恋愛メロドラマの製作を貫き、時に「借古諷今」で抵抗の意思を訴えたりもした卜万蒼、馬徐維邦、岳楓、朱石麟らの映画活動のディテールを明らかにし、なぜ彼らがサバルタン状態であり続けなければならなかったのか、ということをそろそろ解明してもいいし、解明しなければならないと思うわけである。そうした意味で、戦時日中映画史の最大のタブーをいまこそ破って占領下の作品と映画人への再検討を提起し、何も語らないまま世を去った死者、いまだに語ろうとしないでいる生存者を代弁して歴史資料に語らせることがいま求められているのではないだろうか。むろん、一部の日本映画人の戦時下での言動を究明することが個人への批判を目的としないのと同様、抹殺されてきたこの時期の映画史を解明することは、決して非占領区の一連の映画への否定にならないことをここであらためて強調しておく必要もあろう。

2　冷戦の狭間で

日中の映画界に現出した上述の新たな非対称関係は、いうまでもなく、日本の敗戦、中国における国民党の敗退、朝鮮戦争の勃発によって、次第に冷戦に巻き込まれていった東アジアの政治と国際関係の文化的産物であった。冷戦と映画との関係を象徴的に示す事柄として、たとえば、終戦直後から民主主義映画の製作指導の政策を実施するGHQが、軍国主義文化の協力者への追放に続いて日本の映画界でレッド・パージを行ったことが挙げられる。

一方の中国は、アメリカを最大の敵国と指定し、北朝鮮援助、台湾奪回を目指す外交を展開することになる。しかし、興味深いことに、絶たれた日中映画交渉がふたたび始められようとする兆しは、まさに日中の間が政治的にも文化的にも全面的に封鎖された冷戦下に発生したのである。

一九五〇年代初頭、日中貿易協定の調印式のために中国へ赴いた三人の国会議員が人民映画のカノンである『白毛女』(東北電影製片廠、一九五〇)を手土産に持ち帰ったことがきっかけだった。そしてその『白毛女』が日本で自主上映されることによって大きな反響を呼んだのを契機に、日中映画交渉は、竹のカーテンを突き破って再開されたのである。その後は、戦後の独立プロの製作による多くの作品が、日本映画祭という形式で中国の各地で上映されることになり、『二十四の瞳』(松竹、木下恵介、一九五二)のように、戦後長く中国映画に影響を与えつづけた例も少なくなかった。(7) 過去の戦争の責任が一握りの軍国主義者にあり、日本人民は被害者だったという、中国政府の提唱した戦争観がその背景にはあるが、それ以外に、これまで述べてきたように、一九三七年以前からすでに日中双方が互いに抱いていたインターナショナルな連帯的感情が冷戦への怒りに変わって再燃したとも考えられる。一方は二元論的な戦争認識から日本人民を認知し、もう一方は贖罪意識と軍国主義批判が交り合って織りなした社会主義への憧憬を胸に抱いて中国人民に連帯を呼びかけようとしていたのだった。それぞれの認識に基づく戦争批判を行っていた両国映画人の心情がこうして通じ合い、岩崎昶の上海訪問と「中国電影印象記」を想起させるような映画史の貴重な瞬間が生まれてきたのである。

他方、日本と大陸との映画交流が冷戦イデオロギーに巻き込まれていくなか、「東南アジア映画祭」(8)の開催や日本と香港映画との合作に、川喜多長政と張善琨がそれぞれ関わることになっていった。(9) 独立プロの製作による作品が新中国の映画とのつながりとは別に行われたこの映画交流の流れも、戦時下の上海における交渉がその人的基盤になっていたのであり、明らかにその延長にあるものだったと言える。

一九五〇年代前半は、大陸との人的交流が確かに難しい状況下にあったが、『白毛女』のように、様々なルートを通して中国映画は日本に入ってきた。そしてこれらの作品を積極的に観賞し批評を書いたりもした執筆者の顔ぶれを見れば、岩崎昶、清水晶、飯島正など、戦時下に活躍していた中国映画論の先駆者が多かったのである。(10) 今後の課題として、いずれは戦後の日中映画交渉の展開について詳述するつもりだが、戦後の日中映画研究を行なう際にも、やはり戦時下の映画を抜きにしては語れないのは明白であろう。

終戦直後、岩崎昶は次のように語ったことがある。

戦争中、日本映画と南京政権下の支那映画とはある程度接近しつつあった。日支(南京)合作の中華電影公司の活動は明瞭な文化「工作」であり、政策的性質のものであったにせよ、この政策を通じて、互いに接近し、接触し、共働した日支の映画人の間には恐らく他のどの文化部面でも実現し得なかった程度の親和と友情と、そして、時には心の交流が行なわれたと考えるのは余りに楽観的であらうか。[11]

被占領側の当時の心情に即して考えれば、岩崎の言葉には確かに楽観的過ぎる一面があると思われるが、しかし、国家意思と個人意思との葛藤を垣間見るような捉え方をしながら、上述の日中映画交渉の展開を予言した点では、きわめて示唆的なものだと言えよう。

3 戦時の遺産

一九四九年、松竹製作の『愁海棠』(中村登)が公開された。歌舞伎の世界を描いた作品だが、その下敷になったのは、戦時中、筈見恒夫と辻久一が絶賛してやまなかった馬徐維邦の『秋海棠』である。『秋海棠』には主人公である秋海棠の顔が恋敵によって十字を刻まれるシチュエーションがあるが、それはみずからの屈折した心情を主人公の身体に投影した描写として日本で再読されている。[12]

『秋海棠』の翻案劇である『愁海棠』が、ちょうど公開される前後に香港にわたってしまった馬徐維邦は、自分の作品がこのような形で日本映画になったことを知るすべもなかっただろうが、それはともかくとして、元中華電影の小出孝が製作を担当、大陸映画の名脚本家の池田忠雄がシナリオを執筆したこの『愁海棠』は、戦時下の日中映画交渉が戦後に届けた遺産の一つだったことを否定する人はいないだろう。

またそれとは別に、負の遺産というべきものもあった。孤島期映画の精髄であり、占領期でも『萬世流芳』で活用された「借古諷今」は、『清宮秘史』への非難と『武訓伝』に対する批判キャンペーンで予期せぬ威力を発揮したのである。本書が述べてきたように、戦時下に多義的に解釈され、受容されていた「借古諷今」が、新政権にとって得体のしれない脅威を与え、そもそも製作側が持ってもいなかった「今を風刺する」意識を、指導者側が読み取ってしまったのである。時代劇によって政権転覆を企むという、『武訓伝』批判の時からすでに見え隠れしつつ浮上し始めていた視座は、その後、ますます鮮明に浮かび上がり、文革の導火線になった『海瑞罷官』批判に示されるように、文革に至る契機にもなったのである。戦時下の日中映画交渉と直接的な関連性はないものの、被占領側が知恵を絞って戦略的に用いた「借古諷今」が異なる時代と異なる政治環境下において権力側に逆用され、その曖昧性ゆえに高圧的な政治によって恣意的に解釈される恐ろしさは、戦時下を連想させずにいられないのである。

いずれにせよ、戦争、占領の下で繰り広げられた日中映画交渉は、戦時思想が色濃く刻印されたものではあったが、日中両国が共有しともに正視すべき比較映画史の一頁でもあった。それが戦後にどのような形で止揚されていったのかを様々な角度から再検証することは今後の大きな課題であろう。

(1) 日本映画界の公職追放は、A、B、C級と分類されていた。川喜多長政は一定期間の活動停止に当たるB級に当てられた。前掲、ピーター・B・ハーイ『帝国の銀幕』四六八頁を参照。

(2) 「附逆影人」の審判については、たとえば『文滙報』一九四六年一一月五日の「高検処昨伝訊附逆影人」、または『文滙報』一九四六年一二月一一日の「附逆嫌疑女星李麗華陳燕燕昨受審」などの報道を参照。

（3）この表現はJoho W. Dower, *EMBRACING DEFEAT Japan in the Wake of World War II*（邦訳ジョン・ダワー『敗北を抱きしめて――第二次大戦後の日本人』岩波書店、二〇〇一年）のタイトルを借用している。

（4）『羅生門』のベネチア映画祭への出品は、川喜多の推薦によるものだったという説があるが、浜野保樹の『偽りの民主主義 GHQ・映画・歌舞伎の戦後秘史』（角川書店、二〇〇八年一〇月、一七七頁）によると、川喜多は直接関わってはいなかったとされる。

（5）馬徐維邦の香港でのフィルモグラフィーは、佐藤秋成の論考「現実と虚構の葛藤―馬徐維邦の『瓊楼恨』をめぐって―」を参考にした。『映画学』一一号、一九九七年一二月。

（6）鴛鴦蝴蝶派とは清朝末期から民国初期にかけて文芸界の主流を占めた文学流派。一九二〇年代の文学革命派が、一対のおしどり（鴛鴦）・ちょう（蝴蝶）のように離れられない才子佳人を主人公とする小説を攻撃する際用いた名称。狭義には四六駢驪体を使用した恋愛小説。広義には社会、暴露、花柳、恋愛、悲恋、家庭、武俠、軍事、探偵、滑稽、歴史、民間など幅広い題材をあつかった通俗小説を指す。文芸週刊誌『礼拝六』が本拠地だったので、礼拝六派、または民国旧派文学ともいう。代表作家には包天笑、張恨水、陳蝶仙などがいる。丸山昇・伊藤虎丸・新村徹編『中国現代文学事典』東京堂出版、一九八五年九月、一二頁を参照。

（7）この点については、拙論「百恵神話から見る文革後の中国文化」において、僅かに言及した（四方田犬彦編『女優山口百恵』ワイズ出版、二〇〇六年七月）。

（8）第一回「東南アジア映画祭」は一九五四年に香港で開催された。

（9）戦後日本映画と香港映画の交渉については、邱淑婷『香港・日本映画交流史　アジア映画ネットワークのルーツを探る』（東京大学出版会、二〇〇七年九月）、または韓燕麗の論文「日本と香港を越境する映画とその歴史」（未発表）や「六〇年代港日合拍電影香港三部曲的歴史性解読」（『電影芸術』二〇〇六年一期）などに詳しい。

（10）拙論「戦後日本における中国映画の受容について―初期の「人民映画」を中心に」で詳述している（『映像学』六六号、二〇〇一年五月）。

（11）岩崎昶「何をなすべきか―日本映画の再出発に際して」『映画評論』一九四六年二月号。

（12）代表的な解読には、佐藤忠男の書いた幾つかの著書、たとえば『中国映画の100年』（二玄社、二〇〇六年七月）を参照。

後記

一九八二年二月、中国電影家協会に転勤したばかりの私は、着任するやいなや、「日本映画における女性」という特集を携えて訪中する清水晶氏の通訳をやるようにと、上司から命じられた。第一回日本映画祭で上映された『君よ憤怒の河を渉れ』の大ヒットにより、寡黙ながらも忍耐強く決して悪勢力に屈しない主人公の杜丘冬人を演じた高倉健が、それまでの中国映画によくあるステレオタイプのヒーロー像を覆し、全中国で巻き起こった日本映画のブームがまだ続いていた時期のことであった。特集は映画人のみを対象に上映を行ったが、科学電影製片廠の大講堂での上映会では、連日の超満員という盛況だった。日本語のできる人がまだ少なかった映画界で新米の私は、座談会の通訳や清水氏の観光の付添いをするかたわら、上映会の同時通訳も担当したりして引っ張りだこだった。日常会話が辛うじて通じるほどの語学力しか持っていなかった私だったが、若いエネルギーと旺盛な好奇心でそれらの仕事を何とかこなせたのだろうと、今にして思うのである。

だが、日本映画と接した現場でのこの初体験を通して、私は本書に登場する清水晶氏と知り合い、その後、彼の尽力で川喜多記念映画文化財団の客員研究員として来日し今日に至っている。それだけではない。私は幸運にも文革直後の日中映画交流の再開に立ち会う機会を与えられ、当時まったくといっていいほど意識してはいなかったが、戦時下の日中映画交渉に深く関わった清水晶氏から日中映画交流のバトン・タッチを受けたのも、この時からではないかと思う。というのも、来日して以来の長い年月の中で、故人となった川喜多長政氏、夫人の川喜多かしこ氏、清水晶氏に対して常に感謝の念を忘れないできた私がそれから順当に日中の比較映画研究を志すようになったからである。

一九八五年、佐藤忠男氏は、戦時下の日中映画史の研究にとって史的刺激に満ちた著書『キネマと砲聲　日中映画前史』を上梓した。これは、日中映画の関わり合いにまだ無知な私にとって、目からうろこが落ちるような感覚を抱かせた書物となり、研究に取り組むアイデアを与えてくれた最初の一冊であった。その後、早稲田大学大学院文学研究科での数年間の勉強は、このテーマに挑戦する最初のチャンスをもたらしてくれたものの、多くの歴史資料を読み解く力が不足していた上に、健康の不調も重なり、ついに人様に読んでもらえるような研究成果に結実させることができなかった。しかし、当時の恩師、故山本喜久男先生が「あなたはママさん研究者だから、あせらずにこれをライフワークにすればいいですよ」と、笑顔でおっしゃってくれた一言は、ずっと私を励まし続けてきたのである。

二〇〇一年、十年ほどのブランクを克服して研究の場にカムバックした私は、たまたま牧野守氏に連れられて明治学院大学芸術学科の主催による日本映画史研究会に出た。熱気溢れる討論の現場に魅かれて、私は研究会に出続け、発表もさせてもらった。そして「上海租界への日本映画の進出」と題する報告は、はからずも本書が取り上げるテーマへの再挑戦の第一歩となったのである。四方田犬彦氏をはじめ、映画研究に精魂を注ぐ各国の研究者たちの真摯な姿勢が、困難な研究課題に向き合う勇気を与えてくれたことをここに記しておきたい。

何事にもおっくうで、なかなか前へ進もうとしない私に、この課題を博士論文としてまとめた方がいいと幾度となく勧めてくれたのが、夫である李廷江だった。何か言われたりすると、およそ自分の意見を固持し耳を傾けようとしないことが多かった私だが、この一件に関しては、私を動かす貴重なきっかけとなった。そして年齢からすれば指導教官と同じくらいか、下手をすると、こちらの方が上かも知れないというハンディキャップを克服し、一念発起で一橋大学大学院の博士課程の試験を受けた私を快く受け入れて下さったのが、坂元ひろ子先生である。先生から中国思想史の基礎知識を厳しく叩き込まれながら、尖鋭な問題意識と行き届いた文章の構成力を学ばせていただき、私は予定通りに博論を完成させることができた。その学位論文を加筆、改訂して出来上がったのが、本書である。刊行にあたって、坂元ひろ子先生及び学位論文の審査をなさった松永正義先生、三谷孝先生、吉田裕先生に謝意を表したい。

考えてみれば、川喜多長政氏、清水晶氏をはじめ、本書が取り上げた人物たちの戦時下にいかに接近するのかが、出発点の一つだった。個々の人間が見えてこない歴史の叙述に反して、敢えてお世話になった方々を検討の対象にしたのは、文革期における自分の思想的軌跡を見据えつつ、彼らに近づこうとする思いに駆り立てられていたからであろう。繰り返し言うが、彼らを批判するのは決して本書の目的ではない。しかし、戦時下の日中映画交渉の担い手だった彼らの言説を細緻に読み解かなければ、複雑極まる交渉の実相を分析することはできないだろうし、それに、結局のところ軍国主義の文化政策に加担してしまった彼らの言動への検討を通した上でこそ、文革期の自分自身の狂信的言動に対する反省につながるという思いがあるのである。

博論の執筆に際し、多くの先行研究を知りながらもすべてを読む余裕はなかったが、ここでとりわけ言及すべき一冊は、占領下の上海と香港の映画史研究に果敢に挑んだPoshek Fu(傅葆石)氏の大著*Between Shanghai and Hong Kong: The Politics of Chinese Cinemas*である。Fu教授の素晴らしい研究にとうてい及ばない博論になってしまったが、時々似たような見解を述べたりする箇所があることを誇りに思う。加筆にあたって、この大著を先行研究として参考にさせていただいたことを記し、あわせてFu教授に敬意を表したい。

長年にわたる資料収集の過程で実に多くの方々にお世話になったことを明記しなければならない。来日してからの数年間にわたって、川喜多記念映画文化財団事務局の方々から受けたご恩恵や、翔ブラザースでの資料閲覧、大量の資料複写を無料で提供していただいたこと、社長の橋倉正信氏と資料室の大野和子氏の多大なご支援に対して心から感謝を申し上げたい。

さらにフィルムセンターでの研究試写会でたびたび私のリクエストを取り入れてくれた斉藤綾子氏とフィルムセンターの方々、私の研究を認め岩波書店に強く推してくれた上で、明治学院大学の昨年度の日本映画シンポジウムで取り上げていただいた四方田犬彦氏にも深くお礼を申し上げたい。僭越ながら今後とも両氏から学問の刺激を受けつつ、ともに研究を深めていきたいと切に希望している。

もちろん、井上志津氏の斡旋によって小野民樹氏との面会がなければ、そしてその小野氏の熱心な紹介がなければ、さらには岩本憲児氏、佐藤忠男氏、四方田犬彦氏の推薦がなければ、本書の出版は実現できなかっただろう。ここに記して感謝の言葉に代えたい。

二十数年も東京に住みながらも、日本語が一向に上達しない私がふだん執筆した様々な論考や批評文をチェックして下さる荒井晴彦氏、井上正子氏、佐藤普美子氏、田坂啓氏、そして本書の文章表現を丁寧に添削して下さった中沢忠之氏、氏を紹介して下さった林少陽氏にもお礼を申し上げる。以上の諸氏から日本語に内在する繊細さやワンセンテンスが持つべき特有のリズムを教わった。なによりのご支援をこれからも日本語で書き続けていく心の糧にしたいと思う。

ほかにも、戦争期の中国話劇の研究に取り組んでいる邵迎建氏との度重なる学術的な切磋琢磨はきわめて有意義だった。また、ここで一人一人の名前を挙げる紙幅はないが、私が失意のどん底に落ちた時に温かく励ましてくれた、日本シナリオ作家協会の友人たちをはじめ、気心が知れた多くの友人や知人にあらためて謝意を述べさせていただきたい。

編集を担当した大塚茂樹氏の率直なご指摘で本書を完成させることができた。

最後に私事ではあるが、小学校時代から私の日記を添削してくれた父親、学問の道を続けるように訓示し続けてくれた母親、長年連れ添ったパートナーの李廷江、娘の李蒲、人生観の原点を作った「北大荒」の豊饒な大地、そしてすでに鬼籍に入られた本書の主人公たちに、この未熟な研究を捧げたいと思う。

二〇一〇年五月

晏　妮

■岩波オンデマンドブックス■

戦時日中映画交渉史

2010年6月25日　第1刷発行
2025年1月10日　オンデマンド版発行

著　者　晏《あん》　妮《に》

発行者　坂本政謙

発行所　株式会社　岩波書店
〒101-8002　東京都千代田区一ツ橋2-5-5
電話案内　03-5210-4000
https://www.iwanami.co.jp/

印刷／製本・法令印刷

ISBN 978-4-00-731524-4　　Printed in Japan

人名索引

さ行

た行

な行

は行

ま行

や行

ら行

参考文献一覧

【日本語文献】

(一) 当該分野

A　戦後刊行の著書

東和映画株式会社『東和映画の歩み　1928—1955』1955 年 12 月.
永田雅一　『映画自我経』平凡出版，1957 年 7 月.
岩崎昶編　『根岸寛一』三一書房，1969 年 4 月.
岩崎昶　『ヒトラーと映画』朝日新聞社，1975 年 6 月.
岩崎昶　『日本映画私史』朝日新聞社，1977 年 11 月.
衣笠貞之助　『わが映画の青春　日本映画史の一側面』中公新書，1977 年 12 月.
田中純一郎　『日本映画発達史Ⅱ　無声からトーキーへ』中央公論社，1980 年 3 月.
田中純一郎　『日本映画発達史Ⅲ　戦後映画の解放』中央公論社，1980 年 3 月.
稲垣浩　『日本映画の若き日々』中公文庫，1983 年 6 月.
飯島正　『戦中映画史』エムジー出版，1984 年 8 月.
共同通信社　『キネマの時代　監督修業物語』1985 年 6 月.
佐藤忠男　『キネマと砲聲　日中映画前史』リブロポート，1985 年.
佐藤忠男＋刈間文俊　『上海キネマポート』凱風社，1985 年 12 月.
今村昌平等編　講座日本映画 4『戦争と日本映画』岩波書店，1986 年 7 月.
山口淑子・藤原作弥　『李香蘭　私の半生』新潮社，1987 年 7 月.
辻久一　『中華電影史話——一兵卒の日中映画回想記 1939—1945』凱風社，1987 年 8 月.
風間道太郎　『キネマに生きる　評伝・岩崎昶』影書房，1987 年 12 月.
東宝東和株式会社　『東和の 60 年抄』1988 年 10 月.
山口猛　『幻のキネマ　満映—甘粕正彦と活動屋群像』平凡社，1989 年 8 月.
千葉伸夫　『映画と谷崎』青蛙房，1989 年 12 月.
廣澤榮　『日本映画の時代』岩波書店，1990 年 10 月.
清水晶等　『日米映画戦』青弓社，1991 年 12 月.
櫻本富雄　『大東亜戦争と日本映画』青木書店，1993 年 12 月.
鈴木常勝　『大路』新泉社，1994 年 6 月.
清水晶　『戦争と映画』社会思想社，1994 年 12 月.
門間貴志　『アジア映画にみる日本 1　中国 台湾 香港編』社会評論社，1995 年 3 月.
佐藤忠男　『日本映画史 2　1941—1959』岩波書店，1995 年 4 月.
川谷庄平著，山口猛構成　『魔都を駆け抜けた男　私のキャメラマン人生』三一書房，

1995年6月.
ピーター・B・ハーイ 『帝国の銀幕——十五年戦争と日本映画』名古屋大学出版会, 1995年8月.
清水晶 『上海租界映画私史』新潮社, 1995年11月.
平野共余子 『天皇と接吻』草思社, 1998年1月
岩本憲児・武田潔・斉藤綾子編 『「新」映画理論集成1 歴史/人種/ジェンダー』フィルムアート社, 1998年2月.
山口猛 『哀愁の満洲映画』三天書房, 2000年3月.
四方田犬彦 『日本の女優』岩波書店, 2000年6月.
四方田犬彦 『アジアのなかの日本映画』岩波書店, 2001年7月.
四方田犬彦 『李香蘭と東アジア』東京大学出版会, 2001年12月.
齊藤忠利監修, 濱野成生他編 『日米映像文学は戦争をどう見たか』日本優良図書出版会, 2002年3月.
ジャン=ミシェル・フロドン著, 野崎歓訳 『映画と国民国家』岩波書店, 2002年10月.
古川隆久 『戦時下の日本映画 人々は国策映画を観たか』吉川弘文館, 2003年2月.
加藤厚子 『総動員体制と映画』新曜社, 2003年7月.
長谷正人・中村秀之編 『映画の政治学』青弓社, 2003年9月.
岩本憲児編 日本映画史叢書(1)『映画とナショナリズム』森話社, 2004年6月.
岩本憲児編 日本映画史叢書(2)『映画と「大東亜共栄圏」』森話社, 2004年6月.
劉文兵 『映画のなかの上海 表象としての都市・女性・プロパガンダ』慶應義塾大学出版会, 2004年12月.
山口淑子 『「李香蘭」を生きて 私の履歴書』日本経済新聞社, 2004年12月.
東京国立近代美術館フィルムセンター監修『戦時下映画資料 昭和18・19・20年映画年鑑』1—4巻 日本図書センター, 2006年4月.
佐藤忠男 『中国映画の100年』二玄社, 2006年7月.
田村志津枝 『李香蘭の恋人 キネマと戦争』筑摩書房, 2007年9月.
邱淑婷 『香港・日本映画交流史 アジア映画ネットワークのルーツを探る』東京大学出版会, 2007年9月.
浜野保樹 『GHQ・映画・歌舞伎の戦後秘史』角川書店, 2007年10月.

B 戦時刊行の著書

村山知義 『プロレタリア映画入門』前衛書房, 1928年7月.
川合貞吉 『支那の民族性と社会』谷沢書房, 1937年12月.
飯島正 『東洋の旗』河出書房, 1938年4月.
村上知行 『古き支那 新しき支那』改造社, 1939年3月.

不破祐俊 『第七十四回帝国会議　映画法案議事概要』内務省，文部省，1941 年.
桑野桃華・人見直善共編 『日満支映画法規全集　国家総動員法解説と関係法規』桑野文化事業所，1941 年 4 月.
澤村勉 『現代映画論』桃蹊書房，1941 年.
松崎啓次 『上海人文記』高山書院，1941 年 6 月.
石濱知行・豊島与志雄等 『上海』三省堂，1941 年 10 月.
佐藤春夫 『支那雑記』大道書房，1941 年 10 月.
市川彩 『アジア映画の創造及建設』国際映画通信社，1941 年 11 月.
一戸務 『支那の発見』光風館，1942 年 1 月.
筈見恒夫 『映画と民族』映画日本社，1942 年 2 月.
筈見恒夫 『映画五十年史』鱒書房，1942 年 7 月.
今村太平 『戦争と映画』第一文芸社，1942 年 11 月.
小出英男 『南方演芸記』新紀元社，1943 年 6 月.
長谷川如是閑 『日本映画論』大日本映画協会，1943 年 7 月.
山口勲 『前線映写隊』松影書林，1943 年 12 月.
津村秀夫 『映画戦』朝日新聞社，1944 年 2 月.

(二)諸隣接分野

A　戦時日本とアジア・日中関係

竹内好編 『アジア主義』筑摩書房，1963 年 8 月.
内川芳美編 『中国侵略と国家総動員　ドキュメント昭和史』平凡社，1975 年 3 月.
丸山眞男 『戦中と戦後の間 1936―1957』みすず書房，1976 年 11 月.
竹内好 『方法としてのアジア』創樹社，1978 年 7 月.
野村浩一 『近代日本の中国認識』研文出版，1981 年 4 月.
鶴見俊輔 『戦時期日本の精神史』岩波書店，1982 年 5 月.
『現代中国と世界―石川忠雄教授還暦記念論文集』慶応通信，1982 年.
汪向栄著，竹内実監訳 『清国お雇い日本人』朝日新聞社，1991 年 7 月.
櫻本富雄 『文化人たちの大東亜戦争　PK 部隊が行く』青木書店，1993 年 7 月.
アレン・S・ホワイティング著，岡部達味訳 『中国人の日本観』岩波書店，1993 年 12 月.
櫻本富雄 『日本文学報国会　大東亜戦争下の文学者たち』青木書店，1995 年 6 月.
劉傑 『日中戦争下の外交』吉川弘文館，1995 年 2 月.
川村湊・成田龍一等 『戦争はどのように語られてきたか』朝日新聞社，1999 年 8 月.
山室信一 『思想課題としてのアジア』岩波書店，2001 年.
古屋哲夫・山室信一編 『近代日本における東アジア問題』吉川弘文館，2001 年 1 月.
L・ヤング著，加藤陽子・川島真・高光佳絵訳 『総動員帝国　満洲と戦時帝国主義の

文化』岩波書店，2001年2月.
曽田三郎編著　『近代中国と日本　提携と敵対の半世紀』御茶の水書房，2001年3月.
吉見俊哉　『一九三〇年代のメディアと身体』青弓社，2002年3月.
『司馬遼太郎対話選集―5　アジアの中の日本』文芸春秋，2003年3月.
子安宣邦　『「アジア」はどう語られてきたか　近代日本のオリエンタリズム』藤原書店，2003年4月.
木山英雄　『周作人「対日協力」の顚末　補注『北京苦住庵記』ならびに後日編』岩波書店，2004年7月.
小林英夫・林道夫　『日中戦争史論　汪精衛政権と中国占領地』御茶の水書房，2005年4月.
孫歌　『竹内好という問い』岩波書店，2005年5月.
倉沢愛子等編　『岩波講座　アジア・太平洋戦争』岩波書店，2005年.
米谷匡史　『アジア／日本』岩波書店，2006年11月.
ハリー・ハルトゥーニアン著，梅森直之訳　『近代による超克　戦間期日本の歴史・文化・共同体』上・下，岩波書店，2007年4月，6月.
子安宣邦　『「近代の超克」とは何か』青土社，2008年5月.
子安宣邦　『昭和とは何であったか　反哲学的読書』藤原書店，2008年7月.

B　国民国家・植民地・歴史研究

浅田喬二編　『「帝国」日本とアジア』吉川弘文館，1994年12月.
ベネディクト・アンダーソン著，白石さや・白石隆訳　『増補 想像の共同体　ナショナリズムの起源と流行』NTT出版，1997年5月.
E・W・サイード著，大橋洋一訳　『文化と帝国主義』1・2，みすず書房，2001年7月.
呉密察・黄英哲・垂水千恵編　『記憶する台湾　帝国との相克』東京大学出版会，2005年5月.

C　上海史関係

酒井忠夫　『中国幇会史の研究』国書刊行会，1997年1月.
上海史研究会　『上海人物誌』東方書店，1997年5月.
和田博文等　『言語都市・上海』藤原書店，1999年9月.
劉建輝　『魔都上海　日本知識人の「近代」体験』講談社，2000年6月.
日本上海史研究会編　『上海――重層するネットワーク』汲古書院，2000年3月.
菊池敏夫・日本上海史研究会　『上海　職業さまざま』勉誠出版，2002年8月.
丸山昇　『上海物語　国際都市上海と日中文化人』講談社，2004年7月.
高綱博文編著　『戦時上海 1937―45年』研文出版，2005年4月.

D　ジェンダー（女性史）

鈴木裕子　『フェミニズムと戦争』マルジュ社，1986年8月.
私たちの歴史を綴る会／編著　『婦人雑誌からみた一九三〇年代』同時代社，1987年1月.
加納実紀代　『女たちの〈銃後〉』筑摩書房，1987年1月.
若桑みどり　『戦争がつくる女性像　第二次世界大戦下の日本女性動員の視覚的プロパガンダ』筑摩書房，1995年9月.
川嶋保良　『婦人・家庭欄こと始め』青蛙房，1996年8月.
上野千鶴子　『ナショナリズムとジェンダー』青土社，1998年3月.
近代女性文化史研究会　『戦争と女性雑誌――一九三一年―一九四五年』ドメス出版，2001年5月.
坂元ひろ子　『中国民族主義の神話　人種・身体・ジェンダー』岩波書店，2004年4月.

E　戦時の文学史，芸術史関係

中河与一　『中河与一全集』第11巻，角川書店，1967年8月.
都築久義　『戦時体制下の文学者』笠間書院，1976年6月.
西田勝編　『戦争と文学者　現代文学の根底を問う』三一書房，1983年4月.
中薗英助　『何日君再来物語』河出書房新社，1988年2月.
厳安生　『日本留学精神史―近代中国知識人の軌跡』岩波書店，1991年12月.
芦谷信和・上田博・木村一信編　『作家のアジア体験　近代日本文学の陰画』世界思想社，1992年7月.
中薗英助　『わが北京留恋の記』岩波書店，1994年2月.
下村作次郎・中島利郎・藤井省三・黄英哲編　『よみがえる台湾文学　日本統治期の作家と作品』東方書店，1995年10月.
金子光晴　『アジア無銭旅行』角川春樹事務所，1998年5月.
榎本泰子　『楽人の都・上海　近代中国における西洋音楽の受容』研文出版，1998年9月.
岩野裕一　『王道楽土の交響楽　満州――知られざる音楽史』音楽之友社，1999年11月.
宇野重昭編　『深まる侵略 屈折する抵抗　一九三〇年―四〇年代の日・中のはざま』研文出版，2001年11月.
呂元明著，西田勝訳　『中国語で残された日本文学　日中戦争のなかで』法政大学出版局，2001年12月.
上田賢一　『上海ブギウギ1945　服部良一の冒険』音楽之友社，2003年7月.
西原大輔　『谷崎潤一郎とオリエンタリズム　大正日本の中国幻想』中央公論新社，2003年7月.

平野健一郎編　『日中戦争期の中国における社会・文化変容』財団法人東洋文庫，2007 年 3 月.

F　定期刊行物・雑誌
日本映像学会『映像学』
中国文芸研究会『野草』
日本現代中国学会『現代中国』
せらび書房『朱夏』
勉誠出版『アジア遊学』
ペヨトル工房『夜想』
早稲田大学映画学研究会『映画学』
早稲田大学演劇学会『演劇学』など.

【中国語文献】

(一)映画史関係
楊村　『中国電影三十年』香港世界出版社，1954 年 6 月.
陳蝶衣・童月娟・易文・譚仲夏　『張善琨先生伝』香港大華書店，1958 年 1 月.
魯思　『影評憶旧』中国電影出版社，1962 年 1 月.
欧陽予倩　『電影半路出家記』中国電影出版社，1962 年.
程季華主編　『中国電影発展史』1・2，中国電影出版社，1963 年 2 月.
劉思平・邢祖文編集　『魯迅与電影』中国電影出版社，1981 年 9 月.
杜雲之　『中国電影七十年』中華民国電影事業発展基金会，1986 年.
許道明・沙似鵬　『中国電影簡史』中国青年出版社，1990 年 11 月.
胡昶・古泉　『満映—国策電影面面観』中華書局，1990 年 12 月.
朱剣・汪朝光　『民国影壇記実』江蘇古籍出版社，1991 年 3 月.
李偉梁　「「孤島」電影探微」『電影新視野』中国電影出版社，1991 年 9 月.
陳播主編　『中国左翼電影運動』中国電影出版社，1993 年 9 月.
陳播主編　『三十年代中国電影評論文選』中国電影出版社，1993 年 12 月.
重慶抗戦叢書編纂委員会　『抗戦時期重慶的文化』重慶出版社，1995 年.
中国電影資料館　『中国無声電影』中国電影出版社，1996 年 9 月.
酈蘇元・胡菊彬　『中国無声電影史』中国電影出版社，1996 年 12 月.
戴錦華　『霧中風景　中国電影文化 1978—1998』北京大学出版社，2000 年 5 月.
李道新　『中国電影史　1937—1945』首都師範大学出版社，2000 年 8 月.
李道新　『中国電影批評史　1897—2000』中国電影出版社，2002 年 6 月.
方明光編著　『海上旧夢影』上海人民出版社，2003 年 1 月.

張偉　『前塵影事　中国早期電影的另類掃描』上海辞書出版社，2004 年 8 月.
張偉　『紙上観影録　1921—1949』百花文芸出版社，2005 年 1 月.
李道新　『中国電影文化史　1905—2004』北京大学出版社，2005 年 2 月.
陸弘石　『中国電影史　1905—1949　早期中国電影的叙述与記憶』文化芸術出版社，2005 年 3 月.
李多鈺　『中国電影百年　1905—1976』中国広播電視出版社，2005 年 6 月.
沈芸　『中国電影産業史』中国電影出版社，2005 年 12 月.
陳文平・蔡継福編著　『上海電影 100 年』上海文化出版社，2007 年 3 月.
孟固　『北京電影百年』中国檔案出版社，2008 年 1 月.

(二)歴史，文学史，芸術史関係
蘇関　『欧陽予倩研究資料』中国戯劇出版社，1981 年.
楊幼生・陳青生　『上海「孤島」文学』上海書店，1994 年.
劉平・小谷一郎編，伊藤虎丸監修　『田漢在日本』人民文学出版社，1997 年 12 月.
李欧梵著，毛尖訳　『上海摩登　一種新都市文化在中国　1930—1945』牛津大学出版社，2000 年.
沈宗洲・傅勤　『上海旧事』学苑出版社，2000 年 6 月.
林昶　『中国的日本研究雑誌史』世界知識出版社，2001 年 9 月.
馮天瑜　『「千歳丸」上海行　日本人一八六二年的中国観察』商務印書館，2001 年 10 月.
馬国亮　『良友憶旧　一家画報与一個時代』生活・読書・新知三聯書店，2002 年 1 月.
胡平生　『抗戦前十年間的上海娯楽社会 1927—1937——以戯劇為中心的探索』台湾学生書局，2002 年.
王向遠　『日本対中国的文化侵略　学者，文化人的侵華戦争』昆崙出版社，2005 年 6 月.
陶菊隠　『大上海的孤島歳月』中華書局，2005 年 7 月.

(三)中日関係史
田中正俊著，羅福恵・劉大蘭訳　『戦中戦後：戦争体験与日本的中国研究』広東人民出版社，2005 年 5 月.

【英語文献】

Yingjin Zhang, *Cinema and Urban Culture in Shanghai, 1922—1943,* Stanford Univ Pr(S), 1999.
Poshek Fu, *Between Shanghai and Hong Kong The politics of Chinese cinemas,* Stanford Univ Pr(S), 2003.

付録資料(一)

【戦時下中国における日中合弁映画会社】

(一)中華電影股份有限公司(略称，中華電影)

創立　一九三九年六月二七日
本社　上海江西路一七〇号　ハミルトンハウス(漢彌登大厦)
撮影所　上海閘北天通庵路四二九号
支社　南京，広州，東京，漢口
董事長　褚民誼
副董事長　川喜多長政
総経理　石川俊重
業務　映画製作
1. ニュース映画(大東亜電影新聞＝中国語版)
2. 文化映画(日本「内地」向け日本語版及び現地用中国語版)
映画配給(汪精衛政権治下の華中・華南の配給権を独占)
巡回映写　1. 日本の将兵を対象とする日本映画
2. 現地の民衆を対象とする中国映画

(二)中華聯合製片股份有限公司(略称，中聯)

創立　一九四二年四月一〇日
本社　上海海格路四五二号
第一撮影所　上海海格路五四三号　丁香花園(旧，国聯・新華撮影所)
第二撮影所　上海福履理路三五四弄八〇号(旧，国華撮影所)
第三撮影所　上海康脳脱路一一〇九号(旧，芸華撮影所)
第四撮影所　上海徐家匯三角地三号(旧，華聯撮影所)
第五撮影所　上海霞飛路一九八〇弄一号(旧，美成撮影所)
董事長　林柏生
副董事長　川喜多長政
総経理　張善琨
業務　映画製作
中国劇映画の独占的製作(従来の映画製作会社を一元化し，汪精衛政府治下の華中・華南の製作権を独占)

(三)中華電影聯合股份有限公司(略称，華影)

創立	一九四三年五月一二日
資本金	五千万元　出資金内訳　中国側三千万元，日本側二千万元
本社	中華電影から引継ぎ
撮影所	第一～第五　中聯から引継ぎ 文化製片廠　中華電影から引継ぎ
支社・出張所	中華電影から引継ぎ
董事長	林柏生
名誉董事長	陳公博(南京国民政府立法院長兼上海特別市長) 周仏海(南京国民政府行政院副院長兼財政部長) 褚民誼(南京国民政府宣伝部長)
副董事長	川喜多長政(前中華電影股份有限公司副董事長)
常務董事	馮節(南京国民政府中央宣伝部副部長兼国民政府宣伝部駐滬弁事所長) 石川俊重(前中華電影股份有限公司総経理) 張善琨(前中華聯合製片股份有限公司総経理) 不破祐俊(前日本情報局情報官) 黄天始(前中華電影股份有限公司常務董事) 黄天佐(同上)
業務	中華電影・中聯・上海影院公司の業務をすべて引き継ぎ，製作・配給が一体化するとともに，興行面との連携も一段と緊密になった．新たに国際合作処，電影研究所が設けられた(1)．

(四)華北電影股份有限公司(略称，華北電影)

創立	一九三九年一二月二一日
本社	北京市一区王府井大街八一号
製作所	北京四区新街口北大街五号
東京出張所	東京市麹町区内幸町二丁目八番地
董事長	梁亜平
専務董事	古川信吾(初代)北村三郎(後任)
業務	1. 映画の配給　2. 映画の輸出入　3. 映画の製作　4. 映画事業の促進 5. 其他前四項に関する附帯業務(2)

(1)　上海の国策映画会社の一覧表は辻久一『中華電影史話――一兵卒の日中映画回想記　1939―1945』(凱風社，1987 年 8 月)や『映画旬報』1943 年 6 月 1 日号を参考に作成したものである．

(2)　華北電影の一覧表は『映画旬報』1942 年 11 月 1 日号の「華北電影の現状」と日本映画雑誌協会刊行の『映画年鑑』(1943 年)を参考に作成したものである．

付録資料(二)

【本書で言及している主な映画作品の一覧表】

日本映画

A　劇映画

『何が彼女をそうさせたか』(帝国キネマ，鈴木重吉，1929)
『満蒙建国の黎明』(新興，溝口健二，1932) *
『新しき土』(東和，アーノルド・ファンク，1937)
『亜細亜の娘』(新興，田中重雄・沼波功夫，1938)
『五人の斥候兵』(東宝，田坂具隆，1938)
『愛染かつら』(松竹，野村浩将，1938)
『東洋平和の道』(東和商事，鈴木重吉，1938) *
『上海陸戦隊』(東宝，熊谷久虎，1938)
『白蘭の歌』(東宝，渡辺邦男，1939)
『女の教室』(東宝，阿部豊，1939) *
『大陸行進曲』(日活，田口哲，1939) *
『大陸の花嫁』(大都，吉村操，1939) *
『大陸の花嫁』(松竹，蛭川伊勢夫，1939) *
『暖流』(松竹，吉村公三郎，1939)
『土と兵隊』(日活，田坂具隆，1939)
『子供の四季』(松竹，清水宏，1939)
『君を呼ぶ歌』(東宝，伏水修，1939) *
『熱砂の誓ひ』(東宝，渡辺邦男，1940)
『汪桃蘭の嘆き』(新興東京，深田修造，1940) *
『支那の夜』(東宝，伏水修，1940)
『沃土萬里』(日活，倉田文人，1940)
『西住戦車長伝』(松竹，吉村公三郎，1940)
『暢気眼鏡』(日活，島耕二，1940) *
『お絹と番頭』(松竹，野村浩将，1940)
『小島の春』(東宝，豊田四郎，1940)
『明朗五人男』(東宝，斎藤寅次郎，1940) *
『姑娘の凱歌』(東宝，小田基義，1940) *
『孫悟空』(東宝，山本嘉次郎，1940)

『別離傷心』(日活，市川哲夫，1941)[不完全版]
『指導物語』(東宝，熊谷久虎，1941)
『蘇州の夜』(松竹，野村浩将，1941)
『緑の大地』(東宝，島津保次郎，1941)
『上海の月』(東宝，成瀬巳喜男，1941)[不完全版]
『櫻の国』(松竹，渋谷実，1941)
『歌へば天国』(東宝，山本薩夫・小田基義，1941)＊
『わが愛の記』(東宝，豊田四郎，1941)
『君よ共に歌はん』(松竹，蛭川伊勢夫，1941)＊
『右門江戸姿』(日活，田崎浩一，1941)＊
『明暗二街道』(日活，田口哲，1941)＊
『父なきあと』(松竹，瑞穂春海，1941)＊
『開化の弥次喜多』(松竹，大曾根辰夫，1941)＊
『電撃二重奏』(日活，島耕二，1941)
『戸田家の兄妹』(松竹，小津安二郎，1941)
『南海の花束』(東宝，阿部豊，1942)
『希望の青空』(東宝，山本嘉次郎，1942)＊
『ハワイ・マレー沖海戦』(東宝，山本嘉次郎，1942)
『英国崩るるの日』(大映，田中重雄，1942)
『阿片戦争』(東宝，マキノ正博，1942)
『母子草』(松竹，田坂具隆，1942)
『将軍と参謀と兵』(日活，田口哲，1942)
『間諜未だ死せず』(松竹，吉村公三郎，1942)
『海の豪族』(日活，荒井良平，1942)＊
『翼の凱歌』(東宝，山本薩夫，1942)＊
『水滸伝』(東宝，岡田敬，1942)
『望楼の決死隊』(東宝，今井正，1943)
『戦ひの街』(松竹，原研吉，1943)＊
『桃太郎の海鷲』(芸映，瀬尾光世，1943)
『誓ひの合唱』(東宝・満映，島津保次郎，1943)＊
『サヨンの鐘』(松竹，清水宏，1943)
『姿三四郎』(東宝，黒澤明，1943)
『重慶から来た男』(大映，山本弘之，1943)
『進め独立旗』(東宝，衣笠貞之助，1943)
『奴隷船』(大映，丸根賛太郎，1943)＊
『成吉思汗』(大映，牛原虚彦，1943)

『無法松の一生』(大映，稲垣浩，1943)
『シンガポール総攻撃』(大映，島耕二，1943) *
『野戦軍楽隊』(東宝，マキノ正博，1944)
『あの旗を撃て』(東宝，阿部豊，1944)
『加藤隼戦闘隊』(東宝，山本嘉次郎，1944)
『私の鶯』(東宝・満映，島津保次郎，1944)
『桃太郎・海の神兵』(松竹，瀬尾光世，1945)
『わが青春に悔なし』(東宝，黒澤明，1946)

B　文化映画(ドキュメンタリー)
『揚子江艦隊』(東宝，木村荘十二，1938) *
『支那事変後方記録・上海』(東宝，亀井文夫，1938)
『南京』(東宝，秋元憲，1938)
『北京』(東宝，亀井文夫，1938)[不完全版]
『広東進軍抄』(東宝，高木俊郎，1940)
『帝国海軍勝利の記録』(日本映画社，1942) *
『マレー戦記—進撃の記録』(日本映画社，1942)

中国映画

A　1937年以前の映画
『空谷蘭』(明星，張石川，1926) *
『花木蘭従軍』(天一，李萍倩，1927) *
『火焼紅蓮寺』シリーズ(明星，張石川，1928～1931) *
『木蘭従軍』(民新，侯曜，1928) *
『三個摩登女性』(聯華，卜万蒼，1932) *
『春蚕』(明星，程歩高，1933)
『狂流』(明星，程歩高，1933)
『上海二十四小時』(明星，沈西苓，1934)
『漁光曲』(聯華，蔡楚生，1934)
『風』(聯華，呉村，1934) *
『新女性』(聯華，蔡楚生，1934)
『大路』(聯華，孫瑜，1935)
『新桃花扇』(新華，欧陽予倩，1935) *
『迷途的羔羊』(聯華，蔡楚生，1936)
『壮志凌雲』(新華，呉永剛，1936)

『馬路天使』(明星，袁牧之，1937)
『青年進行曲』(新華，史東山，1937)
『夜半歌声』(新華，馬徐維邦，1937)
『慈母曲』(聯華，朱石麟，1937)

B　孤島期に製作された映画
『乞丐千金』(新華，卜万蒼，1938)＊
『貂蟬』(新華，卜万蒼，1938)＊
『冷月詩魂』(新華，馬徐維邦，1938)＊
『茶花女』(邦題：『椿姫』)(光明，李萍倩，1938)
『木蘭従軍』(国聯，卜万蒼，1939)
『葛嫩娘』(別名：『明末遺恨』)(新華，陳翼青，1939)
『林沖雪夜殲讐記』(新華，呉永剛，1939)＊
『孟姜女』(国華，呉村，1939)＊
『岳飛精忠報国』(別名：『尽忠報国』)(新華，呉永剛，1940)＊
『秦良玉』(新華，卜万蒼，1940)＊
『梁紅玉』(芸華，岳楓，1940)＊
『刁劉氏』(華新，馬徐維邦，1940)＊
『蘇武牧羊』(新華，卜万蒼，1940)＊
『鉄扇公主』(国聯，万籟鳴・万古蟾，1941)

C　非占領区(国統区)製作の映画
『保家郷』(中製，何非光，1939)＊
『好丈夫』(中製，史東山，1939)＊
『孤城喋血』(中電，徐蘇霊，1939)＊
『中華児女』(中電，沈西苓，1939)＊

D　中聯と華影製作の映画
『蝴蝶夫人』(李萍倩，1942)＊
『牡丹花下』(卜万蒼，1942)＊
『恨不相逢未嫁時』(王引，1942)＊
『薔薇処処開』(方沛霖，1942)＊
『芳華虚度』(岳楓，1942)＊
『四姉妹』(李萍倩，1942)＊
『春』(楊小仲，1942)＊
『秋』(楊小仲，1942)＊

『燕帰来』(張石川，1942) *
『香衾春暖』(岳楓，1942) *
『賣花女』(文逸民，1942)
『博愛』(張善琨・馬徐維邦等，1942)
『両代女性』(卜万蒼，1943) *
『萬世流芳』(卜万蒼・張善琨等，1943)
『秋海棠』(馬徐維邦，1943)
『凌波仙子』(方沛霖，1943) *
『萬紫千紅』(方沛霖，1943)
『激流』(王引，1943) *
『紅楼夢』(卜万蒼，1944)
『春江遺恨』(邦題：『狼火は上海に揚る』)(稲垣浩・岳楓，1944)
『天外笙歌』(李萍倩，1944) *
『鳳凰于飛』(方沛霖，1944) *
『恋之火』(岳楓，1945) *
『火中蓮』(馬徐維邦，1945) *
『還郷記』(卜万蒼，1945) *

E　満映製作の劇映画(娯民電影)
『七巧図』(矢原礼三郎，1938) *
『蜜月快車』(上野真嗣，1938) *

F　1945 年以降の映画
『春残夢断』(中企，馬徐維邦，1947) *
『国魂』(永華，卜万蒼，1948) *
『歌女之歌』(大中華，方沛霖，1948) *
『青山翠谷』(中企，岳楓，1949) *
『白毛女』(東北電影，王濱・水華，1950)
『武訓伝』(崑崙，孫瑜，1951)

諸外国映画
『大地』(米)(シドニー・フランクリン，1937)
『最後の一兵まで』(独)(カール・リッタ，1937)
『白雪姫』(米)(ディヴィッド・ハンド，1937)

*は著者が未見の映画